W0309031

Henri Troyat

Zar Alexander II.

Societäts-Verlag

Aus dem Französischen übersetzt von Christiane Landgrebe
Titel des Originals: Alexandre II., Le Tsar libérateur
© Flammarion, 1990

Bildnachweis
1, 3, 4, 7, 10, 11, 15, 16, 19, 20–22, 25–28, 30, 31 Roger-Viollet; 2, 13, 14 Hubert Josse; 5 Viking Press; 6 D. R.; 8 APN; 9, 18, 24 Giraudon; 17, 23 Jacques Ferrand; 29 Snark-Bibliothèque Nationale.

Die Deutsche Bibliothek – CIP-Einheitsaufnahme

Troyat, Henri:
Zar Alexander II. / Henri Troyat. [Aus dem Franz. übers. von Christiane Landgrebe]. – Frankfurt am Main: Societäts-Verl., 1991
Einheitssacht.: Alexandre II. <dt.>
ISBN 3-7973-0498-6

Alle Rechte vorbehalten · Societäts-Verlag
© 1991 Frankfurter Societäts-Druckerei GmbH
Abbildung Schutzumschlag: Bildarchiv preußischer Kulturbesitz
Herstellung: Ebner Ulm
Printed in Germany 1991
ISBN 3-7973-0498-6

Sascha

Für den kleinen Sascha ist der 14. Dezember 1825 ein Tag wie jeder andere. Geboren am 17. April 1818[1], ist er heute genau sieben Jahre und acht Monate alt. Er sitzt in seinem Zimmer im Anitschkow-Palais und malt gerade unter Aufsicht seines Erziehers, des Hauptmanns Mörder, einen Stich bunt aus, welcher die Überquerung des Flusses Granikos durch Alexander den Großen darstellt.

Am Abend zuvor war ihm ein Erlebnis zuteil geworden, das ihn nicht wenig aufgeregt hatte: Sein Vater, Zar Nikolaus I., hatte ihm im Kreise der Familie mitgeteilt, daß er von nun an Erbe des russischen Throns sei. Er mußte schwören, mit niemandem darüber zu sprechen, bevor dies öffentlich bekanntgegeben worden sei. Um sich herum hatte er nur ernste Gesichter gesehen und war in Tränen ausgebrochen, ohne genau zu verstehen, worum es eigentlich ging.

Jetzt sitzt er da, über seine Bilder gebeugt, und hat sein inneres Gleichgewicht wiedergefunden. Er ahnt nicht, daß gerade in diesem Moment sein Vater eine schwerwiegende Entscheidung getroffen hat. Beim Tod Zar Alexanders I. am 19. November 1825 in Taganrog hätte eigentlich Nikolaus' Bruder Konstantin die Herrschaft übernehmen müssen. Dieser hatte jedoch zugunsten seines jüngeren Bruders auf die Krone verzichtet. Der Verstorbene hatte das Dokument, in dem dieser Sachverhalt niedergelegt war, jedoch geheimgehalten. Daraufhin ließ Nikolaus die in Sankt Petersburg stationierten Truppen auf den Namen Konstantins vereidigen. Dieser residierte in Warschau und hatte in dem Glauben, sein Verzicht sei bekannt, seiner Umgebung erklärt, Nikolaus sei der neue Zar. So besaß Rußland plötzlich zwei Zaren, die über Kurier miteinander korrespondierten und sich gegenseitig aufforderten, die Herrschaft anzutreten. Diese Zeit der Unsicherheit nutzten die Untergrundorganisationen, um die Armee gegen Nikolaus aufzubringen, der schließlich die Last des Regierens auf sich genommen hatte.

Am 14. Dezember 1825 versammeln sich, während sich der kleine Sascha mit seinen Buntstiften vergnügt, die meuternden Regimenter auf dem Senatsplatz und stehen den Soldaten gegenüber, die dem neuen Zar dienen wollen. Um den Widerstand der Aufständischen zu brechen, gibt Nikolaus I. Befehl, mit Kanonen zu schießen. Ein Massaker ist die Folge, alles ergreift wild die Flucht. In seinem Zimmer hört Sascha das dumpfe Geräusch von Explosionen. Er glaubt, es handele sich um Schießübungen, wie sie oft in Sankt Petersburg stattfinden. Da aber stürzt ein Ordonnanzoffizier ins Zimmer und flüstert Mörder etwas ins Ohr. Ohne eine Erklärung wird das Kind von seiner Beschäftigung weggerissen, mit einem Pelzmantel bekleidet, in eine einfache Mietdroschke gesetzt und ins Winterpalais gefahren. Der Wagen hält vor der Freitreppe, gleich am Newa-Ufer. Einen Moment später wird Sascha in den Blauen Salon geführt, in dem ihn seine Mutter, Zarin Alexandra Fjodorowna, und seine Großmutter, die Zarenwitwe Maria Fjodorowna, empfangen. Beide sind blaß, und sie haben Tränen in den Augen. Jemand hängt ihm den Andreas-Orden um und segnet ihn mit dem Zeichen des Kreuzes. Man flüstert ihm tausend Anweisungen zu, aber er hört kaum hin. Da plötzlich öffnet sich die Tür, und sein Vater erscheint in Gala-Uniform, ein Koloß von zwei Metern Größe, mit steifem Hals, einem viereckigen Unterkiefer und einem eisigen Blick. Sascha fürchtet sich vor ihm wie vor einer lebenden Statue. Die ganze Familie zittert vor diesem traditionsbewußten und willensstarken Mann. Er hat gerade einen Aufruhr niedergeschlagen, den man später einmal »Dekabristenaufstand« nennen wird. Rußland gehört ihm. Aber es ist viel Blut geflossen durch die Schuld einiger Verrückter, die ihm den Thron rauben und, wie es heißt, eine Art Republik errichten wollten. Unter den Verschwörern finden sich die Namen der besten Familien des Landes. Ein solches Verbrechen kann nicht ungesühnt bleiben. Nikolaus träumt von einer Säuberung, die der Abschreckung dienen soll. Die Verhaftungswelle ist bereits angelaufen.

Nachdem er die Glückwünsche seiner Familie empfangen hat, läßt der Zar seinen Sohn in Husarenuniform kleiden und begibt sich mit ihm in den Hof des Palais, in dem ein Gardebataillon versammelt ist, das seit Beginn der Unruhen an seiner Seite ausgeharrt hat. Unter Bravo-Rufen erteilt er den Kompanieführern Befehl, den neuen Thronerben zu küssen. Sascha windet sich unter der Umarmung der Offiziere, ein Unbekannter nach dem anderen nähert sich ihm, und er läßt es über sich ergehen; ihre Gesichter sind rauh, sie riechen nach Schweiß und Wodka. Sie küssen ihm Hände und Füße. Der Junge ahnt, daß diese Männer dort seinen Vater gern haben, während andere draußen auf dem Senatsplatz ihm und seiner Familie Unheil wünschen. Wie, fragt er sich, kann man die Menschen, die er so liebhat, dermaßen hassen? Mitten im Kindesalter wird er mit Mißgunst, Verschwörung, Gewalt und Unordnung konfrontiert. Nie wird er den 14. Dezember 1825 vergessen: die Schüsse, die atemlosen Boten, die Gruppen goldbekleideter Würdenträger in den Vorzimmern.

Die Aufregung legt sich im Winterpalais auch während der Nacht nicht. Verdächtige werden vor den Herrscher geschleppt und von ihm selbst verhört. Der gesamte Adel des Landes ist des Verrats verdächtig. Das ist also das Ergebnis der berühmten freiheitlichen Ideen aus Frankreich, die sich die Russen nach dem Sturz Napoleons in Paris angeeignet haben! Aber er, Nikolaus, wird sein Land schon von der revolutionären Seuche heilen! Er muß nur kräftig und an der richtigen Stelle zuschlagen. Hundertzwanzig Dekabristen werden in den Kerker der Peter-Paul-Festung geworfen. Ein Sondergericht, bestehend aus Mitgliedern des Reichsrats, des Senats und des Heiligen Synods, verurteilt die fünf Hauptverantwortlichen zum Tod durch Erhängen und die übrigen zu Zwangsarbeit in Sibirien.[2] Die Ordnung ist wiederhergestellt. Nikolaus I. hat zu Beginn seiner Herrschaft Sicherheit und Macht der Monarchie gefestigt.

Sascha, dessen offizieller Name Alexander Nikolajewitsch lautet, fürchtet sich vor seinem Vater, dessen neue Aufgaben ihn noch weiter von ihm entfernen, seine Mutter aber verehrt er. So hart, egoistisch, autoritär, engherzig und anmaßend Nikolaus ist, so schwärmerisch, romantisch und lebensfroh ist die Zarin. Sie ist die Tochter der berühmten Königin Luise von Preußen, deren Charme Alexander I. so schätzte, und die von Napoleon nach dem Sieg von Tilsit so hochmütig abgewiesen wurde, als sie um günstigere Friedensbedingungen für ihr Land bat. Sie ist groß, schlank, voller Würde und melancholisch. Sie wird von ihrem kaiserlichen Gatten, der sie wie ein Wesen zweiter Klasse behandelt, beinahe erdrückt. Sie liebt helle Kleider, fröhliche Feste, das Schöne im Leben. Mit der Erziehung ihres Sohnes hat sie nichts zu schaffen. Mit sechs Jahren hat man ihn Hauptmann Mörder anvertraut, einen Veteranen der Kriege von 1805 und 1807, der vormals Ausbilder des Ersten Kadettenkorps war. Er ist ein tapferer, kräftiger Mann, gewissenhaft, bescheiden und von der Wichtigkeit seiner Aufgabe durchdrungen. Er bemüht sich, seinem Schüler Mut und militärische Disziplin beizubringen, sein junges Gemüt dabei jedoch nicht anzutasten. Am 26. Juli 1826 begleitet er die Zarenfamilie nach Moskau zu den Krönungsfeiern. Sascha sitzt neben seiner Mutter in der Kutsche, die unter den Jubelrufen der Menge durch die Stadt fährt. Bei der großen Parade am 30. Juli erscheint er zu Pferd, reitet im Schritt dem Garderegiment der Husaren voraus und nimmt in ungezwungener Haltung neben seinem Vater Aufstellung. Marschall Marmont, Herzog von Ragusa, den der französische König Karl X. als außerordentlichen Gesandten zu den Krönungsfeierlichkeiten des Zaren nach Moskau geschickt hat, beglückwünscht Nikolaus zu der Tapferkeit und Gewandtheit seines achtjährigen Sohnes.[3]

Dann findet in der Mariä-Himmelfahrts-Kirche die Salbungszeremonie statt, anschließend das Prunkessen in dem riesigen gewölbten Saal des Facettenpalais. Zu Ehren des neuen Herrschers wird die Stadt feierlich illuminiert. Sascha nimmt an all diesen Feierlichkeiten teil, geblendet, berauscht, voller Stolz. Als er mit Mörder in der Kutsche durch die Straßen fährt, um die angestrahlten öffentlichen Gebäude zu bewundern, wird er von der Menge erkannt, die sich unter Hurra-Rufen um das Gefährt drängt. Dieser Andrang erschreckt den Jungen. Mörder, der fürchtet, daß es zum Tumult kommt, befiehlt dem Kutscher, umzukehren.

Nikolaus ist zu der Meinung gelangt, daß der Unterricht des eifrigen Hauptmanns nicht mehr ausreicht, um den Geist seines Sohnes zu formen. Er hört ausnahmsweise auf den Vorschlag seiner Frau und macht den berühmten Dichter Schukowskij zum hauptverantwortlichen Erzieher des Kronprinzen. Die Ernennung dieses weithin bekannten, begabten und großmütigen Mannes wird von der Elite des Landes als gutes Vorzeichen betrachtet. Der dreiundvierzigjährige Schukowskij ist der uneheliche Sohn eines russischen Adligen und einer türkischen Gefangenen. Als Adoptivsohn seines Patenonkels hat er in Moskau studiert, glänzende Examina abgelegt und sich als Chefredakteur der Zeitschrift »Der europäische Bote« hervorgetan. Er war Vorleser bei Zarin Maria und hat Zarin Alexandra unterrichtet. Vor allem aber ist er Begründer der russischen Romantik. Seine Gedichte finden beim Pulbikum ungeheure Verbreitung. Neben eigenen Werken legt er seinen Zeitgenossen Versübersetzungen von Schiller, Goethe und Byron vor ... Er möchte der russischen Sprache, die beim Adel kein hohes Ansehen genießt, die Vorherrschaft vor den anderen europäischen Sprachen verschaffen. Er ist ganz vom nationalen Gedanken beseelt, hochkultiviert und warmherzig. Die anderen Schriftsteller lieben und verehren ihn. Trotz seines Erfolgs auf dem Gebiet der Literatur sieht er seine neue pädagogische Aufgabe als wichtigstes Lebensziel an. »Im Augenblick«, schreibt er an A. P. Jelagin, eine seiner Nichten, »habe ich nur noch einen Gedanken im Kopf, alles andere steht mit ihm in Zusammenhang ... Früher war mein Leben dans le vague[4], aber heute weiß ich, welchen Sinn es hat.« Als der spätere Alexander II. auf die Welt kam, hatte Schukowskij ihm bereits eine Ode gewidmet, die ihn mit den folgenden Worten pries:

»Stets wisse, daß bei deiner hohen Sendung
des Menschen Würde ist das höchste Gut, ...
das eigne Wohl vergiß für das der andern.«

Das hier anklingende Prinzip spielt eine wichtige Rolle in dem »Lehrplan«, den er der Zarenfamilie zur Zustimmung vorlegt. Um sich darauf vorzubereiten, eines Tages Rußland zu beherrschen, muß der kleine Alexander seiner Meinung nach in den Fächern Russisch, Geschichte, Geographie, Physik, Mathematik, Geologie, Botanik, Zoologie, Deutsch, Französisch, Englisch, Polnisch, Zeichnen und Musik unterrichtet werden, und er soll durch die Lektüre christlicher Schriftsteller die Menschenliebe in seinem Herzen fördern. Er erkennt die Notwendigkeit an, daß der Thronerbe mit militärischer Disziplin vertraut gemacht wird, scheut sich jedoch nicht, die Teilnahme des Jungen an der Moskauer Militärparade am Vorabend der Krönung zu kritisieren. »Diese Episode«, schreibt er an Zarin Alexandra, »ist in dem wunderbaren Gedicht, an dem wir arbeiten, völlig unnütz. Ich flehe den Himmel an, daß in Zukunft solche Szenen nicht mehr vorkommen... Es ist, als brächte man einem achtjährigen Mädchen alle kleinen Kunstgriffe weiblicher Koketterie bei... Die Begeisterung für das Militär droht Alexanders Seele zu ersticken. Er könnte sich daran gewöhnen, das Volk als Regiment und das Vaterland als Kaserne anzusehen.« Da er sich als späterer Herrscher in militärischen Dingen auskennen muß, schlägt Schukowskij vor, nach dem Vorbild Peters des Großen eine Art Regiment zu bilden, das aus hundert »wohlerzogenen« Kindern besteht, die unter Anleitung von Lehrern Krieg spielen. Obwohl es unter Peter dem Großen so etwas bereits gegeben hat, wird der Vorschlag nicht aufgegriffen.

Der eigentliche Unterricht wird von mehreren Lehrern erteilt, deren Auswahl Schukowskij sich vorbehält. Sie sollen seiner Auffassung nach den Schüler nicht mit dem Gewicht ihres Wissens erdrücken. Sie sollen keinen Gelehrten, sondern einen Menschen aus ihm machen.

Folgende Gedanken legt er schriftlich für den Thronfolger nieder: »Sei überzeugt, daß die Macht des Zaren von Gott stammt, aber dein Glaube daran soll so sein wie der von Marc Aurel. Auch Iwan der Schreckliche war dieser Überzeugung, aber er machte eine mörderische Verhöhnung Gottes und der Menschen daraus. Achte das Gesetz und bring den anderen durch dein Vorbild bei, es ebenfalls zu achten. Wenn du das Gesetz übertrittst, wird auch dein Volk ihm nicht gehorchen. Lerne die Bildung schätzen und trage zu ihrer Verbreitung bei.

Achte auf die öffentliche Meinung ... Liebe die Freiheit, d. h. die Gerechtigkeit ... Freiheit und Ordnung sind ein und dasselbe. Wenn der Zar die Freiheit liebt, werden seine Untertanen den Gehorsam lieben. Die wahre Macht eines Herrschers beruht nicht auf der Menge seiner Soldaten, sondern auf dem Wohlergehen seines Volkes ...«

Diese weisen Vorschriften vermitteln dem späteren Zaren die Vorstellung, daß die Macht des Monarchen göttlichen Wesens, aber nur im Dienst der ganzen Nation vorstellbar ist. Damit das Kind nicht allein unter einer Glasglocke erzogen wird, werden noch einige Kameraden mit ihm gemeinsam unterrichtet. Joseph Wielhorskij, Alexander von Patkull, Adlerberg, Fredericks, Schuwalow und Baranow bilden den Kern einer kleinen Klasse. Schukowskij unterrichtet sie in den Fächern Russisch, Physik und Chemie; M. Gilles, ein Schweizer, in Französisch und Geographie, M. Warrant in Englisch. Andere hochgelehrte Persönlichkeiten unterweisen sie in Geschichte, Naturwissenschaften und Philosphie, für die militärische Ausbildung ist weiterhin Mörder zuständig. Der Stundenplan ist äußerst streng. Um sechs Uhr morgens muß Sascha aufstehen, um sieben Uhr beginnt der Unterricht, der mit einer Stunde Pause bis zwölf Uhr dauert. Um fünf Uhr fängt der Nachmittagsunterricht an, der bis sieben Uhr abends dauert. Dann folgt eine Stunde Turnen und Spiele.

Als der Zarewitsch herangewachsen und nicht mehr der kleine Sascha, sondern der junge, charmante Alexander ist, bittet Schukowskij den berühmten, überaus klugen Ratgeber des verstorbenen Zaren Speranskij, seinen jungen Schüler in Rechtskunde zu unterweisen. Speranskij ist monarchistischer gesinnt als alle anderen Lehrer und erklärt seinen vor Respekt gebannten Zuhörern: »Das Wort Autokratie bedeutet, daß keine Macht auf Erden weder im Inneren noch im Äußeren des Reiches der Macht des russischen Souveräns irgendwelche Grenzen setzen kann. Diese Grenzen werden ihm nach außen durch Verträge, im Inneren durch das gegebene Wort gesetzt, diese Dinge sind unverrückbar und heilig.«

Um Alexander mit der russischen Politik vertraut zu machen, hat sich Schukowskij um Capo d'Istria bemüht, einen weiteren

Mitarbeiter Alexanders I., der seinerzeit an wichtigen Verhandlungen über internationale Verträge beteiligt war. Capo d'Istria jedoch, ein gebürtiger Grieche, ist zum Präsidenten der ersten nationalen Regierung seines Landes gewählt worden und muß Rußland verlassen, um sein Amt zu übernehmen. Deshalb wird die Aufgabe, Alexander zu unterweisen, einem General namens Ushakow, einem eher farblosen Mann, übertragen. Er soll dem Thronfolger beibringen, wie die Staatsgeschäfte zu betreiben sind.

Welche Rolle spielt die Religion für die Erziehung des Thronerben? Um die Beziehung zwischen dem Zar auf Erden und dem Zar des Himmels zu erläutern, beruft Zar Nikolaus einen gelehrten Priester, Pater Pawskij, an den Hof. Dessen vernunftbestimmte Mystik weckt die Begeisterung Schukowskijs. Hier spiegeln sich seine eigenen Vorstellungen von Recht und Pflichten des Monarchen, und so schreibt er an Zarin Alexandra: »Wir können uns zu unserer Wahl beglückwünschen. Ihr Kind braucht für seinen weiteren Weg die Religion des Herzens. Die Macht des Zaren wird ihm von Gott übertragen. Diesen Worten wohnt eine tiefe Wahrheit inne, wenn sie voraussetzen, daß der Zar dem höchsten Richter verantwortlich ist, sie werden jedoch zu einer unheilvollen Phrase für das Herz des Monarchen, wenn man darunter versteht: Mir ist alles erlaubt, denn ich hänge nur von Gott ab. Ich glaube, Pawskij besitzt alle notwendigen Fähigkeiten, um unserem lieben Schüler diese Vorstellungen zu vermitteln.«

Diese Meinung wird von der höheren Geistlichkeit nicht geteilt. Die obersten Häupter der orthodoxen Kirche mißtrauen dem aufgeschlossenen, toleranten, modern eingestellten Lehrer. Einige Frömmler bei Hofe pflichten der Meinung der Mönche bei. Der Metropolit von Sankt Petersburg, Philaret, beschwört den Zaren, den »verdächtigen« Priester abzuberufen. Widerstrebend gibt Nikolaus dem Druck seiner Umgebung nach. Pater Pawskij wird durch Pater Bajanow ersetzt, einen Schwachkopf, dessen Konformismus ihm in der Hierarchie des Klerus Sympathien eingebracht hat. Zur selben Zeit wird Alexander in den Heiligen Synod berufen, obwohl er seine religiöse Erziehung noch nicht abgeschlossen hat.

Was die Ausbildung in der Kriegskunst betrifft, bleibt Nikolaus unbeugsam. Er hat die von Schukowskij vorgetragene Idee eines »Spielregiments« abgelehnt und fordert, daß sein Sohn schon im frühen Alter an die harte Disziplin der Kaserne gewöhnt wird. 1829, als Alexander erst elf Jahre alt ist, schickt er ihn in die Kadettenschule, in welcher der Thronerbe erst zum einfachen Soldaten, dann zum Unteroffizier ausgebildet wird. Auf den Paraden tritt er als Unterleutnant in Erscheinung. Mit dreizehn Jahren wird er zum Hauptmann zweiter Klasse. Wenig später befehligt er eine Kompanie des Regiments Preobraschenskij. Daß ein Knabe in Uniform einer kampferprobten Truppe vorsteht, beunruhigt sogar den alten Mörder: »Ich würde mich gerne versichern, daß die häufigen Auftritte seiner Hoheit bei Paraden nicht bei ihm den Eindruck erwecken, daß es sich hierbei um ein Staatsgeschäft handelt ... Er könnte sehr schnell auf den Gedanken kommen, daß dies Dienst am Zarenreich ist, ja, das könnte er glauben ...«

Trotz der Kritik, die in seiner Umgebung nur gedämpft geäußert wird, träumt Nikolaus weiterhin davon, daß sein Sohn einst General wird. Er möchte in ihm die eigene verzehrende Leidenschaft für das Schlachtfeld entzünden. Um ihn dazu anzuregen, ernennt er ihn nacheinander zum Honoraroberst der Gardekürassiere, der Moskauer Dragoner, der Husaren von Pawlograd, zum Befehlshaber sämtlicher Kosakenregimenter ... Er beauftragt sogar Baron Jomini, den ehemaligen Generalstabschef von Marschall Ney, der 1813 in den Dienst Rußlands übergetreten ist, dem Thronfolger Unterricht in Militärstrategie zu erteilen. Alexander wehrt sich nicht gegen das martialische Wissen, mit dem er von früh bis spät vollgestopft wird. Aber er interessiert sich, wie dies schon Schukowskij und Mörder befürchtet haben, weniger für die Kunst der Artillerie, der Befestigung und der Entwicklung der Armee an Ort und Stelle als für die tausend Kleinigkeiten des Soldatenlebens in der Kaserne und bei den Paraden. Das eitle Vergnügen der Militärschauen verstellt ihm den Blick für die ernste Seite des Soldatenwesens. Mit Orden und Tressen behängt, neigt er eher dazu, als Salonoffizier zu fungieren denn als Kriegsherr. Seinem Vater entgeht dies nicht, und er bemerkt gegenüber Mörder: »Mir fällt auf, daß Alexander wenig Interessse für seine militärische Ausbildung hat: Er muß mit ganzer Seele Soldat sein, sonst ist er in Zeiten wie den unseren verloren. Ich habe den Eindruck, daß er nur für unwichtige Einzelheiten der Kriegskunst ein Auge hat.« Mörder versichert ihm augenblicklich, daß der Zarewitsch durch seine Bemühungen zu einem »Ritter ohne Furcht und Tadel« werde.

Tatsächlich sind die Lehrer des Jungen der Meinung, daß er zu nervös und empfindsam ist, um eines Tages unter dem Feuer des Feindes eine Armee zu führen. Sie haben bemerkt, daß er wie ein Kind leicht vom Lachen ins Weinen gerät. Bei der kleinsten Widrigkeit, dem kleinsten Mißerfolg bricht er in Tränen aus. Obwohl er ein hervorragendes Gedächtnis besitzt und einen äußerst wachen Geist, fehlt es ihm an Kraft, und oft fällt er in apathische Träumereien, lehnt harte Arbeit ab. Mehrfach gesteht er Mörder, daß er es bedauere, durch Geburt Erbe des russischen Throns zu sein. Seinem Vater gegenüber wagt er darüber kein Wort zu äußern. Als dieser erfährt, daß sein Sohn an einem Tag schlechte Noten bekommen hat, weigert er sich, ihn am Abend zu empfangen, um »Gute Nacht« zu sagen. Alexander ist davon so tief getroffen, als habe man ihn aus der Familie verstoßen.

Er liebt seine Familie mit ganzer Zärtlichkeit. Er ist immer von seinen jüngeren Schwestern Maria, Olga und Alexandra[5] umgeben, von Kameraden gleichen Alters, Gouvernanten, Erziehern, einem richtigen kleinen Hof voller Warmherzigkeit, Fröhlichkeit und Leben, der ihn über seine rauhe Erziehung hinwegtröstet. Schukowskij regt zur Zerstreuung der Kinder an, eine Zeitung zu gründen, die »Ameisenhaufen« genannt wird und deren Redakteure allein die Kinder sind. Die Zarin veranstaltet Feste und Theaterabende, Bälle, um den Großfürsten und seine Schwestern an das Gesellschaftsleben zu gewöhnen.

Im April des Jahres 1829 verlangt der Zar, der beschlossen hat, sich zum König von Polen krönen zu lassen, daß seine Gattin und sein Sohn ihn nach Warschau begleiten. Die Abenteuer der Reise schlagen Alexander in ihren Bann. Er weint vor Freude, als er die Lerchen auf den Feldern singen hört. Der Anblick lumpenbekleideter Bauern in den aus Holzhäusern gebauten Dörfern erregt sein tiefes Mitleid. Er tröstet sich mit dem Gedanken, daß sie vielleicht, wie es immer heißt, »Faulpelze« sind.

Nach den Krönungsfeierlichkeiten reisen sie nach Preußen, das Heimatland der Zarin, weiter. Am Hof Friedrich Wilhelms III. ist er von der Liebenswürdigkeit seiner Gastgeber überwältigt. Er ist von Prinzen und Prinzessinnen umgeben, die sich herzlich um ihn bemühen, er spürt die nahe Verwandtschaft zu dem deutschen Zweig seiner Familie. Man führt ihn durch das berühmte Schloß Sanssouci, zeigt ihm das Grabmal Friedrichs des Großen und das seiner Großmutter, der Königin Luise. Lange bleibt er stehen und betrachtet ihr marmornes Standbild. Die meiste Zeit jedoch verbringt er auf Paraden, mit Spiel und Tanz. Mit großem Vergnügen nimmt er an einem Umzug teil, dem sogenannten Fackeltanz, und lernt Kartenspiele. Auf dem Rückweg macht er mit seinem Gefolge am Ufer der Memel halt, an der Stelle, von der aus Napoleon beobachtete, wie seine Große Armee in die Ebenen Rußlands marschierte. Sentimental, wie er nun mal veranlagt ist, bricht er als Erinnerung an dieses Ereignis einen Zweig ab und sagt zu Mörder: »So geht alles vorüber, Napoleon und seine furchtbare Armee gibt es nicht mehr. Nur noch diesen Berg und die Legende, die mit ihm verbunden ist.«

Trotz all der Abwechslung, die er auf seiner Reise erfährt, sehnt er sich ungeduldig nach Hause zurück. Als er den Park von Zarskoje Selo betritt, ruft er aus: »Endlich bin ich zu Hause! Mein Gott, hier erinnert mich jeder Busch, jeder Pfad an einen glücklichen Augenblick.« Das Leben nimmt wieder den gewohnten Lauf mit der Schule, den Militärparaden, den Bällen, Picknicks und Entenjagden.

Die Geschenke, die Alexander zu Geburtstagen und Weihnachten erhält, sollen in ihm Machtwillen und Achtung vor der Armee bestärken. Zum Weihnachtsfest des Jahres 1831 findet er unter dem riesigen Baum, der in einem Saal des Winterpalais aufgestellt ist, eine Büste Peters des Großen, ein Gewehr, einen Säbel, eine Pistolentasche, eine Gardeoffiziersuniform und einen Porzellanteller, auf dem die verschiedenen Uniformen der Zarenregimenter dargestellt sind. Diese Geschenke begeistern ihn, aber am meisten erfreut ihn ein Buch mit dem Titel: »Die Völker Rußlands oder die Beschreibung der Sitten, Gebräuche und Kostüme der verschiedenen Nationen des Russischen Reiches«. In dem riesigen Reich, über das er eines Tages herrschen soll, kennt er tatsächlich bisher nicht viel mehr als die vergoldeten Wände des Winterpalais, die Gärten von Zarskoje Selo mit den stets frischgeharkten Alleen, den Moskauer Kreml und die Quartiere der Kadetten in Peterhof. Bei der Armee gibt es inzwischen keine Geheimnisse mehr für ihn, dem Volk jedoch ist er noch nie begegnet. Ob das überhaupt notwendig ist? In der Zarenfamilie ist man sich nicht sicher. Nikolaus hält es für notwendig, daß der Großfürst eine Reise durch Rußland unternimmt, will aber bis zum Beginn dieses Abenteuers so lange warten, bis sein Sohn mit sechzehn Jahren großjährig ist, feierlich der Krone die Treue geschworen und sich bereit erklärt hat, die Nachfolge seines Vaters zu übernehmen.

Am Tag seines sechzehnten Geburtstags teilt man dem Jungen mit, welches Versprechen sein Vater von ihm fordert. Da ruft er bestürzt aus: »Ist es dazu nicht zu früh?« Die Zeremonie soll am 22. April 1834 in der Hauptkirche des Winterpalais stattfinden. Nach der Messe nimmt Nikolaus seinen Sohn bei der Hand, führt ihn zu einem Pult, und vor dem versammelten Hof liest Alexander mit zitternder Stimme den langen Text des Eides. Nach einer Weile unterbricht er die Lesung, von Weinen geschüttelt. Dann aber faßt er sich wieder und liest bis ans Ende. Nikolaus küßt ihn voller Zufriedenheit auf »Mund, Augen und Stirn«, wie Augenzeugen berichten. Ein langer Zug verläßt die Kirche und begibt sich in den Sankt-Georgs-Saal, in dem Alexander den Eid auf die Armee ablegt. Eine Menge Uniformierter drängt sich zwischen die korinthischen Säulen aus weißem Marmor. Alle Fahnen der Garderegimenter neigen sich vor dem Großfürsten. Eine Militärkapelle spielt die neue Zarenhymne: »Gott schütze den Zaren«, die General Lwow auf Wunsch Nikolaus I. komponiert hat.

Alexander beugt sich, die Kehle vor Rührung wie zugeschnürt, der Zeremonie, ohne zu ahnen, daß sein geliebter Erzieher Mörder soeben in Rom einem Herzversagen erlegen ist. Er hatte sich vor kurzem dorthin zurückgezogen. Wegen des empfindsamen Gemüts seines Sohnes hatte der Zar Weisung gegeben, die Nachricht bis zum folgenden Tag zurückzuhalten. Als Alexander schließlich erfährt, daß er seinen Freund verloren hat, fällt er auf die Knie und schluchzt, den Kopf in die Kissen eines Diwans gedrückt. Einer der Anwesenden, Schurijewitsch, versucht ihn zu trösten. Der Großfürst ruft zwischen zwei Schluchzern aus: »Ich begreife nicht, wie ihr mir eure Empfindungen vorenthalten konntet! Wieso habe ich nicht geahnt, welcher Kummer mir bevorsteht!« Dann aber, ruhiger geworden, fügt er hinzu: »Es war richtig von euch, mir vor dem Eid nichts davon zu sagen.« Er weiß instinktiv, daß er mit einem solchen Schmerz nicht die Kraft gehabt hätte, die Hoffeierlichkeiten zu überstehen. In der Tat kann er schwere Schicksalsschläge kaum ertragen. Schukowskij hat die zarten Seiten seines Charakters allzusehr gepflegt. Während des Gedenkgottesdienstes für Mörder, der Lutheraner war, sagt Alexander seufzend: »Ich habe ihn nie gefragt, welcher Konfession er angehört, aber ich wußte von seinen guten Werken, und das genügte mir, um ihn zu achten und zu lieben.«

Nach der Trauerfeier beginnt wieder der straff organisierte Unterricht nach Schukowskijs Plan. Drei Jahre soll er noch dauern. Zwischendurch finden immer wieder Prüfungen statt, die wie Hürden in einer Manege aufeinander folgen. Dann plötzlich verläßt Alexander das elterliche Nest. Dem Wunsch seines Vaters gemäß soll der Thronerbe Verbindung zu seinen späteren Untertanen aufnehmen. Sieben Monate lang soll er aus der Hauptstadt fortbleiben und in dieser Zeit dreißig Provinzen besuchen, sogar den Ural soll er überschreiten. Ein großes Gefolge begleitet ihn. Diesem gehören der unersetzliche Schukowskij und General Jawelin an, der an Mörders Stelle getreten ist. Schukowskij vergleicht dieses riesige Unternehmen mit der eiligen Lektüre eines Buchs, bei dem der Blick nur die Kapitelüberschriften streifen kann. »Später«, so schreibt er, »wird der Großfürst jedes Kapitel für sich lesen. Und dieses Buch heißt Rußland.«

Im Frühjahr 1837 verlassen die Reisenden Sankt Petersburg,

meiden die Dörfer und halten sich nur kurze Zeit in den Städten auf. Angesichts der großen Reisegeschwindigkeit ahnt Alexander nichts von dem Elend der Leibeigenen, vom Unrecht und den Amtsvergehen der Verwalter oder der Gewalttätigkeit und Sittenlosigkeit der Großgrundbesitzer. Bei jedem Halt bereiten ihm die Ortsgrößen einen strahlenden Empfang. Für seine Ankunft werden die Straßen gefegt, die Häuser getäfelt und illuminiert. Begeisterte Massen werfen sich dem schlanken, langnasigen jungen Mann mit dem kleinen Mund und dem träumerischen Blick zu Füßen, der für sie der Inbegriff der Hoffnung Rußlands ist. Begeistert ruft man ihm zu, wenn er durch die Straßen zieht, überhäuft ihn mit Kreuzzeichen, bricht in Tränen aus. Richtet jemand eine Bitte an ihn, wird sie gleich von einem eifrigen Sekretär niedergeschrieben, der sie dann an die zuständige Stelle weiterleitet. Mehr als sechzehntausend solcher Bitten kommen zusammen. Die dringlichsten sollen zuerst erfüllt werden. Kaum hat der Zarewitsch ein paar Gesichter wahrgenommen, an denen er Interesse findet, da muß er wieder fort. »Ich glaube nicht, daß wir auf dieser Reise viel über den Zustand Rußlands erfahren werden«, schreibt Schukowskij am 6. Mai 1837 an Zarin Alexandra Fjodorowna. »Wir reisen zu schnell, wir müssen zuviel besichtigen, unsere Route ist zu genau festgelegt.« Alexander besucht tatsächlich in einer Art wahnsinnigen Taumels im Eilschritt Moskau, Nowgorod, Jaroslawl, Kostroma, Poltawa, Kiew ... Die Eindrücke von Kirchen, heiligen Stätten, Schlössern, Märkten unter freiem Himmel, Musterwerkstätten jagen einander in seinem Kopf. Von Zeit zu Zeit sieht er einem Schauspiel zu. Abends tanzt er bis zur Atemlosigkeit auf den Provinzbällen. Den jungen Mädchen des örtlichen Adels erscheint er wie ein Märchenprinz. Er ist zu allen freundlich, interessiert sich aber für keines der Mädchen besonders. Er hat noch keinen Sinn für weibliche Reize, sondern vergnügt sich bei Paraden, bei Tänzen und Gesellschaftsspielen. Hierin ist er unermüdlich. Schukowskij schreibt am 22. Juni 1837 erschöpft an die Zarin: »Ich freue mich von Herzen über den kraftvollen Flug unseres jungen Adlers, ich folge ihm mit den Augen nach oben und rufe ihm von unten zu: Nur Mut, flieg noch höher hinauf in deinen Himmel! ... Dieser

Himmel, an dem er sich zur Zeit bewegt, ist prächtig, weit und hell: Er ist unser liebes Rußland.«

Von Stadt zu Stadt, von Fest zu Fest reist Alexander und erreicht schließlich den Ural, gelangt bis nach Westsibirien und macht in dem kleinen Flecken Kurgan halt. Hier leben einige der von Nikolaus I. zur Zwangsarbeit verurteilten Dekabristen seit ihrer Entlassung aus der Haft. Sie stehen unter Hausarrest, und es ist ihnen streng untersagt, sich dem Thronfolger zu nähern. Alexander jedoch befiehlt der Polizeibehörde, ihnen die Teilnahme an einem Gottesdienst zu gestatten, dem auch er beiwohnen will. Die Erinnerung an die schlimmen Ereignisse des 14. Dezember 1825 wird in ihm wachgerufen. Er denkt mit bangem Herzen an jene Männer, die den Glauben an ein vielleicht sinnloses, aber sicherlich großherziges Ideal mit dem Verlust ihrer Freiheit bezahlt haben. Seit zwölf Jahren leben sie fern von ihren Häusern, weitab von der Familie und dem angenehmen hellen Leben der Großstadt und verkommen auf dem kargen Boden des Exils. Als während der Liturgie der Satz »für die Leidenden und Gefangenen« gesungen wird, wendet sich Alexander ihnen zu, schlägt ein Kreuzzeichen und verneigt sich mit Tränen in den Augen. Am selben Abend schreibt er an seinen Vater, um für die armen Ausgestoßenen Milde zu erbitten.

Die Antwort des Zaren erreicht ihn unterwegs, nur einige Werst von Nowosibirsk entfernt. Von dem Mitleid seines Sohnes berührt, gestattet er einigen der Bestraften, als einfache Soldaten in der Kaukasusarmee zu dienen. Dies bedeutet nichts anderes, als daß sie ihre Strafe in einem anderen Land abbüßen müssen. Hier müssen sie sich mit Tscherkessenkriegern auseinandersetzen, erleiden Fieberkrankheiten und alle denkbare Not. Alexander sieht in dieser Maßnahme dennoch ein Zeichen kaiserlicher Milde. Er gibt Schukowskij und Kawelin den Brief zu lesen, steigt mit ihnen aus dem Wagen und umarmt sie in seiner Begeisterung auf offener Straße. Alle drei erheben die Augen zum Himmel und preisen den Namen des Zaren. »Eine der schönsten Minuten meines Lebens!« ruft Schukowskij aus. Er berichtet in seinem Brief an Zarin Alexandra vom 24. Juni 1837, daß sich Alexander an seinen Vater gewandt hat, und schreibt: »Niemand hat den Zarewitsch zu dieser mildtätigen Regung veranlaßt. Aus eigener Initiative hat er dem Zaren in aller Freiheit und voll kindlichen Vertrauens gesagt, was er auf dem Herzen hatte. Mein Gott! Mit was für einem Blick wird Rußland diesen wunderbaren Herrschersohn bedenken! Welche Begeisterung wird jenes bewundernswerte, mitleidvolle Einvernehmen hervorrufen, die Übereinkunft zwischen einem Vater, der seinerzeit durch seine Strenge furchterregend und gerecht war, und einem Sohn, dessen junge, bittende Stimme die väterliche Härte mühelos in Wohlwollen verwandelt hat.«

Einige Tage nach der Rückkehr Alexanders nach Sankt Petersburg, in der Nacht vom 17. auf den 18. Dezember 1837, bricht im Winterpalais eine Feuersbrunst aus und eine weitere im Galeeren-Hafen. Während der Zar den Feuereinsatz vor dem Schloß leitet, eilt Alexander zum Hafen. Sein Schlitten stürzt wegen zu hoher Geschwindigkeit um. Ohne zu zögern, hält er einen Polizisten an, leiht sich dessen Pferd aus und setzt im Galopp seinen Weg fort. An Ort und Stelle übernimmt er das Kommando über ein Bataillon des Finnlandregiments und bezwingt in wenigen Stunden das Feuer. Danach kehrt er zu seinem Vater zurück und nimmt dessen Glückwünsche in Empfang. Der Zar ist überzeugt, daß Alexander trotz seines empfindsamen Wesens in schwierigen Situationen zu großer Tapferkeit fähig ist. Lange hatte er an seiner Befähigung, die Nation zu regieren, gezweifelt, nun aber glaubt er, daß er auch dort das Feuer besiegen kann.

Noch in derselben Nacht verläßt die Familie das ausgebrannte Winterpalais und zieht in das Anitschkow-Palais. Hier feiert sie wenige Tage später fröhlich den Beginn des neuen Jahres.

Anmerkungen

1 Bis auf wenige Ausnahmen werden alle Daten nach dem Julianischen Kalender angegeben, der im Rußland des 19. Jahrhunderts gültig war und gegenüber dem überall sonst verwendeten Gregorianischen Kalender zwölf Tage im Rückstand ist.

2 Die Namen der fünf zum Tode Verurteilten sind: Paul Pestel, Sergej Murawjew-Apostol, Michail Bestujew-Rjumin, Konrad Rylejew, Pjotr Kakowskij.

3 »Mémoires« des Herzogs von Ragusa, VIII, S. 31.

4 Im Originaltext französisch.

5 Zar Nikolaus und Zarin Alexandra Fjodorowna hatten sieben Kinder: Alexander, den späteren Zaren Alexander II. (1818–1881); Maria (1819–1876), spätere Herzogin von Leuchtenberg; Olga (1822–1892), Ehefrau des Erbprinzen von Württemberg, des späteren Königs Karl I.; Alexandra (1825–1844), spätere Gattin Friedrich-Wilhelms von Hessen-Kassel; Konstantin (1827–1892), später preußischer Großadmiral und Präsident des Reichsrats; Nikolaus (1831–1891), später Feldmarschall; Michail (1832–1909), später Generalinspekteur der Artillerie und Feldmarschall.

Lehrjahre

In den ersten Monaten des Jahres 1838 macht sich Alexanders Umgebung Sorgen, da er sehr blaß ist, hochaufgeschossen und ständig unter Hustenanfällen leidet. Die Ärzte empfehlen ihm eine längere Kur in Bad Ems. Dies ist eine ausgezeichnete Gelegenheit für den Großfürsten, wieder einmal nach Deutschland zu reisen, in dessen Fürstenhäusern zahlreiche heiratsfähige Mädchen zu finden sind. Sein Vater ist der Meinung, daß man mit zwanzig Jahren an Heirat denken muß. Alexander hat allerdings keinerlei Erfahrungen mit dem schönen Geschlecht außer der, daß der Anblick mancher Frauen ihn verwirrt. Im Schloß, in dem strenge Etikette herrscht, hat er kaum Gelegenheit, die Spielregeln der Verführungskunst zu erlernen. Der doppelte Einfluß seiner deutschen Mutter, die begeistert Goethe, Schiller und Uhland liest, und seines Erziehers, des romantischen und zartbesaiteten Schukowskij, macht ihn zum sentimentalen Träumer. Da er körperliche Vereinigung nicht kennt, sehnt er sich nach seelischer Gemeinschaft. Bereit, sich beim ersten Lächeln zu verlieben, findet er Gefallen an einer aus dem polnischen Kleinadel stammenden Ehrendame, Olga Kalinowski, die er sogleich zu heiraten wünscht. Soviel mangelnder Takt bei einem Thronfolger erzürnt seinen Vater und verwirrt seine Mutter. Sie schreibt in ihr Tagebuch: »Was soll aus Rußland werden, wenn es in den Händen eines Mannes liegt, der sich so wenig beherrschen kann?« Man ermahnt Alexander, seinen törichten Wunsch aufzugeben, und er beugt sich. Er soll sich seine Frau an einem der deutschen Höfe suchen, alter Tradition gemäß. Die Hofkanzlei in Sankt Petersburg hat für ihn eine Liste mit möglichen Verlobten zusammengestellt. Unter diesen brauche er nur eine auszusuchen. Und selbst wenn keines der Fräulein Gnade vor seinen Augen fände, wäre die Reise nicht umsonst, denn sie käme seiner Gesundheit auf alle Fälle zugute, im übrigen würde er durch mehrere Länder fahren und bei dieser Gelegenheit verschiedene Herrscherfamilien kennenlernen. Die umfangreiche Reiseroute solle ihn durch ganz Westeuropa führen, Frankreich und die Iberische Halbinsel ausgenommen. Von diesen Ländern, in denen es von subversiven Ideen nur so brodele, sei nichts Gutes zu erwarten.

Die Aufregungen der langen Erkundungsfahrt trösten Alexander rasch darüber hinweg, daß er sich nicht mit Olga Kalinowski vermählen durfte. Er besucht Schweden und Dänemark, hält sich jedoch nur kurze Zeit dort auf und reist dann nach Deutschland, läßt sich in Bad Ems nieder und unterzieht sich ab und zu der verordneten Kur. Der durch seine genauen und mit spitzer Feder verfaßten Memoiren bekannt gewordene Marquis de Custine begegnet ihm dort und gibt seine Eindrücke wie folgt wieder: »Ich stand in der Menge der Neugierigen, als der Großfürst aus seinem Wagen stieg ... Er ist zwanzig, und so alt schätzt man ihn auch; er ist sehr groß, aber er erschien mir für einen so jungen Mann ein wenig zu beleibt; er hätte schöne Gesichtszüge, wenn sein Gesicht nicht so aufgedunsen wäre und ihm dadurch nicht jeden Ausdruck nähme; sein rundliches Gesicht ist eher deutsch als russisch; es erinnert an das Aussehen Zar Alexanders im selben Alter, nur daß es nichts Kalmükisches hat. Bis es seinen endgültigen Ausdruck annimmt, muß es noch mehrere Stadien durchlaufen; jetzt strahlt es noch Milde und Wohlwollen aus; das junge Lachen der Augen und der ständig zusammengekniffene Mund jedoch vertragen sich schlecht miteinander, was auf einen Mangel an Aufrichtigkeit hindeutet und vielleicht auf irgendein inneres Leiden ... Der Blick dieses jungen Prinzen bringt Güte zum Ausdruck; sein Gang ist anmutig, leicht und vornehm; er ist ein wirklicher Fürst, er wirkt bescheiden, ohne ängstlich zu sein, dafür ist man ihm dankbar ... Sein Auftreten verrät eine hervorragende Erziehung; sollte er je regieren, wird er die Menschen durch die von seiner Anmut herrührende Anziehung beherrschen, nicht durch Terror. Es sei denn, sein Wesen ändert sich durch Zwänge in seiner Stellung als Herrscher Rußlands.«[1] Weiter unten heißt es: »Ich habe den Großfürst, den russischen Thronerben, wiedergesehen, diesmal habe ich ihn länger und ganz aus der Nähe beobachtet... Hinter dem Anschein der Güte, den Jugend, Schönheit und vor allem das deutsche Blut zu erwecken pflegen, kann man nicht umhin, hier eine Fähigkeit zur Verstellung zu entdecken, die bei einem so jungen Mann angst machen kann. Dieser Zug ist wahrscheinlich das Siegel zum Schicksal, er läßt mich glauben, daß der Prinz dazu berufen ist, den Thron zu besteigen...«[2] Ein anderer Memoirenschreiber, der Graf von Reiset, schreibt in seinen »Erinnerungen«: »Der Zarewitsch war fleißig, sehr gebildet, sprach sämtliche Sprachen perfekt und war von erprobter Diskretheit. Seine sanfte Art, seine äußerste Wachsamkeit hätten glauben machen können, daß es ihm an Festigkeit mangele; aber die, welche ihn näher kennenlernten, versicherten, daß er im Gegenteil sehr viel davon besäße und wenn er leicht nachgäbe, geschähe dies aus Hochachtung vor seinem Vater, aus Gehorsam und vor allem, um nicht seine Mißbilligung zu erregen.«[3]

Nachdem er sich in Bad Ems hat kurieren lassen, begibt sich Alexander nach Weimar, dann nach Berlin, wo seine preußischen Verwandten ihn mit offenen Armen empfangen, nach München mit einer kurzen Unterbrechung auf dem Schlachtfeld bei Leipzig; schließlich überquert er die Alpen und reist nach Verona. Hier wird er von österreichischen Offizieren, die ihm besonders zugetan sind, von einer Sehenswürdigkeit zur anderen geführt. Erschöpft, aber stets freundlich, besichtigt er die Festungsmauern, das Schloß und die Orte, an denen die französischen und österreichischen Truppen im Jahr 1796 aufeinandertrafen. In Mailand finden zu seinen Ehren siebentägige Militärparaden statt. Selbst in Rußland hat er nie eine solche Ansammlung von Uniformen, Bajonetten, Kanonen, Pferden, Fahnen und Fanfaren gesehen.

Er besucht Venedig und Florenz und erreicht schließlich Rom, von dem er so oft geträumt hat. Bilder, Statuen, antike Ruinen, alles möchte er sehen. Seine Begeisterung siegt über seine Erschöpfung. Papst Gregor XVI. empfängt ihn in Privataudienz. Er trifft auch einige russische Maler, die sich zu Studienzwecken in der Ewigen Stadt aufhalten. Mitten in diesem funkelnden Durcheinander denkt er ständig an Rußland. »Ich bin so veranlagt«, schreibt er an seinen Adjutanten Nasimow,

»daß ich ganz und gar in Erinnerungen leben kann, und das tröstet mich über meine Abwesenheit hinweg. Obwohl Italien sehr schön ist, gibt es nichts Besseres als die Heimat.«

Er setzt seinen Weg fort, durchquert ohne Zwischenaufenthalt Norditalien und erreicht schließlich Wien. Fürst Metternich und seine Gemahlin bezaubern ihn. Er verbringt sämtliche Abende im Hause des Kanzlers und gibt sich im Kreis ausgewählter junger adliger Damen und junger Fürsten dem geschätzten Gesellschaftsspiel hin. »Besonders amüsierte ihn die ›Warme Hand‹«, schreibt Melanie von Metternich, »mit großem Geschick teilte er nach rechts und links Schläge aus.« Zwei Tage später schreibt sie: »Der Großfürst kam und vergnügte sich wieder mit Gesellschaftsspielen. Wir haben Ball gespielt und Seil, danach Krieg. Kurz gesagt, wir waren ausgelassen wie Kinder.« Abschließend meint die Hausherrin, daß Alexander »gut und sympathisch« sei. Schukowskij schreibt in einem Brief an Zarin Alexandra am 12. März 1839: »Er ist bei allen beliebt, jedermann schätzt sein reines Herz, seinen klugen Verstand und die Würde, die er auf unmittelbarste und feinsinnigste Art zum Ausdruck bringt.«

Was das Liebesleben des jungen Großfürsten betrifft, so ist sein Erzieher nach wie vor überrascht. Alexander gibt sich kindlicher Zerstreuung hin, aber keines der jungen Mädchen, die ihm vorgestellt werden, scheint Reiz auf ihn auszuüben. Er wird doch nicht mit leeren Händen nach Rußland zurückkehren? Er besucht den badischen Hof, den von Württemberg, den von Darmstadt. Überall macht er seine Aufwartung. Er ist die Empfänge gründlich leid und würde am liebsten eine Theatereinladung Großherzog Ludwigs II. von Hessen-Darmstadt ablehnen, dann aber beschließt er, doch dem Protokoll Genüge zu tun, und läßt sich die Galauniform des Wachregiments der Kosaken anlegen. In der hintersten Reihe der Loge des Großherzogs entdeckt er das Gesicht eines jungen Mädchens, das ihn mit den Augen verschlingt. Sie ist blaß, zart, romantisch und wirkt wie ein opferbreites Lamm. Es ist die junge Prinzessin Maria. Kaum fünfzehn Jahre alt, wird sie bei Hofe behandelt wie eine Bettlerin, und so steht sie auch nicht auf der langen Liste der potentiellen Verlobten aus Deutschland. Alexander ist von diesem schüchternen Kind begeistert und bittet, ihr vorgestellt zu werden. Sie macht einen tiefen Hofknicks vor ihm, und er fühlt, wie er plötzlich von dieser unschuldigen, anmutigen Unbekannten ergriffen ist. Er kehrt in seine Wohnung zurück und erklärt dem Chef seines Gefolges, Graf Orlow: »Wir brauchen nicht weiterzureisen. Ich habe meine Wahl getroffen. Meine Reise ist zu Ende. Ich heirate Maria von Hessen, wenn sie mir die Ehre erweist, mir ihre Hand zu geben.«[4]

Trotz dieser Entscheidung, die Schukowskij für eine schon morgen vergessene Marotte hält, ist Alexander bereit, seine Reise durch Europa fortzusetzen. Er läßt die sanfte Maria von Hessen, der er seine Gefühle erst gar nicht gestanden hat, an Ort und Stelle zurück und reist nach Holland, wo ihn seine Tante, Königin Anna Pawlowna, liebevoll empfängt. Danach fährt er nach London. Hier bereitet Königin Viktoria, umgeben von der strengen britischen Gesellschaft, ihm einen außergewöhnlichen Empfang: Abendessen im Buckingham Palace, Opernbesuch, einen Aufenthalt im Schloß von Windsor, ein Bankett zu Ehren des Großfürsten in London Tavern, eine Militärparade im Saint-James-Park, Besuche im Tower, im Hafen, bei den Rennen von Epsom und Ascot, Verleihung eines juristischen Ehrendoktors der Universität Oxford.

Trotz aller britannischen Verführungen träumt Alexander immer noch von seinem Aschenputtel, das er auf dem Kontinent zurückgelassen hat. Er schreibt seinen Eltern, um ihre Zustimmung zur Heirat zu erwirken. Nikolaus ist überrascht, als er vom Vorhaben seines Sohnes erfährt. Maria von Hessen ist noch nicht großjährig. Ganz gleich, was sie an persönlichen und körperlichen Reizen aufzuweisen hat, seine Kanzlei hat sie nicht auf die Liste der Heiratskandidatinnen gesetzt. Außerdem ist sie Gerüchten zufolge unehelich. Es ist bekannt, daß sie nicht die Tochter Großherzog Ludwigs II., sondern die des Marschalls Baron von Grancy ist, der eine Liaison mit ihrer Mutter, Großherzogin Wilhelmine, unterhalten hatte. Der Zar ist angesichts dieser Umstände bestürzt. Seine Umgebung erwartet, daß er sich einer so unpassenden Neigung widersetzt. Aber da kennt man ihn schlecht. In Ausnahmefällen ist sein Hochmut größer als die Staatsräson. Diese Verlobung, welche von den

Diplomaten als unpassend angesehen wird, gibt ihm Gelegenheit zu beweisen, wie unabhängig sein Geist ist, wie unvorhersehbar seine Entscheidungen sein können. Seiner Meinung nach richtet sich die Macht eines Monarchen nach der Größe der Herausforderung gegenüber der Welt, und so glaubt er, daß die seine noch wächst, wenn er seinem Sohn gestattet, ein Mädchen zu heiraten, dessen Herkunft eine kleine Unregelmäßigkeit aufweist. Nicht durch Geburt, sondern durch die Ehe wird man zur Zarin und erfährt so die Verehrung der Menge. »Soll doch jemand wagen zu sagen, daß der russische Thronfolger mit einem unehelichen Mädchen verlobt ist!« erklärt Nikolaus stolz. Er fegt sämtliche böswilligen Behauptungen vom Tisch, indem er sagt: »Da der Großherzog von Darmstadt sich darum nicht geschert hat, sehe ich keinen Grund, Einwände zu erheben.«

Das Ehevorhaben wird in den Salons mißbilligt. Für die aristokratischen Kreise Rußlands handelt es sich um eine Mesalliance. Manche sind sogar der Meinung, daß sie eine »Demütigung für das Land« bedeutet. Nikolaus hat für solche Reden taube Ohren und erteilt seinem Sohn die Erlaubnis, nach Darmstadt zurückzukehren und um die Hand der Prinzessin anzuhalten. Als er seinen Wunsch erfüllt sieht, verläßt Alexander überglücklich England und reist, so schnell er kann, zu seiner Auserwählten. Maria wagt es nicht, an so ein großes Glück zu glauben. Sie tauscht ihre Puppen gegen einen Verlobten aus Fleisch und Blut. Er ist begeistert von diesem Mädchen, das zugleich Kind und Frau ist, erschreckt und zutraulich, kokett und naiv. Sie ist jedoch für die Ehe noch zu jung. Die Eltern beider Seiten fordern eine Probezeit. Eine Woche verbringt Alexander in der Nähe des jungen Mädchens, dann kehrt er nach Sankt Petersburg zurück. Im März 1840 reist er erneut nach Darmstadt, und am 4. April findet die Verlobungsfeier statt.

Am 8. September erscheint Maria zum erstenmal in der Petersburger Öffentlichkeit. Sie fährt an der Seite von Zarin Alexandra in einer goldenen Kutsche. Der Zar reitet in der Nähe der Equipage. Alexander führt die Ehrengarde an. Er strahlt. Kurze Zeit später wird Maria, die zum orthodoxen Glauben konvertiert, zur Großfürstin Maria Alexandrowna. Am 16. April 1841 wird in einer Kapelle des Winterpalais, im Beisein von Höflingen, Botschaftern und ausländischen Fürsten, die Ehe eingesegnet. Auf dem Platz vor dem Schloß drängt sich eine begeistert rufende Menge. Zum Ende der kirchlichen Feier erscheinen der Zar und der Thronerbe, beide in der Uniform der Gardekosaken, auf dem Balkon. Die Freudenrufe verdoppeln sich, als die neue Großfürstin Maria ebenfalls erscheint. Angesichts dieses Meers von unbekannten Gesichtern überkommt Alexander ein seltsames Gefühl, in dem sich Liebe zu seinem Volk und die Trunkenheit absoluter Macht verbinden.

*

Es besteht allgemeine Einigkeit darüber, daß die Heirat Alexanders eine gute Sache ist. Großfürstin Maria ist schön, bescheiden und liebenswürdig. Sie widmet sich karitativen Aufgaben, und der Klerus lobt die Frömmigkeit der neugewonnenen Gläubigen. Manche Leute bei Hofe sind zwar der Meinung, daß sie in ihrem Gehabe ein wenig steif sei, aber diese Zurückhaltung, diese gewisse melancholische Distanz machen sie um so geheimnisvoller. Ihr junger Ehemann ist froh, daß er sie allen anderen deutschen Prinzessinnen vorgezogen hat. Sein anfänglicher Gefühlssturm macht einer warmen, ruhigen, dauerhaften Empfindung Platz. Gleich im ersten Jahr wird Maria schwanger. Sie schenkt in den kommenden Jahren acht Kindern das Leben. Ihre erste Tochter Alexandra stirbt im Alter von sieben Jahren. Aber die anderen, sechs Knaben und ein Mädchen, trösten das Paar über diesen frühen Tod hinweg.[5]

Nikolaus wählt Ehrendamen und hervorragende Adjutanten aus, die den Hof des Thronfolgers bilden sollen. Außerdem hat er vor, seinen Sohn mit den Härten des Alleinherrscherlebens vertraut zu machen. Er ernennt ihn zum Mitglied des Reichsrats, des Finanzrats, des Ministerrats und der Kaukasuskommission. Er lädt ihn ein, an den Sitzungen eines Komitees teilzunehmen, das sich mit dem Schicksal der leibeigenen Bauern beschäftigt. Die Würdenträger reden am Konferenztisch im Beisein des Zarensohns frei heraus über die anstehenden Fragen, aber sie hüten sich, Meinungen kundzutun, die dem Monarchen mißfallen könnten. Alexander läßt sich vom Gemurmel leerer Phrasen einschläfern. Nie käme es ihm in den Sinn, etwas gegen das politische Konzept und die Pläne seines Vaters zu unternehmen. Er ist ein gelehriger Sohn, und voller Respekt stimmt er allem, was der Herrscher äußert, zu. So hält er es zum Beispiel nicht für notwendig, die Leibeigenschaft aufzuheben, und beklagt die in Polen gegen den Willen der Grundbesitzer eingeführten Maßnahmen.

Er ist der getreue Schatten des Zaren und übt, wenn Nikolaus abwesend ist, in der Hauptstadt eine Art Regentschaft aus. Er begleitet seinen Vater auch gelegentlich auf Reisen durch Rußland. 1849 wird er offiziell nach Wien gesandt, um Kaiser Franz-Joseph zur Beendigung des Ungarnaufstands zu gratulieren. Im darauffolgenden Jahr wird er Kommandant des Gardekorps und Direktor der Militärakademie, reist in den Kaukasus, wo sich tschetschenische Stämme dem Vordringen der Russen widersetzen. Er nimmt während dieser Reise an zahlreichen prachtvollen Empfängen teil, Banketten, Reden, Feuerwerken, Paraden, Ehrensaluten und folkloristischen Tänzen. Aber es drängt ihn danach, die Feuertaufe zu erhalten. In Dagestan nimmt er an einem Scharmützel gegen Tschetschenen teil und reitet, froh über die Gelegenheit, im Galopp an die gefährlichste Stelle. Erschreckt läßt sich der alte Fürst Woronzow, der krank ist und deshalb dem Großfürsten im Wagen folgt, ein Pferd geben und beeilt sich, den Unvorsichtigen einzuholen. Daß der Thronfolger bloß nicht von einer Kugel getroffen wird! Glücklicherweise ziehen sich die Tschetschenen zurück. Alexander ist unversehrt und strahlt. Fürst Woronzow ist erleichtert und gratuliert ihm zu seinem Mut. In einem Brief bittet er den Zaren, den Zarewitsch mit dem Georgskreuz auszuzeichnen. »Ich bitte Sie, Majestät, mir diesen Wunsch nicht zu verwehren«, schreibt er an Nikolaus. »Das Georgskreuz vierter Klasse wäre nicht nur die angemessene Belohnung für den Thronerben, sondern für das gesamte Kosakenkorps.« Befriedigt über den Mut seines Sohnes vor dem Feind kommt Nikolaus der Bitte gerne nach.

Mit über dreißig Jahren fühlt sich Alexander seinem Vater gegenüber wie ein kleiner Junge. Er bewundert und fürchtet ihn wie in seiner Kindheit. In allen Dingen erheischt er seine Zustimmung, als begehe er ein Sakrileg, wenn er sich auf sein eigenes Urteil verließe. Seltsam, daß sich bei einem Mann im reifen Alter die Hemmungen der Kindheit immer noch nicht verflüchtigt haben! Die beiden Männer sind miteinander keineswegs von offener Herzlichkeit. Nikolaus liebt seinen Sohn aufrichtig, aber er regt ihn nicht zur Vertraulichkeit an, Alexander seinerseits hat keinerlei Verlangen, sich einem so distanzierten und steifen Gesprächspartner zu öffnen.

Im Laufe der Jahre wird Nikolaus immer argwöhnischer, verschlossener und autoritärer. Jede Regung im Volk nach mehr Unabhängigkeit erscheint ihm als Angriff auf die heilige Würde der Monarchie. Nachdem er den Polenaufstand im Jahr 1831 blutig niedergeschlagen hat, läßt er Tausende polnischer Familien nach Sibirien deportieren und bekämpft eifernd den katholischen Glauben im Land. Sein ganzes Verhalten läßt sich in zwei Begriffen zusammenfassen: Unumschränkte Herrschaft und Orthodoxie. Als er von der 48er Revolution in Frankreich erfährt, kocht das Blut in seinen Adern. Alexander teilt seine Entrüstung. In den Kirchen wird eine Erklärung des Zaren verlesen, in der es heißt, daß »die Wut des Umsturzes« an der russischen Grenze zerbrechen werde, denn »Gott ist mit uns«. Die Polizei macht ein paar unbedeutende Opponenten gegen das Regime dingfest. Es sind schwärmerische Intellektuelle, die sich um einen gewissen Petraschewskij geschart haben und gemeinsam die Schriften von Fourier, Proudhon und Louis Blanc lesen. Sie werden denunziert, angezeigt, verhaftet, vor ein Militärtribunal gestellt. Die Ermittlungen dauern länger als sechs Monate. Einundzwanzig »Verschwörer« werden zum Tod verurteilt. Vor dem Erschießungskommando werden sie im letzten Moment begnadigt und zur Zwangsarbeit nach Sibirien geschickt. Unter ihnen befindet sich ein junger Schriftsteller namens Dostojewskij. An den Grenzen werden Pakete mit ausländischen Büchern beschlagnahmt, welche die »Pest des Liberalismus« nach Rußland bringen. Eine übergeordnete Zensurkommission kontrolliert die bereits existierenden Zensurbehörden. In den Zeitungen findet sich nichts außer belanglos-süßlichen Gesellschafts-Nachrichten. Das Bildungsministerium wird von einem Angehörigen des Militärs geleitet. Philosophie wird nur noch von kirchlichen Akademien unterrichtet. Universitäten werden von der Jugend geächtet und spielen kaum noch eine Rolle. So gibt es 1853 in einem Reich von siebzig Millionen Menschen nur 2900 Studenten. Die Verehrung Alexanders für seinen Vater ist jedoch so groß, daß er auch hier wieder alle von der Regierung beschlossenen Maßnahmen, die Rußland vor revolutionärer Ansteckung schützen sollen, gutheißt. Als sein Adjutant Nasimow zum Kurator der Bildungseinrichtungen im Bezirk Moskau ernannt worden ist, schreibt er ihm: »Die Stelle, die Sie einnehmen werden, gehört zu den wichtigsten, besonders in unserer Zeit, in der die Jugend sich einbildet, klüger zu sein als der Rest der Welt, und glaubt, daß alles nach ihrem Willen zu geschehen habe. Leider gibt es hierfür im Ausland zahlreiche Vorbilder ... Auch die Professoren müssen strikt überwacht werden ... Schlagen Sie ein Kreuz und machen Sie sich mutig ans Werk.«[6]

Da Nikolaus in erster Linie ein Soldatenkaiser ist, sorgt er dafür, daß im Inneren wie im Äußeren Ordnung herrscht. Wann immer er kann, greift er im Ausland helfend ein, um liberale Bewegungen niederzuschlagen. Durch sein Handeln wird die russische Fahne zum Sinnbild der Reaktion. Selbst die Wahl Louis Napoleon Bonapartes zum französischen Kaiser im Jahr 1852 kann ihn nicht beruhigen. Er erkennt die Legitimität des neuen Monarchen an, weigert sich jedoch, ihn wie üblich mit »mein Herr Bruder« anzureden, was er bereits bei Louis-Philippe vermieden hatte. Nicht zufrieden damit, daß er Polen gleichgeschaltet hat, das sich erneut zu erheben droht, schickt er eine große Armee nach Ungarn, die Kaiser Franz-Joseph dazu verhelfen soll, seine Macht im Land zu festigen. Er besetzt die Donau-Fürstentümer und schließt mit der türkischen Regierung einen Vertrag, der ihm eine Art Protektorat über sie einräumt. Er hindert den preußischen König daran, die Kaiserkrone für Deutschland anzunehmen, die ihm das Frankfurter Parlament angeboten hat. Ermutigt von so vielen Erfolgen, wendet er sich gegen die Türkei, von alters her Ziel russischer Eroberungslust.

Vorwand für den Konflikt ist ein Mißverständnis, das wegen

der Privilegien der Orthodoxen an heiligen Stätten zwischen den Regierungen von Sankt Petersburg und Konstantinopel entstanden ist. Unterstützt von Frankreich und England, verweigern die Türken jedes Zugeständnis. Daraufhin fällt die Armee des Zaren in die Donau-Fürstentümer ein und besetzt Silistria. Die türkische Flotte wird bei Sinop zerstört. Aber hier endet Nikolaus' Erfolg. Österreich und Preußen, von denen er Neutralität gefordert hat, sperren sich, Frankreich und England hingegen schicken Geschwader ins Schwarze Meer, um Konstantinopel zu schützen, und entsenden beträchtliche Truppen in den Orient. Die Hälfte Europas wendet sich gegen ihn. Silistria leistet Widerstand. Die Russen müssen die Fürstentümer räumen, die sogleich von den Österreichern besetzt werden, um eine Rückkehr des Zaren zu verhindern. Bald landen Franzosen und Engländer auf der Krim in Jewpatorija. Die Russen werden am Alma geschlagen und verteidigen mit aller Kraft das belagerte Sewastopol.

Alexander leidet tief unter der Demütigung, die dieser Krieg für Rußland bedeutet. Viele nachdenkliche Köpfe seiner Umgebung haben ihn von vornherein verloren gegeben. Die Ausrüstung ist mangelhaft, die Festungen entlang der Küsten haben zu wenig Vorräte, der schlechte Zustand der Straßen und das Fehlen von Eisenbahnlinien machen schnellen Nachschub unmöglich. Auf russischer Seite wird eine vernünftige Kriegsvorbereitung durch Heldentum ersetzt, Kampftaktik durch Improvisation. Hinter dem Glanz der Uniformen verbergen sich verzweifelte Soldaten. Die russischen Bemühungen, die Verbündeten zu zwingen, die Belagerung Sewastopols aufzugeben, scheitern und enden in den blutigen Tagen von Balaklawa und Inkjerman. Nikolaus ahnt, daß seine Hoffnungen auf die Hegemonie über die slawischen Völker verloren sind, und schreibt an Michail Gortschakow, der damals die Süd-Armee befehligt: »Gottes Wille geschehe. Ich werde das Kreuz tragen, solange meine Kräfte reichen.«

Zu Beginn des Jahres 1855 erkrankt er. Hat er vielleicht den Tod absichtlich gesucht, indem er bei eisigem Wetter zur Hochzeit der Tochter eines seiner Vertrauten gefahren ist? Gekleidet in die rote Uniform der Kavallerie mit Wildlederhose und

Seidenstrümpfen kämpft er stundenlang gegen die durchdringende Kälte. Am nächsten Tag geht er, anstatt sich ins Bett zu legen, nur mit einem Überrock bekleidet aus, um an der Parade eines Garderegiments der Infanterie teilzunehmen. Als er ins Schloß zurückkehrt, wird er von einer Grippe niedergeworfen. Sehr bald ist sein Zustand hoffnungslos. Manche munkeln, er sei nicht an einer Lungenembolie, sondern an Selbstmord gestorben. Er habe die russische Niederlage im Krimkrieg nicht verkraften können und sich deshalb mit Schierling vergiftet. Die Hofärzte dementieren derartige Gerüchte.

Nachdem er die Beichte abgelegt hat, bittet Nikolaus Alexander, sich in seinem Namen von der Garde und besonders von den tapferen Verteidigern Sewastopols zu verabschieden. »Sag ihnen, daß ich in der anderen Welt weiter für sie beten werde. Ich habe mich immer bemüht, ihnen das Beste zu geben. Wenn ich dabei gescheitert bin, dann nicht wegen mangelnden guten Willens, sondern aus zu geringer Kenntnis. Ich bitte sie, mir zu verzeihen.« Als ihm später die neuesten Depeschen von der Front gebracht werden, murmelt er, am Ende seiner Kräfte: »Diese Dinge gehen mich nichts mehr an. Man übergebe die Depeschen meinem Sohn.«

Am nächsten Morgen spricht der Hausgeistliche die Sterbegebete. Nikolaus hört ihm zu, vor Schmerzen stöhnend, aber bei klarem Bewußtsein. Die Zarin sitzt an seinem Bett und weint. Alexander ist auch anwesend; er ist äußerst verwirrt. Der Sterbende ist nicht mehr in der Lage zu sprechen. Plötzlich aber geht ein Zucken durch seinen Körper, seine Lippen bewegen sich. An seinen Sohn gewandt, sagt er voller Zorn: »Halte alles zusammen, halte alles zusammen!« Dabei verkrampft sich seine Hand, als wolle sie in einer letzten Anstrengung die verstreuten Teile des Reiches zusammenführen. Am 18. Februar 1855[7], um zwanzig nach zwölf Uhr mittags, tut er den letzten Atemzug. Alexander, den ein heiliger Schauer durchdringt, begreift, daß der Augenblick gekommen ist, in die vorderste Reihe aufzurükken.

Anmerkungen

1 Marquis Adolphe de Custine, Russische Schatten. Prophetische Briefe aus dem Jahr 1839, Nörtlingen 1985, Brief vom 5. Juni.
2 a.a.O., Brief vom 6. Juni.
3 Comte de Reiset, Mes souvenirs.
4 a.a.O.
5 Aus der Ehe von Alexander und Maria gingen folgende Kinder hervor: Alexandra (1842–1849); Nikolaus, Zarewitsch (1843–1865); Alexander, späterer Zar Alexander III. (1845–1894); Wladimir (1847–1909); Alexej (1850–1908); Maria (1853–1920); Sergej (1857–1905); Paul (1860–1919).
6 Brief an Nasimow vom 19. Oktober 1849.
7 Nach dem Gregorianischen Kalender am 2. März 1855.

Kriegsende und Krönung

Der plötzliche Tod Nikolaus I. stürzt Rußland in tiefe Verwirrung. Er war die Seele des Krieges. Was soll jetzt geschehen? Wird Alexander den hoffnungslosen Kampf fortsetzen oder wird er, dem Rat seiner Generäle folgend, den Arm vor der Macht der Alliierten sinken lassen? Nach allem, was man von dem neuen Herrscher weiß, daß er sanftmütig ist, ausgewogen und eher furchtsam, hat man Grund zu vermuten, daß er sich für eine vernünftige Lösung entscheiden wird. In allen Hauptstädten Europas überwiegt die Meinung, daß mit Frieden zu rechnen sei. Die Pariser Börse gerät in Aufregung, eine Anleihe mit drei Prozent Zinsen notiert drei Franc höher als am Vortag. In den Londoner Theatern erheben sich Begeisterungsstürme, als vor dem geschlossenen Vorhang eine Depesche verlesen wird, die den Tod des »Feindes des Menschengeschlechts« verkündet. Die englischen Zuschauer fordern stehend, daß die Nationalhymne gespielt wird; das Orchester spielt sie, Künstler und Publikum stimmen mit ein. Die britischen Zeitungen feiern diesen schicksalhaften Tod als Strafe des Himmels für den Kriegsverbrecher und als Warnung an seinen Nachfolger. Dieser scheint jedoch nicht entschlossen, die Politik seines Vaters zu ändern. Als treuer, gehorsamer Sohn bestätigt er sich nicht selbst, indem er seinem Vater, der ihn so lange unter seiner Fuchtel hielt, nach dessen Tod zuwiderhandelt, sondern gehorcht ihm noch über das Grab hinaus. Am 19. Februar 1855, gleich nach der Thronbesteigung, nimmt er seinen Truppen den Eid ab und verkündet in einer Erklärung an sein Volk, daß seine Herrschaft unter dem Zeichen der größten Figuren in der Geschichte der Nation stehe. »Gebe uns das Schicksal«, heißt es darin, »daß wir, von ihm geleitet und geschützt, Rußland in höchstem Ruhm und größter Macht festigen, daß durch uns das Vermächtnis und der Wunsch unserer glanzvollen Vorgänger

Peter, Katharina, des geliebten Alexander und unseres erhabenen Vaters, deren Gedächtnis unvergänglich ist, erfüllt werde.«

Am nächsten Tag, dem 20. Februar, bekräftigt er vor dem diplomatischen Korps, das gekommen ist, um ihm sein Beileid zu übermitteln, mit noch größerer Klarheit: »Ich beharre auf den Prinzipien, die meinem Onkel und meinem Vater als Regel gedient haben. Diese Prinzipien sind die der Heiligen Allianz und, wenn die Heilige Allianz nicht mehr existiert, dann sicher nicht durch die Schuld meines Vaters; seine Absichten waren immer gerecht und legal, und wenn sie zuletzt von einigen mißverstanden worden sind, so hege ich keinerlei Zweifel, daß Gott und die Geschichte ihm recht geben werden. Das Wort meines Vaters ist heilig. Wie er, so bin auch ich bereit, meine Hand zu einem Bündnis zu reichen, dessen Bedingungen auch er anerkannt hätte. Wenn aber die Gespräche, die in Wien eröffnet werden sollen, nicht zu einem für uns annehmbaren Ergebnis führen, dann, meine Herren, werde ich an der Spitze meines treuen Rußland und meines ganzen Volkes tapfer in den Kampf ziehen.«

Trotz dieser heftigen Worte wiegen sich die Diplomaten noch in dem Glauben, daß eine Einigung möglich sei. So schreibt der Graf von Nesselrode, russischer Reichskanzler, an Herrn von Seebach, Minister von Sachsen: »Es wird Frieden geben, wenn Kaiser Napoleon III. ihn will. In meinen Augen ist dies der entscheidende Punkt.« Für Alexander hieße dies, das Erbe seiner Vorgänger zu mißachten. Er ist der Meinung, daß er als Nachfolger und Neffe jenes Alexander, der den russischen Patriotismus verkörperte, nicht das Recht hat, sich nach einer Niederlage durch den Nachfolger und Neffen Napoleons aus dem Kampf zurückzuziehen. Er verschließt seine Augen vor der Wirklichkeit und befiehlt, daß Sewastopol Widerstand leistet, obwohl die Reihen der Verteidiger bereits enorm geschwächt worden sind. Aus Furcht, Fürst Michail Gortschakow, der die Krimarmee befehligt, könne auch von der allgemeinen Mattigkeit ergriffen werden, fordert er ihn auf, sich »klug und geduldig« zu zeigen, bis vierzig Bataillone zu seiner Verstärkung eintreffen würden.

Kaum haben einige neue Truppen die belagerte Garnison erreicht, greifen die Russen an. Dieser Schritt hat eine blutige Niederlage am Tschernaja-Fluß zur Folge. Die Verluste der Russen belaufen sich auf 8000 verletzte und getötete Soldaten. Von diesem Schlag tief getroffen, schreibt Alexander an Michail Gortschakow: »Auch wenn dies sehr traurig ist, ich lasse mich nicht besiegen, ich bewahre die Hoffnung, daß ER uns nicht im Stich läßt und daß wir am Ende gewinnen werden ... Ich wiederhole, daß, wenn Sewastopol fallen muß, ich dieses Ereignis als Beginn eines neuen und wirklichen Feldzugs betrachte.«[1] Am 24. August setzen die Alliierten die Beschießung der befestigten Stadt fort. Michail Gortschakow meldet dem Zaren: »Wir können Sewastopol nicht mehr halten ... Jeden Tag verlieren wir 2500 Mann.«

Die Stadt ist nur noch eine Ansammlung von Trümmern. Die unversehrten Soldaten sind am Ende ihrer Kräfte, und die Nahrung wird knapp. Obwohl die Auseinandersetzungen höchst gewalttätig sind, fühlen sich Franzosen und Russen von gegenseitiger Sympathie beseelt. Während der Kampfpausen verbrüdern sich Offiziere und Soldaten auf dem Schlachtfeld. Dann nehmen alle wieder mit wilder Entschlossenheit den Kampf auf, bereit, die zu töten, die sie vor einer Stunde noch wie Kameraden behandelten: ein zugleich ritterliches und absurdes Gemetzel.

Am 27. August 1855[2] nehmen die Franzosen nach heftigem Artilleriebeschuß die Schanze von Malakow ein. Die Russen verlassen das brennende Sewastopol und ziehen sich auf das Nordufer der Bucht zurück. Die Nachricht von der Kapitulation erschüttert die öffentliche Meinung in Rußland schwer; man beklagt das unnütze Sterben und zugleich den ungesühnten Angriff. Angesichts des nationalen Unglücks möchte Alexander ebenso groß sein wie sein Onkel, »der Befreier der russischen Erde«. Mehr denn je fühlt er sich zum Fahnenträger berufen. Am 2. September 1855 schreibt er an Michail Gortschakow: »Verlieren Sie nicht den Mut, denken Sie an 1812 und haben Sie Vertrauen auf Gott. Sewastopol ist nicht Moskau; die Krim ist nicht Rußland. Zwei Jahre, nachdem Moskau gebrannt hatte, sind unsere siegreichen Truppen in Paris einmarschiert.«

Den heldenhaften Verteidigern Sewastopols läßt er teilnahmsvolle Glückwünsche zukommen und versichert ihnen, daß dieses Land des Chersonesus, »auf dem Wladimir die Taufe empfing«, dem Feind nicht überlassen werde. Er begibt sich nach Moskau und wird dort von einer begeisterten Menge empfangen. Jeder hier ahnt, daß der Zar mit dem Volk und für das Volk leidet. Als der kaiserliche Zug vorbeifährt, erheben sich Schreie: »Unser Geliebter! Wie nachdenklich er ist! Tröste ihn, mein Gott! Hilf ihm, mach ihn wieder froh! Hab Erbarmen mit uns!«[3]

In der alten Hauptstadt seines Reiches versammelt Alexander einen Militärrat, um die Bedingungen für die Fortsetzung des Krieges zu erörtern. Er ist entschlossen, die gesamte hunderttausend Mann starke Süd-Armee in Simferopol, der Hauptstadt der Krim, zu konzentrieren, um jegliche neue Landung alliierter Truppen zu verhindern. Nachdem dieser Plan beschlossen worden ist, begibt sich der Zar auf Inspektionsreise in die Südprovinzen und besucht auch die Krim, wo er eine Parade der Truppen abnimmt, die an der Verteidigung Sewastopols teilgenommen haben. Er wird mit rasendem Beifall begrüßt. Voller Zufriedenheit beglückwünscht er Michail Gortschakow zu der Haltung seiner Soldaten: »Ich habe festgestellt, daß sich Ihre Leute trotz der unerhörten Strapazen während der Verteidigung Sewastopols eine Ausstrahlung vom Kampfesmut und Frohsinn bewahrt haben und daß die Disziplin, von der die Organisation der Armee abhängt, in keiner Weise nachgelassen hat.« Seinem Sohn Wladimir, der damals acht Jahre alt ist, schreibt er: »Heute habe ich den Verwundeten das Sankt-Georgs-Kreuz verliehen. Es war schön, die Freude dieser tapferen Männer zu erleben, die sich gerade erst zu erholen beginnen und schon darum bitten, wieder in den Dienst geschickt zu werden. Jeden Tag kommen sie zu mir, um sich zu verabschieden. Unter ihnen sind viele Soldaten aus Deinem Regiment.« Dieser optimistische Brief ist an ein Kind gerichtet, es besteht jedoch kein Zweifel, daß Alexander durch die Verehrung, die er allseits erfährt, den trügerischen Eindruck gewinnt, dieser Krieg sei trotz aller Widrigkeiten beim Volk anerkannt und die Kämpfer von 1855 seien von der gleichen Rachsucht beseelt wie die von 1812. Zartfühlend, wie er veranlagt ist, leidet er unter den Auswirkungen des Gemetzels, weigert sich aber, nachzugeben. Letztlich ist es sein Vater, der ihn daran hindert, aufzugeben. Wenn ihn beim Anblick der Verletzten in den Hospitälern Mitleid überkommt, reißt er sich zusammen, als sei er besessen von dem Willen eines anderen. Wenn er sich im Spiegel betrachtete, würde es ihn nicht wundern, darin das versteinerte Gesicht des toten Zaren zu erkennen.

Es ist ein Glück für Rußland, daß der Winter die Alliierten davon abbringt, die Operationen auf der Krim voranzutreiben. Nach den Kämpfen ist man auf beiden Seiten nachdenklich geworden. In Frankreich setzt sich der Herzog von Morny, ein Halbbruder Napoleons III., an die Spitze der Versöhnungspartei und korrespondiert heimlich mit Fürst Alexander Gortschakow, dem russischen Botschafter in Wien und entfernten Vetter Michail Gortschakows, des Verteidigers von Sewastopol. Sehr bald sind sich die beiden darüber einig, daß man alle Verletzungen der Eigenliebe vergessen und lieber an die Wohltaten denken solle, die der Friede mit sich bringe. Es sei folgerichtig und außerdem dringend, so meinen sie, daß Rußland und Frankreich einander näherkämen. Der Krieg, der sie zu feindlichen Handlungen gezwungen habe, habe das Gefühl gegenseitiger Wertschätzung nur verstärkt, die auf die Erinnerung »eines hervorragenden Angriffs und einer heldenhaften Verteidigung« gegründet sei. Gleichzeitig verhandeln das Kabinett von Sankt Petersburg und die Vertreter von Sachsen, Bayern und Württemberg. Während insgeheim Verhandlungen geführt werden, tut Alexander so, als glaube er immer noch an die Möglichkeit, daß es erneut zu Militäraktionen komme. Die Nachricht, daß General Nikolaus Murajew an der Kaukasusfront die Festung von Kars eingenommen habe und die gesamte türkische Garnison gefangengenommen worden sei, scheint ihm Auftrieb zu geben, seine kriegerischen Absichten in die Tat umzusetzen. Unter den Gefangenen befindet sich auch der englische General Williams mit seinem Generalstab. Den russischen Truppen steht der Weg an den Bosporus offen. Diese Nachricht wirkt auf Alexander wie Balsam auf eine offene Wunde. Aber seine Freude dauert nur kurze Zeit. Am 27. Dezember 1855 legt die österreichische Regierung ein Ultimatum in Sankt Petersburg vor, das die Neutralität des Schwarzen Meeres fordert, d.h. es sollen weder Streitkräfte dort stationiert, noch Waffenarsenale unterhalten werden, außerdem fordert es die Rückgabe Moldawiens und Bessarabiens sowie das Recht der Kriegsgegner, Rußland »besondere Bedingungen« aufzuerlegen, die nicht weiter erläutert werden. Wenn innerhalb von drei Wochen das Ultimatum abgelehnt bzw. nicht beantwortet wird, werden Rußland »schwerwiegende Folgen« angedroht, was nichts anderes bedeutet als die Eröffnung eines neuen Kriegschauplatzes an der österreichisch-russischen Grenze. Der Gegenvorschlag der Russen, in dem der Neutralität des Schwarzen Meeres zugestimmt, jegliches Abtreten von Territorien und jede »besondere Bedingung« jedoch abgelehnt werden, wird sogleich von Wien zurückgewiesen.

In der Umgebung des Zaren ist man beunruhigt. Die Mehrheit des Volkes wünscht sich Frieden. Aber manche eifrige Anhänger des Krieges fordern Alexander immer wieder auf, durchzuhalten. Anna Tjutschew, Ehrendame der Zarin, schreibt in ihr Tagebuch: »Hier wollen alle den Frieden, weil wir Feiglinge sind. Ich aber habe einen so festen Glauben an Gott, unsere Heiligen, den Zaren und die Zarin, daß mein Herz ruhig ist und ich überzeugt bin, daß Rußland nicht nur voller Ehre, sondern auch siegreich aus diesem Krieg hervorgehen wird.« Eines Abends stellt sie dem Zar die mutige Frage: »Wenn Österreich die Waffen gegen uns erhebt, Majestät, kann es sein, daß Sie dann alle slawischen Völker zu sich rufen?« – »Das wäre eine Lösung«, antwortet er, »aber um eine so bedeutende Politik zu betreiben, die Rußland retten könnte, brauchte ich andere Menschen, Menschen, die tapfer und klug sind.«

Durch die Unnachgiebigkeit Wiens zu schnellem Handeln gezwungen, ruft Alexander alle in der Hauptstadt befindlichen Würdenträger im Winterpalais zusammen. Kanzler Nesselrode ergreift das Wort: »Frankreich hat uns gegenüber Sympathie gezeigt... Wenn Sie ablehnen, treiben Sie Kaiser Napoleon vielleicht für immer in die Arme der Engländer. Nehmen wir an, so schmeicheln wir seiner Eigenliebe und machen ihn zum Schiedsrichter des Friedens. So könnten Rußland und Frankreich, durch die Erfahrungen dieser Krise geläutert, ihrer jeweiligen Politik eine neue Richtung geben ...«[4]

Nachdem sie diese Stellungnahme vernommen haben, geben alle Mitglieder des Rates ihre Meinung ab. Alle sprechen sich mit mehr oder weniger Überzeugung dafür aus, das Ultimatum anzunehmen. Selbst Graf Bludow, ein glühender Verteidiger des Nationalstolzes, ruft, nachdem er Rußland mit einem Ehrenmann verglichen hat, der im Wald von Banditen überfallen worden ist, aus: »Ich sage wie Choiseul: Da wir nicht in der Lage sind, Krieg zu führen, schließen wir Frieden!«

Befriedigt hört Alexander den Vorschlägen seiner Umgebung zu. Ein paar Tage zuvor hat er – vor der bei der Zarinmutter versammelten Familie – seinem Bruder Großfürst Konstantin gegenüber, der vor Wut schäumte, die Meinung vertreten, daß Rußland vor der Gewalt weichen solle. Um seine Meinung zu rechtfertigen, hat er die Haltung Preußens, das sich mit dem Westen zu verbünden drohte, die Schwierigkeiten, in den Provinzen neue Rekruten auszuheben, und das Ende der finanziellen Möglichkeiten hervorgehoben. Heute bringen seine Berater dieselben Argumente vor und kommen zu demselben Schluß wie er. Er hat also das Land hinter sich. Jetzt ist es Zeit zu handeln. Auf Befehl des Zaren übermittelt Nesselrode Wien sogleich die uneingeschränkte Zustimmung Rußlands.

Als diese Neuigkeit in Sankt Petersburg bekannt wird, sind die Meinungen geteilt. Den einen bedeutet sie große Erleichterung, für die anderen ist sie eine Ohrfeige. Am 8. Januar 1856 schreibt Anna Tjutschew in ihr Tagebuch: »Ich bin so unglücklich wie noch nie. Gestern hieß es gerüchteweise in der Stadt, wir nähmen den Frieden zu den erniedrigenden Bedingungen Österreichs an ... Ich konnte es nicht glauben, obwohl auch im Konzert bei der Zarin davon gesprochen wurde. Heute hat ein offizieller Artikel in der ›Petersburger Zeitung‹ unseren Ehrverlust bestätigt. Ich kann nicht wiederholen, was ich den ganzen Tag über gehört habe. Die Männer weinen vor Scham.« Sie berichtet weiter, daß bei der Aufführung des Stückes »Dimitri Donskoj«[5] von Ozerow, als einer der Schauspieler den Satz »Besser in der Schlacht sterben als einen ehrlosen Frieden annehmen« ausgesprochen habe, der Saal in Schreie und Applaus ausgebrochen sei. Aufgewühlt von diesen Berichten aus der Stadt, faßt sich Anna Tjutschew ein Herz und gibt sie Zarin Maria weiter. »Kann man«, sagt sie zu ihr, »der Erniedrigung einer Nation zustimmen, ohne vorher gefragt zu haben, ob sie nicht bereit ist, die letzten Opfer zu bringen, um ihre Ehre zu retten?« Die Zarin lächelt traurig. Oft hat sie mit ihrem Mann über diese Frage gesprochen. Sie gibt ihrer leidenschaftlichen Ehrendame eine ausgewogene Antwort: »Unser Unglück besteht darin, daß wir schweigen müssen. Wir können den Menschen nicht sagen, daß dieser Krieg ganz sinnlos mit der gewissenlosen Annektion der Donaufürstentümer begonnen hat, daß er gegen jede Vernunft geführt wurde, daß das Land nicht auf einen solchen Konflikt vorbereitet war, daß wir weder Waffen noch Munition hatten, daß alle Zweige der Verwaltung schlecht organisiert waren, daß unsere Finanzen erschöpft waren und unsere Politik seit langem in eine falsche Richtung lief und uns all dies zusammen in die Lage gebracht hat, in der wir uns befinden.«

So verurteilt die Zarin zum erstenmal offen das Verhalten ihres verstorbenen Schwiegervaters. Anna Tjutschew sieht ihrerseits in Nikolaus I. einen »geistlosen und von Schmeichelei geblendeten Mann«. Sie fragt sich jedoch insgeheim, ob sein Nachfolger Alexander die Größe besitzt, das Land kraftvoll zu regieren. »Um Rußland aus diesem Schlendrian herauszuholen«, notiert sie in ihr Tagebuch, »brauchte man einen Herrscher von außergewöhnlicher Energie und Stärke, der alle Elemente des Landes zusammenführte, der alles umstürzte, alles neu ordnete und der fest an die historische Berufung Rußlands und an sein Schicksal glaubte. Der Zar ist der beste aller Menschen. Er wäre ein hervorragender Herrscher in einem Land, das wohlgeordnet und in Frieden lebt; seine einzige Aufgabe bestünde dann darin, das Vaterland in seinem Zustand zu bewahren; er besitzt jedoch nicht das Temperament eines Reformers. Auch die Zarin ist nicht einfallsreich genug. Vielleicht wird sie eine Heilige, nie aber eine Herrscherin. Ihr Lebenskreis ist die Welt der Moral und nicht die korrupte Welt irdischer Wirklichkeit. Sie sind beide zu gut, zu rein, um die Menschen zu verstehen und über sie zu herrschen.«[6]

In Frankreich wird die Annahme des österreichischen Ultimatums durch die Russen begeistert begrüßt. In London hingegen ist man der Ansicht, daß ein neuer Feldzug, der Rußland in die Knie zwänge, günstiger wäre als ein Friedensschluß. Anfang Februar 1865 versammeln sich Vertreter der Großmächte in Paris, um eine Friedensregelung vorzubereiten. Die Russen befinden sich in einer schwachen Position. Ihre Aufgabe ist mit der Talleyrands auf dem Wiener Kongreß im Jahr 1815 vergleichbar. Von den Augen der Welt mit Geringschätzung betrachtet, müssen sie die Achtung derjenigen wiedererlangen, die sie behandeln wie ein Quantité négligeable. Vor ihrer Abreise haben sie Weisung erhalten, sich auf das Wohlwollen Napoleons III. zu stützen, um die von Rußland geforderten Opfer möglichst gering zu halten. Um dieses schwierige Unternehmen zu einem guten Ziel zu bringen, hat Alexander Graf Brunnow auserwählt, einen erfolgreichen Diplomaten, der fünfzehn Jahre lang Botschafter in London war, gute Kenntnisse über England besitzt und mit Lord Clarendon verwandt ist. Mit den europäischen Vertragswerken ist er bestens vertraut, dazu sind sein höfliches Auftreten und sein Geschick bei allen Regierungen hochgeschätzt. Er ist mit der technischen Seite der Verhandlungen betraut, und in allen anderen Fragen hat Fürst Alexej Orlow, der ehemalige Mitarbeiter und Vertraute Nikolaus I., das Sagen. Orlow ist riesengroß, hager, hat dichtes Haar, buschige Brauen, einen kurzgeschnittenen, ein wenig grauen Schnurrbart und wirkt mit seinen siebzig Jahren wie ein Koloß aus dem Norden, ein unverwüstlicher Held der Vergangenheit. Er hat am Vaterländischen Krieg teilgenommen, lagerte auf dem Hügel von Montmartre und zog gemeinsam mit Alexander I. siegreich in Paris ein. Diesmal kommt er als Verlierer, aber ungebeugt. Gleich nach seiner Ankunft wird er zum Objekt allgemeiner Neugierde. In den Schaufenstern stellt man Daguerrotypien von ihm aus, Schaulustige warten tagtäglich vor der Botschaft auf ihn. In den Salons bewundert man seine dunkelgrüne Tunika, auf der Miniaturporträts Alexanders I., Nikolaus I. und Alexanders II. aufgenäht sind. Eine Angehörige des französischen Hofes, Comtesse Stéphanie Tascher de La Pagerie, schreibt an Thouvenel: »Meiner Meinung nach verkörpert Graf Orlow immer noch die Größe Rußlands. Er ist wirklich ein würdiger Vertreter des großen Zaren Nikolaus.« Als geübter Höfling bringt er Napoleon III. tiefe Ehrerbietung entgegen, der dies wohl zu schätzen weiß; er sucht die Freundschaft französischer Offiziere, die in Sewastopol gesiegt haben, umarmt General Canrobert, tritt gegenüber den Engländern korrekt und zurückhaltend auf und verbirgt vor den Österreichern seinen Unmut nicht. Der Graf von Buol, Delegierter des Wiener Kabinetts, wird von ihm mit schneidenden Worten bedacht: »Österreich mag sich daran gewöhnt haben, über Niederlagen zu verhandeln, aber Rußland ist gar nicht betroffen ... Sie reden ja, als ob Sie Sewastopol eingenommen hätten!«

Während Russen und Franzosen Freundlichkeiten austauschen, gehen zwischen Engländern, Österreichern und Russen spitze Bemerkungen hin und her. Bei diesem Spiel verliert die alte Allianz an Zusammenhalt, und eine neue zeichnet sich ab, eine Allianz zwischen den Feinden von gestern. Orlow reibt sich die Hände. Zwischen Verunglimpfungen und Protesten ziehen sich die Verhandlungen wochenlang hin. Am 15. April 1856[7] schließlich setzt Orlow seine Unterschrift unter einen zwar nicht in allen Punkten befriedigenden, aber doch annehmbaren Friedensvertrag.

Vereinbarungsgemäß erhält Rußland Sewastopol zurück, muß aber dafür Kars den Türken wiedergeben. Es verzichtet zugunsten von Moldawien auf seine Besitzungen im Donaudelta, ist mithin nicht mehr direkter Nachbar des Osmanischen Reiches; das Schwarze Meer wird zur neutralen Zone; die Durchfahrt durch Bosporus und Dardanellen wird Kriegsschiffen verboten, ganz gleich, aus welchem Land sie stammen; die christlichen Untertanen der Türkei sind nicht mehr dem Schutz der Russen, sondern dem sämtlicher Großmächte unterstellt.

Was die russischen Bevollmächtigten zufriedenstellt, ist weniger der Buchstabe als der Geist des Vertragswerks. Zwischen den Zeilen lesen sie, daß sie mit einer Annäherung an Frankreich rechnen können. Tatsächlich zählt Napoleon III. auf die russische Unterstüzung bei seinem Plan, Italien zu einen. Dieser stößt bei den Österreichern auf Widerstand, die – sei es unmittelbar, sei es durch Fürsten ihres Hauses – einen Teil der Halbinsel besitzen. Beim Abschiedsbesuch des russischen Bevollmächtigten beauftragt der Kaiser Orlow, freundschaftliche Bande zwischen ihm und dem Zaren zu knüpfen. Mit Tränen in den Augen sagt er: »Dies ist der wahre Wunsch meines Herzens.« In seinem Bericht an Alexander schreibt Orlow: »Er (Napoleon III.) hofft, daß die gegenseitige Sympathie der beiden Nationen durch ein Einvernehmen der beiden Herrscher bekräftigt wird.« An den Rand der Depesche notiert Alexander: »Das ist alles sehr schön, wenn es nur ehrlich gemeint ist!«

Um eine Politik ins Leben zu rufen, die sich von der jener Heiligen Allianz, die für seinen Vater und seinen Onkel eine so wichtige Rolle spielte, unterscheidet, möchte sich Alexander mit neuen Leuten umgeben. Kanzler Nesselrode ist zwei Wochen nach Unterzeichnung des Pariser Vertrags von seinem Amt zurückgetreten. Fürst Alexander Gortschakow, ein feuriger Anhänger der französisch-russischen Versöhnung, tritt an seine Stelle.

Er gehört einer der ältesten und vornehmsten Familien des Landes an, wurde im kaiserlichen Gymnasium von Zarskoje Selo erzogen, in dem Puschkin einer seiner Mitschüler war, kennt die lateinische und französische Literatur, zitiert bei jeder Gelegenheit Sueton und Voltaire. Leute in seiner Nähe bezeichnen Alexander Gortschakow als unermüdlichen Redner und bezaubernden Kameraden. Tatsächlich beobachtet er seine Gesprächsteilnehmer am genauesten, wenn er am überschwenglichsten plaudert. Er hat etwas von einem Redner, aber auch von einem Schauspieler. Ein englischer Diplomat, Sir Horace Rumbold, hält ihn für »den geistreichsten und oberflächlichsten Staatsmann«, Talleyrand empfindet seine Reden als »brillant und steril«, und Vicomte Melchior de Vogüé bemerkt an ihm »Anmut und unerschütterliche, für jedermann sichtbare Selbstzufriedenheit«. Der Achtundfünfzigjährige besitzt feine Züge, rosige, frische Wangen, Augen hinter einer kleinen runden Brille, die manchmal schelmisch aufleuchten. Er kleidet sich altmodisch, trägt am liebsten überlange Gehröcke, hochgebundene Krawatten und Samtwesten.

Sein Amt als Minister des Äußeren faßt er folgendermaßen auf: »Alle, die Rußland schaden, sind meine Feinde, die aber, die ihm Gutes tun, sind meine Freunde, wie immer sie heißen.«

Zu denen, die »Rußland schaden«, rechnet er selbstverständlich Österreich. Er verläßt seinen Posten in Wien mit einem dauerhaften Gefühl der Feindschaft gegenüber der Habsburger Monarchie, die Rußland, den früheren Verbündeten, gedemütigt hat. Dafür ist er aber bereit, sich mit Frankreich zu verständigen, denn, so sagt er, die beiden Länder sind »durch ein pures Mißverständnis zwischen Kaiser Napoleon und Zar Nikolaus« entzweit. So lautet von jetzt an die offizielle Sprachregelung am Hof Alexanders. Gortschakow würde es sich nicht gestatten, eine Idee zu propagieren, für die er nicht die Zustimmung seines Herrn besitzt. Er ist ein Diplomat alter Schule und hat einen derartigen Respekt vor der Autorität eines Monarchen, daß er seine Meinung ändern würde, wenn der Zar nur leicht die Brauen zusammenzieht. Bismarck vergleicht ihn mit einem »Schwamm, dem ein Druck der Hand des Zaren sämtliche Flüssigkeit herauspreßt«.

Alexander ist der Meinung, daß sich das Land allmählich mit diesem wenig ruhmreichen, aber notwendigen Frieden abfinden wird. Jetzt, da die Waffen niedergelegt sind und kein Blut mehr fließt, wendet sich sein Blick ins Innere des Landes. Er will jetzt die Wunden heilen, die Gemüter beruhigen, das Vertrauen der geistigen Kreise gewinnen. Seine ersten, wenn auch vorsichtigen Beschlüsse in dieser Richtung werden gut aufgenommen. Die Zahl der Studenten an den Universitäten soll nicht mehr eingeschränkt werden, junge Gelehrte sollen ins Ausland reisen können, um dort ihr Wissen zu vertiefen. Die Bücher mancher, bisher von der Zensur verbotener Autoren sollen endlich veröffentlicht werden. Unter denen, welchen diese letzte Maßnahme zugute kommt, sticht besonders ein Name hervor, der Nikolaj Gogols. Unter der Herrschaft des vorherigen Zaren war es verboten, ihn zu drucken.[8] Großfürst Konstantin hat sich für den Autor der »Toten Seelen« eingesetzt. Er schreibt an den Bildungsminister: »Jeder kennt die besonderen Eigenschaften Gogols, seinen brennenden Glauben, seine Liebe zu Rußland, seine Ergebenheit gegenüber dem Thron; sie garantieren die guten Absichten, die alle seine Schriften inspiriert haben, und erlauben es, ihn von den kleinlichen Behelligungen der Zensur zu befreien.«

Während der langen Monate des Krieges und der diplomatischen Manöver hatte Alexander keine Gelegenheit, an seine Krönung zu denken. Er ist Zar, hat aber noch nicht die Weihen der Kirche erhalten. Deshalb läßt er am 17. April 1856, seinem Geburtstag, folgenden Beschluß bekanntmachen: »Jetzt, da ein glücklicher Friede Rußland wohltuende Ruhe schenkt, haben wir beschlossen, dem Beispiel unserer frommen Vorfahren zu folgen, die Krone aufzusetzen und die heilige Salbung zu empfangen. In diese Feierlichkeiten wird auch die geliebte Gemahlin Maria Alexandrowna einbezogen.«

Als Zeitpunkt wählt man den Monat August 1856. Am 14. August begibt sich die kaiserliche Familie mit dem Zug von Sankt Petersburg nach Moskau, wo nach zweihundertjähriger Tradition die heilige Feier stattzufinden hat. Nach einem kurzen Zwischenaufenthalt im außerhalb der Stadt gelegenen Schloß Petrowskoje zieht Alexander in die alte Hauptstadt der Zaren ein. Kanonen donnern, Glocken läuten, in den Straßen drängt sich eine bunte Menge. Da reiten Trompetenspieler auf Apfelschimmeln, Tscherkessen aus dem Gefolge Seiner Majestät in ihren roten Tuniken, die Lanzenträger des Garderegiments, die Abgeordneten der asiatischen Völker, die Vertreter des Moskauer Adels, an ihrer Spitze der Adelsmarschall, die Würdenträger des Hofes und die Mitglieder des Reichsrats. Plötzlich verdoppeln sich die Rufe, Hüte fliegen in die Luft: Hinter den Schwadronen der Gardekavaliere und der berittenen Garde erscheint der Zar selbst auf einem Schimmel, das blaue Band des Andreas-Ordens schräg über der Brust, in seinem Gefolge seine beiden ältesten Söhne Nikolaus und Alexander Alexandrowitsch, dreißig Mitglieder seiner Familie, ausländische Fürsten und Generäle. Hinter dieser prächtig gekleideten Schar fährt eine goldene Kutsche, die in der Zeit Ludwigs des XV. hergestellt wurde und deren Wände von Boucher bemalt sind. Sie wird von acht Pferden gezogen und von Knappen und Pagen begleitet. Im Inneren können die Neugierigen der ersten Reihen die feine Gestalt der Zarin Maria erahnen, die die Menge mit einer leichten Neigung des Kopfes grüßt. Neben ihr sitzt der neunjährige Wladimir. Es folgen andere Kutschen, in denen die Zarenwitwe, die Großfürstinnen, ausländische Fürstinnen und Hofdamen sitzen.

Vor der Kapelle der Jungfrau von Iberien hält der Zug an, und Zar und Zarin verneigen sich vor dem wunderwirkenden Bild der Gottesmutter. Dann bewegt sich der Zug weiter bis zum Roten Platz, auf dem sich Menschen in Massen drängen und ein Orchester und ein Chor von einigen tausend Sängern eine Hymne zu Ehren des Herrscherpaars anstimmen. Zar und Zarin betreten den Kreml und begeben sich nacheinander in die Mariä-Himmelfahrts-Kirche, die Erzengel-Michael-Kirche und die Mariä-Verkündigungs-Kirche, um sich vor den Reliquien der heiligen Moskowiter, den Heiligenbildern und den Sarkophagen ihrer Ahnen zu verneigen. Als sie den Kremlpalast betreten, reicht ihnen Fürst Sergej Solizin, der Oberhofmarschall, auf einem Silbertablett das traditionelle Geschenk von Brot und Salz. »Ich war glücklich, als ich das sah«, schreibt ein Augenzeuge namens Komjakow. »Es war wie ein Märchentraum. All das Gold, die asiatischen Völkerschaften, die schönen Uniformen und die alten Perücken, die nach deutscher Art gepudert waren. Es war wie in ›Tausendundeiner Nacht‹, aber erzählt von E. T. A. Hoffmann.«

Nach dieser ersten Begegnung mit der Stadt ziehen sich Zar, Zarin und ihre Kinder in einen in der Nähe gelegenen Besitz des Grafen Scheremetjew zurück, um sich in Abgeschiedenheit und Gebet auf die Krönung vorzubereiten. Drei Tage hindurch verlesen Herolde in Pumphosen aus Seide, Brokatumhängen, weiten Samtkappen mit Federn und hohen gelben Stiefeln an allen Straßenkreuzungen das Festprogramm.

Am 26. August künden morgens um sieben Uhr einundzwanzig Kanonenschläge den Beginn des Gottesdienstes an. Glokken läuten, die Straßen beleben sich, die Würdenträger betreten das Schiff der Mariä-Himmelfahrts-Kirche, seit Iwan dem Schrecklichen der Ort, an dem die Gottesdienste russischer Herrscher stattfinden. Eine Stunde später errichten zweiunddreißig Generaladjutanten über der Ehrentreppe des Schlosses, der sogenannten Roten Treppe, einen mit Federn verzierten goldenen Baldachin, auf dessen Spitze eine Zarenkrone angebracht ist. Das Herrscherpaar begibt sich unter den Thronhimmel. Die höchsten Bediensteten des Hofes tragen auf roten Kissen die Insignien der Macht: die Kaiserkronen, das Zepter, die beiden Weihemäntel, das Schwert, die Standarte und die Kette des Andreas-Ordens. Unter den Klängen der Nationalhymne »Gott schütze den Zaren« bewegt sich die Prozession vorwärts.

Philaret, der Metropolit von Moskau, begrüßt Zar und Zarin, führt sie zunächst zum Altar, danach zu einem in der Mitte der Mariä-Himmelfahrts-Kirche gelegenen Podest, unmittelbar unter der Kuppel. Alexander nimmt auf dem Thron Iwans III. Platz, seine Gemahlin auf dem Thron Zar Michails, seine Mutter auf dem von Zar Alexej.[9] Der höhere Klerus sitzt, in Brokatkaseln gekleidet, auf zwei Bänken zwischen Altar und Kaiserpodest. Die Sänger tragen rote Kaftane aus Samt und stehen rechts vom Heiligenschrein. In dem riesigen Kirchenschiff drängt sich die prächtig gekleidete Zuhörerschaft. Die Honoratioren, Offiziere, Botschafter und ausländischen Fürsten tragen alle Paradeuniformen, auf ihrer Brust wetteifern die verschiedensten Orden. Die Damen des Hofes tragen russische Gewänder in leuchtenden Farben und auf dem Kopf den Kokoschnik, ein Diadem. Sie glänzen nur so von ihren zahllosen Schmuckstücken. Die Frauen der Diplomaten neben ihnen sind alle hell gekleidet, tragen tiefe Dekolletés und auf dem Kopf einen zitternden Federschmuck. Das elegante und amüsierfreudige Publikum flüstert, lacht gedämpft, stellt sich auf die Zehenspitzen, um besser zu sehen. Nach Anna Tjutschews Beobachtungen denkt niemand ans Beten. Manche der Gäste haben sogar etwas zu essen mitgebracht, um sich während der langen Liturgie zu stärken. »Als ich sie anschaute«, schreibt Anna Tjutschew, »fragte ich mich, was für eine Zukunft ein Volk hat, dessen höchste Schichten so verdorben sind durch Luxus und Eitelkeit, daß sie jedes Nationalgefühl und religiöse Bewußtsein verloren haben, die doch die Grundlage für alles andere bilden.«

Jetzt betritt der Metropolit das Podest und fordert den Zaren auf, das Credo zu verlesen, wie es die Tradition verlangt. Alexander liest mit lauter, aber vor Erregung zitternder Stimme das Apostolische Glaubensbekenntnis. Der Chor stimmt Freudenhymnen an. Dann nähern sich zwei weitere Metropoliten dem Zaren, der den Purpur anlegt, einen weiten Brokatmantel, der mit Hermelin gefüttert und mit einem langen Hermelinkragen versehen ist, der bis zu den Schultern reicht und dort mit zwei Broschen aus Gold und Smaragden festgesteckt ist. Die Zarin trägt ein weißes Brokatkleid, darüber das rote Band des Katharinen-Ordens, auch sie darf einen hermelingefütterten Brokatmantel tragen, aber in weniger schwerer, in Brust und Taille schmaler geschnittener Ausführung. Ihr Haar ist zu zwei Zöpfen geflochten. Sie trägt eine dreifache Perlenkette und dazu ein Diamantkollier, das mit einem schweren Anhänger verziert ist. Ihre Magerkeit, ihre Blässe und die unendliche Traurigkeit ihres Blicks lassen sie aussehen, als sei sie als Brandopfer vorgesehen. Der feierliche Augenblick naht.

Alexander empfängt aus der Hand des Klerus die diamantverzierte und von einem Kreuz überragte Krone. Mit einer langsamen Bewegung setzt er sie sich selbst aufs Haupt, während Philaret im Namen der Dreifaltigkeit verkündet: »Dieser sichtbare Schmuck ist das Sinnbild der unsichtbaren Krönung, die dir als dem Oberhaupt aller russischen Länder von unserem Herren Jesus Christus, dem König der Ehre, mit seinem Segen verliehen wird, damit dir die höchste und grenzenlose Macht über deine Untertanen zuteil wird.«

Philaret reicht Alexander nun Zepter und Weltkugel, wonach dieser sich auf dem Thron niederläßt. Seine Gemahlin kniet sich vor ihn hin. Er nimmt die Krone vom Kopf, berührt damit Marias Stirn, setzt sie dann wieder auf und setzt der jungen Frau eine Krone aufs Haar, die kleiner ist als die seine, legt ihr die Kette des Andreas-Ordens darum, küßt sie und nimmt wieder Zepter und Weltkugel in die Hand. Der Erzdiakon verliest die verschiedenen Titel des Zaren. Wieder läuten die Glocken. Die Mauern erzittern unter dem Getöse von hundert Kanonenschüssen. In diesem Augenblick fällt der Zarin durch eine ungeschickte Bewegung die nur dürftig befestigte Krone vom Kopf. Verwirrt hebt sie sie wieder auf, setzt sie sich wieder auf und flüstert Iwan Tolstoj, dem Hofmarschall, der in ihrer Nähe steht, zu: »Dies bedeutet, daß ich sie nicht lange tragen werde!« Als die Ehrensalven vorüber sind und die Glocken wieder schweigen, legt der Zar Zepter und Weltkugel ab und kniet nieder, um den göttlichen Segen für seine Herrschaft zu erbitten. Tränen verschleiern seinen Blick und ersticken ihm die

Stimme. Er bemüht sich, deutlich zu sprechen: »Du hast mich zum Zaren und höchsten Richter deiner Menschen auserwählt. Ich verneige mich vor dir und bitte dich, Herr, mein Gott, verlaß mich nicht bei meinem Vorhaben, belehre mich und leite mich bei meinem Tun zu deinen Diensten. Ich lege mein Herz in deine Hand.«

Nun erklingt ein Te Deum, das laut vom Chor gesungen wird. Der Metropolit Philaret sagt: »Möge das Schwert des Zaren immer gerüstet sein, das Recht zu verteidigen, möge es allein durch seine Präsenz Ungerechtigkeit und Übel vermindern.« Danach empfängt der Zar die Salbung an den Augen, der Nase, dem Mund, den Ohren, den Wangen, den Händen. Dann empfängt er die Kommunion nach dem Ritual der Zaren. Die Zarin wird nur an der Stirn gesalbt; auch ihr wird die Kommunion gereicht, und sie empfängt Brot und Wein wie jedes Mitglied der orthodoxen Kirche.

Am Ende der Zeremonie bildet sich wieder der Zug, der die Mariä-Himmelfahrts-Kirche verläßt, über den Platz und an den beiden anderen Kirchen des Kreml vorbeizieht. Dann steigt er langsam die Rote Treppe zum Schloß hinauf. Zar und Zarin schreiten immer noch unter dem tragbaren Baldachin vorwärts. Alexander, der die Krone auf dem Haupt trägt, hält Zepter und Weltkugel in den Händen. Als er auf der obersten Treppenstufe angelangt ist, verneigt er sich, trunken vor Freude, dreimal vor seinem Volk. Angesichts dieser Menge empfindet er erneut Macht und Verantwortung. Eine heilige Furcht überkommt ihn bei dem Gedanken, welch ungeheure Macht ihm zugefallen ist. Wird er seiner Aufgabe gewachsen sein? Er weiß, daß er das Herz dazu hat, zweifelt jedoch, ob seine Fähigkeiten ausreichen. Er weiß aus Erfahrung, daß es nicht genügt, guten Willens zu sein. Er fürchtet, daß ihm der klare Blick und die Autorität seines Vorgängers fehlen. Andererseits, muß er sich nicht von seinem Vater unterscheiden? Muß er nicht, statt sich als treuer Sohn zu fühlen, sich auf sich selbst besinnen und sich in seiner Eigenart bestärken? Er muß das Werk fortsetzen, aber er muß es auf neue Weise tun. Durch die Krönung wird er zu einem anderen Menschen. Dies ist der Sinn der heiligen Salbung, die er soeben empfangen hat. All seine Hoffnung kommt jetzt von Gott. Er ist bestürzt und kann sich kaum auf den Beinen halten. Vor seinen verschleierten Augen schweben Tausende von Gesichtern vorbei und verschwinden wieder. Der Dichter Fjodor Tjutschew[10], der in der Menge steht, beschreibt den vorbeiziehenden Zaren folgendermaßen: »Als ich nach vierstündigem Warten unseren armen, lieben Zaren sah, wie er unter dem Baldachin einherschritt, auf dem Kopf die riesige Krone, blaß, erschöpft und bemüht, mit einem Nicken auf die Schreie der Menge zu antworten, spürte ich, wie mir die Tränen in die Augen stiegen.«

Ein wenig später sagt die Zarin, die sich in ihr Gemach zurückgezogen hat, um zwischen zwei Auftritten vor dem Volk ein wenig Ruhe zu finden, zu ihrer Ehrendame dasselbe, was sie zum Grafen Tolstoj gesagt hatte, nachdem ihr die Krone vom Kopf gefallen war. Als Anna Tjutschew ihr Vorwürfe macht, solche Gedanken zu hegen, antwortet sie: »Ich bin davon überzeugt. Die Krone ist eine zu schwere Bürde, zu mühsam, als daß man sie lange tragen könnte.« – »Aber, Majestät!« ruft die junge Frau aus, »das Land braucht Sie viel zu sehr, und Gott wird sie Ihnen nicht wegnehmen!« Bei diesen Worten bricht sie in Tränen aus. Die Zarin tröstet sie mit einem Lachen.

Am selben Tag nehmen Herrscher, Fürsten, der hohe Klerus und die Würdenträger des Hofes an einem großen Bankett teil. Zar und Zarin sitzen den Eingeladenen gegenüber unter einem Baldachin. Der Oberhofmarschall, der Oberbrotmeister und der Obermundschenk reichen Speisen und Getränke. Trinksprüche zu Ehren des Zaren und der Zarin, der kaiserlichen Familie und der Prälaten werden von Artilleriesalven begleitet. Am Abend werden die Türme des Kreml, die wichtigsten Gebäude auf dem Roten Platz und den anderen Plätzen von Moskau mit tausend Laternen illuminiert, Alexander tritt auf den Balkon des Schlosses. Die Moskwa ist mit bengalischen Feuern und von einer ständig fließenden Lichtquelle beleuchtet. Diese Flammen erinnern manchen alten Moskauer an den Brand der Stadt während der Besetzung durch die Napoleonischen Truppen. Heute aber sind alle Herzen voller Fröhlichkeit. Bis spät in der Nacht tummelt sich das Volk auf den Straßen, um zuzuschauen, wie die letzten Lichter verglühen.

Anläßlich der Krönung werden Titel und Medaillen verliehen und Hilfsgelder verteilt, zahlreiche Strafen werden erlassen. Die Dekabristen, die sich 1825 gegen Nikolaus erhoben hatten, und die Verschwörer von Petraschewski, die von demselben Zaren 1849 nach Sibirien verbannt worden waren, werden begnadigt. Manchen wird sogar die Erlaubnis erteilt, sich – außer in den beiden Hauptstädten Moskau und Petersburg – an einem Ort ihrer Wahl niederzulassen.

Als er die Amnestie unterzeichnet, erinnert sich Alexander an die inzwischen ferne Zeit, in der er sich als junger Kronprinz in dem kleinen Dorf Kurgan in Sibirien vor den geächteten Exilierten verneigte, als sie gemeinsam die Kirche besuchten. »Gebe Gott«, sagt er zu Graf Modest Korf, »daß das russische Reich nie mehr solche Verbrechen bestrafen oder vergeben muß!«

Am Tag nach der Krönung empfangen Zar und Zarin die Glückwünsche des Adels und der Honoratioren im Andreassaal des Schlosses. An den darauffolgenden Tagen finden zwei Bälle und ein Maskenfest im Kreml und ein Gala-Schauspiel im Bolschoi-Theater sowie Bälle in der österreichischen und französischen Botschaft statt. Das einfache Volk wird zu Vergnügungen auf dem großen Kodinka-Feld eingeladen. Essen und Getränke werden verteilt. Selbst ein Feuerwerk ist geplant. Zweihunderttausend Menschen drängen sich vor den Ständen. Da geht ein sintflutartiger Regen nieder. Die Leute prügeln sich im Matsch, um ein Stückchen Brot zu ergattern. Abergläubische Gemüter halten dies für ein schlechtes Vorzeichen.

Alle europäischen Mächte haben darauf Wert gelegt, bei den Feierlichkeiten vertreten zu sein. In der Schar der Fürsten und Botschafter ziehen besonders Lord Grenville, der Abgesandte der Königin Viktoria, und der Herzog von Morny, der Vertreter Napoleons III., alle Blicke auf sich. Vor allem letzterer genießt ungeteilte Sympathie. Schließlich kommt er aus Frankreich, dem seit neuestem befreundeten Land. Zu seinen Begleitern gehören bekannte Namen wie Herzog von Gramont-Caderousse, Marquis de Galliffet, Fürst Joachim Murat ... Der Luxus der Empfänge, die der Herzog von Morny gibt, erfüllt die Russen mit Bewunderung. Seine Pferdekutschen gelten als der

Gipfel des Geschmacks. In den Straßen zeigt man sich seine Karosse mit goldenen Rädern, die von sechs englischen Pferden gezogen wird, die Lakaien und Kutscher in weißgoldener Livree, gepuderter Perücke, Dreispitz und roter Weste. Fürst Alexander Gortschakow behandelt ihn wie einen Freund. Bei ihrer ersten Begegnung erklärt der Zar: »Ich freue mich, Sie hier zu sehen. Ihre Anwesenheit kennzeichnet das Ende eines Zustands, den es nie wieder geben darf. Ich bin Kaiser Napoleon sehr dankbar und werde den wohlwollenden Einfluß, den er auf die Verhandlungen genommen hat, nie vergessen.«

Morny ist ganz von dem Zaren eingenommen und schreibt an Napoleon III.: »Unter uns, man könnte nicht liebenswürdiger sein als dieser Herrscher. Alles, was ich über ihn erfahre, die Beziehung zu seiner Familie, sein Verhältnis zu Freunden, und ich muß auch sagen, sein innenpolitisches Handeln, sind von Aufrichtigkeit, Gerechtigkeit und sogar ritterlichem Geist geprägt. Er hegt nicht die geringsten Rachegedanken, ist voller Respekt gegenüber den alten Dienern seines Vaters und seiner Familie, selbst wenn diese ihn nur mittelmäßig bedienen. Er verletzt niemanden und steht zu seinem Wort, das durch und durch gut ist; es ist unmöglich, sich ihn nicht zum Freund zu wünschen.«

Während Frankreich am russischen Hof jegliche Aufmerksamkeit zuteil wird, ergeht es dem »undankbaren Österreich« gänzlich anders. Bei aller Großzügigkeit kann Alexander unmöglich Franz-Josephs Verrat vergessen. Drei Jahre später wird er sich freuen, daß die österreichische Armee bei Magenta und Solferino von den Franzosen vernichtend geschlagen wird. Preußen steht er immer noch nahe. Schließlich ist seine Mutter eine Hohenzollern. Und der Zusammenhalt zwischen den beiden Höfen ist eine heilige Angelegenheit. Was sie darüber hinaus eint, ist das gemeinsame Interesse an der Teilung Polens. Diese Komplizenschaft, die noch aus der Zeit Katharinas der Großen stammt, belastet Alexanders Gewissen, aber er weigert sich, sie zu beenden. Er ist der Meinung, daß manche Dinge, die zu einem bestimmten Augenblick unannehmbar scheinen, im Lauf der Geschichte unabänderlich werden. Die Zeit hat das Polen angetane Unrecht besiegelt. Es ist zu spät, sich damit erneut zu befassen. Wer immer es sich in Gegenwart des Zaren erlaubt, von Polen zu sprechen, erntet eisige Blicke. »Er hat es gewagt, mit mir über Polen zu sprechen«, sagt er eines Tages mit vor Zorn zitternder Unterlippe nach einem Gespräch mit Napoleon III.[11] Er fragt sich, weshalb die Europäer solche Schwierigkeiten haben zu begreifen, daß die polnische Frage eine innere Angelegenheit Rußlands ist, ein Familienstreit unter Slawen gewissermaßen, in die sich dauernd einzumischen Ausländern nicht zukommt.

Anmerkungen

1 Brief vom 11. August 1855.
2 Nach dem Gegorianischen Kalender am 8. September 1855.
3 Erinnerungen Podogins, veröffentlicht in »Les Nouvelles moscovites« am 10. September 1855.
4 François Charles-Roux, Alexandre II, Gortschakov et Napoléon III.
5 Dimitrij IV., genannt Donskoi, in Erinnerung an seinen Sieg über die Tataren am Ufer des Don im Jahr 1380.
6 Vgl. Anna Tjutschew, A la cour de deux empereurs.
7 Nach dem in Rußland im 19. Jahrhundert gültigen Julianischen Kalender am 3. April.
8 Gogol starb 1852.
9 Iwan III., genannt der Große, Großfürst von Moskau (1440–1505); Michail III., Zar (1596–1645); Alexis I., genannt der friedliche Zar (1629–1676).
10 Vater der Ehrenjungfrau der Zarin Anna Tjutschew.
11 Im Sommer 1857 in Stuttgart.

Die Aufhebung der Leibeigenschaft

Schon lange ist sich Alexander darüber im klaren, welch furchtbaren Anachronismus Leibeigenschaft darstellt, die in seinem Land noch immer fortbesteht. Zwar ist diese Einrichtung in Frankreich erst im Jahr 1789 abgeschafft worden und in Mitteleuropa noch später. Dennoch ist Rußland gegenüber seinen Nachbarn um ein halbes Jahrhundert im Rückstand. Dies ist um so erstaunlicher, als im alten Moskau die Bauern freie Männer waren. Um die Rekrutierung von Soldaten zu vereinfachen, hatte ihnen die Regierung später das Recht entzogen, sich frei zu bewegen, und sie der fiskalischen und polizeilichen Macht der Herren unterstellt. Peter der Große hatte die Lage dieser Elenden noch verschärft, indem er den Unterschied zwischen an die Scholle gebundenen Bauern und eigentlichen Leibeigenen aufhob. Durch die Schenkung von bewohntem Land an ihre Günstlinge verstärkten die liberale Katherina II. und ihr Sohn Paul I. die Abhängigkeit der Sklaven von ihren Herrn. Zwischen dem einfachen Muschik und dem nach Westen orientierten Junker liegen Welten, man kann sie nur mit Mühe als Zeitgenossen und Landsleute betrachten. Der Junker kann über sein Menscheninventar verfügen, wie es ihm behagt, er entscheidet über Verkauf oder Heirat der ihm unterstellten »Seelen«, bestimmt über körperliche Züchtigung oder Überstellung zur Armee für fünfundzwanzig Jahre. Alexander I. hatte davon geträumt, das Los der Leibeigenen erträglicher zu machen, dann aber darauf verzichtet, die Fundamente seines Reiches durch eine Maßnahme zu erschüttern, welche die Unzufriedenheit des Adels heraufbeschworen hätte. Sein Nachfolger, Nikolaus I., hat ebenfalls trotz lobenswerter Absichten vor der Unerbittlichkeit der Grundbesitzer kapituliert. Gegen Ende seines Lebens hat er folgendes schreckliche Geständnis abgelegt: »Dreimal habe ich an die Leibeigenschaft gerührt, und dreimal mußte ich davon ablassen: Dies ist ein Wink der göttlichen Vorsehung.« Er wird seinem Sohn von seinen Sorgen und seinem mangelnden Mut erzählt haben. Er hat Alexander sogar zum Vorsitzenden einer geheimen Kommission ernannt, die den Auftrag hatte zu prüfen, ob man den Leibeigenen nicht größere Freiheiten einräumen könne. Diese Kommission ist auseinandergegangen, ohne irgendwelche Beschlüsse zu fassen. Jetzt, da Nikolaus I. tot und der Krimkrieg zu Ende ist, kommt Alexander auf das Problem der Leibeigenschaft zurück, in dem Glauben, einem postumen Willen zu gehorchen. Was seinem Vater nicht gelungen ist, muß er versuchen, in die Tat umzusetzen. Diese Aufgabe, die als unlösbar gilt, fasziniert und erschreckt ihn.

Rußlands Bevölkerung zählt einundsechzig Millionen, fünfzig davon sind leibeigene Bauern, von denen sechsundzwanzig der Krone und vierundzwanzig dem Adel, kleineren und größeren Grundbesitzern, gehören. Dies bedeutet, daß von sechs Menschen nur einer über sein Leben bestimmen kann. Manche Sklaven werden als Diener eingesetzt, andere bestellen die Felder ihrer Herren, wieder andere dürfen gegen Zahlung einer Abgabe an ihren Besitzer arbeiten, wie es ihnen beliebt, außerhalb der Ländereien und sogar in der Stadt. Dennoch gehören sie mit Haut und Haaren ihrem Herrn. Dieser schuldet ihnen als Gegenleistung für ihre Abhängigkeit unbedingten Schutz. Solange sie ihm untertan sind, brauchen sie weder Hunger noch Entlassung zu fürchten. Manche haben reiche und gutmütige Herren, die sie gut behandeln. Andere müssen die Launen und die gemeine Gewalttätigkeit machtgieriger Junker ertragen oder die Forderungen eines Gutsverwalters, der nichts anderes im Auge hat, als die eigene Tasche zu füllen. »In den vierziger Jahren war der Gedanke der Sklavenbefreiung in unserem Milieu alles andere als verbreitet«, schreibt Leo Tolstoj in seinen Erinnerungen. »Der ererbte Besitz von Leibeigenen galt als vollkommen selbstverständlich.«

Die Landwirtschaft erlebt einen Niedergang, da die Bevölkerung, die sie betreibt, elend, untätig und heimtückisch ist. Auch durch eine Erhöhung der Arbeitsfron werden die Kornspeicher nicht voll. Leibeigene, die ihrer Lage überdrüssig sind, ergreifen die Flucht. Die Unruhe auf dem Land verstärkt sich. Ganze Dörfer erheben sich gegen die Grundbesitzer, und gegen die Meuterer werden Soldaten eingesetzt. Zwischen 1850 und 1854 finden hundertvierzig Bauernrevolten statt. Graf von Benckendorff, der Chef der Staatspolizei, schreibt in einem Bericht an den Zaren: »Von Jahr zu Jahr verbreitet und verstärkt sich unter den leibeigenen Bauern die Idee der Freiheit. Es braucht nur eine Siutuation einzutreten, die für sie günstig ist, wie ein Krieg oder eine Seuche; es könnten Menschen in Erscheinung treten, die diese Umstände nutzen, um die Regierung zu zerstören.« In der Umgebung Alexanders gibt es Leute, die offen zu äußern wagen, daß die Leibeigenschaft widernatürlich sei und daß man nach Mitteln suchen müsse, sie abzuschaffen, um den Ausbruch einer Revolution zu vermeiden. In den beiden einander gegenüberstehenden Lagern der Intelligenzija gibt es Anhänger der Sklavenbefreiung. Die »Okzidentalisten«, die wünschen, daß sich Rußland am Vorbild und den Erfahrungen Europas orientiert, und die »Slawophilen«, die möchten, daß ihr Land zu den alten nationalen Traditionen zurückkehrt, sind sich ausnahmsweise über die dringende Notwendigkeit von Reformen einig. Der Slawophile Aksakow richtet ein Schreiben an den Zaren, in dem er die Neuerungen Peters des Großen verurteilt, der sich von der Wirklichkeit Rußlands entfernt und im Land ein Klima der Unterdrückung geschaffen habe. Ein anderer berühmter Slawophiler, Kochelew, bittet den Herrscher, Abgeordnete aus ganz Rußland nach Moskau, »das wahre Zentrum Rußlands«, einzuberufen, um ihre Vorschläge über das Thema der Sklavenbefreiung zu hören. Ein dritter, Professor Pogodin, beschwört den Monarchen, »das elende System« aufzugeben. Die Okzidentalisten heben hervor, welche Schande es für Rußland bedeute, der einzige Staat in Europa zu sein, in dem die Menschenwürde verachtet wird. Anna Tjutschew, zu beißendem Spott fähig, beschreibt die beiden Gruppen, welche die geistige Elite des Landes bilden, folgendermaßen: »Bei uns gibt es zwei Arten kultivierter Leute: die, welche ausländische Zeitungen und französische Romane lesen, und die, welche gar nicht lesen; Abend für Abend gehen sie auf einen Ball oder eine große Abendgesellschaft, jeden Winter schwärmen sie erneut aufrichtig für eine Primadonna oder einen Tenor der italienischen Oper; sie nehmen das erste Schiff, um irgendwo in Deutschland eine Kur zu machen und schließlich ihren Schwerpunkt in Paris zu finden. Von wieder anderer Art sind die, welche nur auf Bälle oder Abendgesellschaften gehen, wenn es unbedingt notwendig ist, die russische Zeitungen lesen, auf russisch kleine Texte schreiben, die nie jemand veröffentlichen wird, die aufs Geratewohl über die Frage der Aufhebung der Leibeigenschaft und die Pressefreiheit urteilen, von Zeit zu Zeit ihre Besitztümer besichtigen und nicht gerne mit Frauen zusammen sind. Sie werden Slawophile genannt.«[1]

Nicht nur Slawophile und Okzidentalisten fordern Alexander zum Handeln auf. Auch manche Mitglieder seiner Familie bestehen darauf. An der Spitze der Reformer stehen sein jüngerer Bruder, Großfürst Konstantin, und seine Tante, Großfürstin Helene, Witwe seines Onkels Michail. Sie ist die Tochter des Fürsten Paul von Württemberg und hat zu Hause unter Anleitung des berühmten Cuvier eine höhere Bildung erhalten. Sie liebt es, ihre Umgebung durch ihr Wissen und die Kühnheit ihrer Ansichten zu verblüffen. Sie glaubt eine Menge von Politik zu verstehen und empfiehlt ihrem Neffen so manchen Mitarbeiter. Alexander hört auf sie und achtet sie. Während des Krimkriegs hat sie das Korps wohltätiger Krankenschwestern organisiert. »Ihre Unternehmungen sind erhaben und bewundernswert«, erklärt der Zar in einem an sie gerichteten Antwortschreiben. »Mehr als eine Träne ist durch Sie getrocknet, mehr als eine Wunde geheilt worden. Viele Witwen und Waisen fanden Trost, und ihre Not wurde gelindert.« Die Leibeigenschaft ist ein rotes Tuch für die Großfürstin Helene. Großfürst Konstantin jedoch überbietet sie noch in seiner Abneigung. Die humanistischen Grundsätze Jukowskijs haben ihn noch mehr geprägt als seinen Bruder Alexander. Er bekennt sich immer wieder zum Liberalismus. Als er zum Großadmiral ernannt wird, schafft er die körperliche Züchtigung ab und verbessert die Lage der einfachen Matrosen. In seinen Vier-Augen-Gesprächen mit Alexander hebt er die Notwendigkeit einer schnellen Entscheidung hervor. Gortschakow selbst glaubt zu wissen, daß im Ausland viele einen Niedergang Rußlands wünschen und mit einer sozialen Revolution im Land rechnen. Alexander ist erschüttert. Zu Beginn seiner Regierung hat er den Vertretern des Adels in Moskau verkündet: »Sie werden sicher selbst verstehen, daß das jetzige System leibeigener Seelen nicht unverändert bleiben kann. Es ist jedoch besser, es von oben her abzuschaffen, als auf den Augenblick zu warten, in dem es von unten abgeschafft wird. Ich bitte Sie darum, über Möglichkeiten nachzudenken, wie man diese Aufgabe erfüllen kann.«

So wendet sich der Zar also an den Adel selbst um Hilfe bei dessen Enteignung. Er weiß, daß er nichts unternehmen kann, ohne die Beteiligung dieser reichen und einflußreichen Schicht, deren Vertreter die höchsten Staatsämter innehaben. Wie groß die Macht des Alleinherrschers auch ist, er braucht, um seine Vorhaben in die Tat umzusetzen, den guten Willen derjenigen, die in den entferntesten Provinzen die Verwaltung beherrschen. Die Privilegierten lehnen es jedoch ab, sich ihrer Vorrechte zu entledigen. Manche aufgeklärten Geister entscheiden sich spontan für die Aufhebung der Leibeigenschaft, die meisten Grundbesitzer jedoch weisen diese Neuerung, die sie für ungerecht, gefährlich und in gewisser Weise für antirussisch halten, zurück. Wie kann der Zar es wagen, eine geheiligte Ordnung, die durch Jahrhunderte legitimiert ist, anzutasten? fragen sie. Wenn er eine öffentliche Erklärung darüber abgäbe, daß die Aufhebung der Leibeigenschaft unerläßlich ist, würde er sich von Katherina der Großen abwenden und würde ein Franzose, ein Engländer oder ein Deutscher! Vergeblich versucht Alexander, die Sprecher der Adligen aus den verschiedenen Provinzen, die ihn in Petersburg besuchen, für seine allerdings noch vagen Pläne zu interessieren. Jedesmal stößt er bei seinen Gesprächspartnern auf taube Ohren.

Ohne den Mut zu verlieren, bildet Alexander im Januar 1857 ein »Geheimkomitee«, das aus hohen Würdenträgern besteht. Unter ihnen befinden sich Orlow, Dolgorukow, Adlerberg, Gagarin, Panin und Rostowzew. Dieses Geheimkomitee kommt nach zahlreichen Überlegungen zu dem Schluß, daß »die Leibeigenschaft in sich ein Übel ist, von dem man sich heilen muß« und daß »die Reform dieser Einrichtung unerläßlich« ist. Dies ist aber nichts anderes als eine Höflichkeitsfloskel. Kisselew schreibt nach einer Unterredung mit dem Zaren in sein Tagebuch: »Ich hatte den Eindruck, daß der Zar fest entschlossen ist, die Aufhebung der Leibeigenschaft voranzutreiben, er wird jedoch von allen Seiten mit Bedenken über die Schwierigkeiten und die Gefahr dieses Unterfangens behelligt.« Und tatsächlich steht die Mehrheit der Mitglieder des Geheimkomitees trotz aller Beteuerungen den Gedanken des Zaren feindlich gegenüber. Die Herren bemühen sich, die Diskussionen zu verlangsamen, denn sie hoffen, daß das Vorhaben, wie andere vorherige auch, in der Menge der Papiere verlorengeht. Über diese Verzögerung erbost, entsendet der Zar seinen eigenen Bruder, den energischen Konstantin, in das Komitee. Daraufhin geht die Arbeit ein wenig schneller vorwärts, jedoch stößt das Gremium immer wieder auf dieselben Schwierigkeiten. Kann man die Leibeigenen befreien, ohne ihnen Land zur Verfügung zu stellen? Tut man dies nicht, verurteilt man sie zum Hungertod.

Wenn man ihnen aber Land überläßt, wird sich der Grundbesitzer unrechtmäßig beraubt fühlen. Fürst Gagarin, der Wortführer der Leibeigenschaftsfraktion, erklärt, daß eine Verteilung fruchtbaren Landes an die Bauern den Niedergang der Landwirtschaft bedeuten würde. Man solle sie höchstens in den Genuß eines eigenen Hauses bringen.

Um die verfahrene Situation voranzutreiben, greift Alexander auf eine List zurück. In den litauischen Provinzen, wo die Bedingungen für die Landwirtschaft besonders schwierig sind, hat Nikolaus I. ein System eingeführt, in dem die Beziehungen zwischen Herren und Leibeigenen genau definiert waren. Diese Maßnahme hat keine der beiden Parteien befriedigt, und die Grundbesitzer haben den Zaren um Änderung dieser Maßnahme gebeten. Er nimmt dies zum Anlaß, um Generalgouverneur Nasimow durch einen Erlaß vom 20. November 1857 zu beauftragen, in den drei Provinzen Kowno, Wilna und Grodno Sonderkommissionen einzurichten, die die Möglichkeiten der Aufhebung der Leibeigenschaft nach folgendem Prinzip untersuchen sollen: Den Leibeigenen soll die Möglichkeit gegeben werden, in unbestimmter Zeit ihr Haus mit dem dazugehörigen Land zu erwerben und so lange, bis sie in der Lage sind, es zu kaufen, eine bestimmte Menge Land zu bebauen, die ausreicht, um ihre Bedürfnisse zu befriedigen. Der kaiserliche Erlaß wird den Gouverneuren und Marschällen des Adels sämtlicher Provinzen zur Kenntnis gegeben, damit auch die anderen Grundbesitzer dazu angeregt werden, dem Beispiel Litauens zu folgen. Am 9. Dezember empfängt der Zar den Adel von Sankt Petersburg und verkündet: »Ich bin daran gewöhnt, dem Adel mein Vertrauen zu schenken. Deshalb habe ich beschlossen, daß es Ihrer Herrschaft überlassen sein soll, den Weg freizumachen. Ich weiß, daß dies viel Arbeit erfordert, aber ich setze meine ganze Hoffnung auf Sie und vertraue Ihnen diese Aufgabe an ... Es ist jetzt zu spät zu zögern. Ab sofort muß dieses Problem angangen werden. Dies ist mein absoluter Wille.« Er befiehlt der Presse, seiner Entscheidung zu großer Publizität zu verhelfen.

Die Bildungselite Rußlands ist begeistert von dieser mutigen Initiative des Zaren. »Ich beglückwünsche Sie von ganzem Herzen zu diesem großen Ereignis«, schreibt der Publizist Kolbassin an Iwan Turgenjew. Und der Kritiker Annenkow schreibt ebenfalls an Turgenjew: »Der Tag naht, an dem wir auf dem Sterbebett von uns werden sagen können: ›Ich glaube, jetzt bin ich wirklich ein honnête homme‹.« Iwan Turgenjew schreibt an Tolstoi: »Das langerwartete Ereignis hat endlich seinen Anfang genommen, und ich bin froh, dies noch zu erleben.« Auf einem großen Festbankett in Moskau lassen die Anwesenden, Universitätsprofessoren, hohe Beamte, Großhändler, Schriftsteller und Künstler aller Richtungen, den Namen des Zaren hochleben. Der Direktor des »Russischen Boten«, Katkow, hält eine flammende Rede: »Es gibt Zeiten, in denen Menschen sich in einem gemeinsamen Unternehmen und einem gemeinsamen Gefühl vereinen. Dabei schlägt ihr Herz höher. Glücklich die Generation, der es gegeben ist, ein solches Abenteuer mitzuerleben. Dem Himmel sei Dank, daß wir zu ihnen gehören. Gott schütze unseren Zar und sein Vorhaben. Möge er lange regieren und unserem Vaterland stets Quelle von Licht und Wohltat sein!« Mit Tränen in den Augen erheben die Gäste ihr Glas vor dem Porträt Seiner Majestät und singen die Nationalhymne.

Die Vertreter des Adels aus den verschiedenen Regionen

finden sich zusehends damit ab, Gremien nach dem Vorbild der von der in Litauen eingesetzten Kommission zu gründen. Sie tun dies, weil sie für den Fall ihrer Weigerung Aufstände der Bauern befürchten, die von den Plänen des Zaren erfahren haben. Überall sind die Bedingungen für die Aufhebung der Leibeigenschaft Thema Nummer eins. Deshalb hält es Alexander nicht mehr für notwendig, die Arbeit der Sonderkommission geheimzuhalten, und gründet in aller Öffentlichkeit am 8. Januar 1858 ein »Zentralkomitee für die Angelegenheiten der Bauern«. Dieses hat die Aufgabe, die Vorschläge der Komitees des Provinzadels zu prüfen. Letzten Endes hängt alles von diesen Basisorganisationen ab, die auf dem gesamten Territorium des Reiches verstreut sind. Sie sind jedoch untereinander zerstritten. Nicht nur, daß sich einige Junker beim Gedanken, ihren Besitz an Ländereien und Menschen anzugreifen, empören. Der Adel in den Nordprovinzen, die weniger fruchtbar, aber stärker industrialisiert sind, verfolgt andere Interessen als der im Süden, dessen Landwirtschaft Hauptquelle ihres Reichtums ist. Jene legen Wert auf die Arbeitskraft der Leibeigenen in der Industrie und sind gerne bereit, ihr Land herzugeben, vorausgesetzt, man zahlt ihnen einen guten Preis. Die im Süden hingegen sind bereit, die Leibeigenen freizulassen, wollen jedoch ihre Ländereien, die ihre Haupteinnahmequelle darstellen, behalten. Neben diesen beiden Arten unnachgiebiger Grundbesitzer bildet sich nach und nach eine Minorität, die überzeugt ist, daß die Aufhebung der Leibeigenschaft Vorteile bringt. »Diese Leute«, schreibt der Gouverneur der Provinz Wladimir, »hoffen, daß die Reformen, deren Notwendigkeit sie gänzlich anerkennen, die Gemüter beruhigen, das Verhältnis zwischen Grundbesitzern und Bauern klären und schließlich die Bodenpreise in die Höhe treiben.«

Auf diese wohlgesonnenen Männer stützen sich von nun an der Zar und seine engsten Mitarbeiter. Lanskoj, ehemaliger Innenminister, hat einen Schützling der Großfürstin Helene, Nikolas Miljutin, zu seinem Adjutanten gemacht. Dieser energische und scharfsinnige Mann, der für Gerechtigkeit, Fortschritt und Zusammenarbeit der verschiedenen politischen Gruppen kämpft, wird von seinen Gegnern bezichtigt, ein »Roter« zu sein. Tatsächlich hat er eine fast mystisch zu nennende Auffassung von der Dringlichkeit der Reformen. Er bittet wichtige Berater um ihre Mitarbeit: Solowjew, Samarin, den Fürsten Tscherkasskij ... Mit ihnen und einigen anderen ruft er zwei »Redaktionsgremien« ins Leben[2], welche die juristischen Grundlagen der Aufhebung der Leibeigenschaft erarbeiten sollen. Rostowzew agiert als Vorsitzender. Der Zar greift selber in die Diskussionen ein, um bestimmte Mitglieder unter Druck zu setzen, die sich noch immer nötigen lassen. Er notiert am Rande eines Protokolls, daß er beschlossen habe, den Bauern Eigentum an Land zu gewähren, »um sie nicht zu Vagabunden zu machen«. Um seine Absicht zu bekräftigen, beschließt er am 20. Juni 1858, daß die Ländereien des Zaren den Bauern zur Verfügung gestellt werden und diese vor Gericht das Bürgerrecht erhalten sollen.

Ein Jahr später, gegen Ende Juli 1859, haben vierundvierzig Provinzkomitees ihre Stellungnahmen abgefaßt. Ihre Vertreter werden nach Petersburg geladen, um ihre Ansichten vor den Redaktionskomitees vorzutragen. Sogleich bricht ein Streit zwischen Anhängern und Gegnern der Reform aus. Die »Leibeigenschaftsfraktion«, angeführt von Schidlowskij und Besobrasow, beschuldigt die Redaktionskomitees, den Adel ruinieren und einen Sozialismus herbeiführen zu wollen, der zur Anarchie führt. Die Briefe, die Schidlowskij und Besobrasow direkt an den Zaren richten, werden von ihm am Rand heftig kommentiert: »Was sind das für Gedanken, die diesen Herren im Kopf herumgeistern ... Schöne Sophismen!« Und er schreibt Rostowzew, der Hauptzielscheibe der Konservativen: »Wenn diese Herren sich einbilden, sie könnten mich durch ihre Haltung erschrecken, dann täuschen sie sich. Ich bin zu sehr überzeugt von der Richtigkeit unserer heiligen Sache, als daß mich irgendwer aufhalten könnte. Die vordringliche Frage ist jedoch folgende: Wie kann dieses Vorhaben gelingen? Hierbei richte ich wie immer meine ganze Hoffnung auf Gott und die Hilfe derer, die wie Sie aufrichtig wollen, daß diese Aufgabe erfüllt wird, in der sie die Rettung und das zukünftige Wohlergehen sehen. Machen Sie es wie ich, verlieren Sie nicht den Mut, auch wenn wir beide sehr viel Kummer ertragen müssen. Bitten wir Gott, daß er uns erleuchte und stärke.«

Rostowzew wird im Zuge der Ereignisse krank, erschöpft von der vielen Arbeit und den gegnerischen Verleumdungen. Seine Kräfte nehmen zusehends ab. Er gesteht einem der ihm Nahestehenden: »Wenn ich heute sterbe, sterbe ich mit gutem Gewissen. Ich habe meine Pflicht gegenüber meinem Herrscher aufrichtig erfüllt. Ich glaube, daß ich dieses heilige Vorhaben vorangetrieben habe. Ich habe Vertrauen in die Festigkeit des Zaren. Gott wird Rußland nicht verlassen.« Alexander eilt an sein Krankenbett. Als Rostowzew ihn sieht, sagt er: »Herr, lassen Sie sich nicht einschüchtern!« Dies sind seine letzten Worte.

Alexander ist bestürzt. Durch wen soll er diesen Mann ersetzen, der seine Gedanken so gut verstanden hat? Seine Umgebung erwartet, daß er einen Liberalen zu seinem Nachfolger macht. Alexander jedoch wählt Viktor Panin aus, den Justizminister und ehemaligen Mitarbeiter Nikolaus' I., einen hageren Bürokraten und Pedanten, der hart ist im Umgang mit seinen Untergebenen und das Volk verachtet. Er ist überdies ein ausgesprochener Gegner der Reformen. Den Thron allerdings verehrt er auf fast religiöse Weise. Alexander hofft, daß dieser Mann, der das Vertrauen der Reformgegner besitzt, sie dazu bewegen kann, aus Ehrfurcht vor der Monarchie den Wünschen des Zaren zu gehorchen. Anders ausgedrückt: Er hofft, die unnachgiebigsten Grundbesitzer durch Fürsprache eines der Ihren zu überreden, der seinerseits für seine Ideen gewonnen wird. Er sagt zu Großfürstin Helene, die keinen Hehl aus ihrer Besorgnis macht: »Sie kennen diesen Mann nicht. Seine Überzeugung besteht darin, sich meinem Willen zu unterwerfen.« Panin gegenüber erklärt er: »Sie müssen mit dieser Aufgabe umgehen, wie es in der Vergangenheit geschehen ist. Ich habe Sie immer für einen Ehrenmann gehalten, und es ist undenkbar für mich, daß Sie mich täuschen könnten.« Panin äußert gegenüber Großfürst Konstantin, der sich skeptisch gezeigt hat: »Wenn ich mittelbar oder unmittelbar feststellte, daß der Zar in dieser Sache eine andere Ansicht vertritt als ich, würde ich es als meine Pflicht ansehen, meine persönliche Meinung zurückzustellen und mit doppelter Kraft in einer meinen eigenen Empfindungen entgegengesetzten Richtung zu handeln.« Wahrscheinlich ist dieses Bekenntnis durchaus aufrichtig. Aber wenn Alexander glaubt, daß die mechanische Unterordnung unter den Willen des Vorgesetzten bei der Arbeit eines Staatsmanns die innere Verbundenheit mit einer Sache, die warmempfundene Kraft der Seele, ersetzen kann, zeugt dies doch von einiger Naivität. Als Panin seinen neuen Posten übernimmt, trägt er die richtigen Farben, in seinem Innern aber bleibt er unverändert. Nach außen hin gibt er sich als Reformer, tatsächlich aber ist sein Denken rückwärtsgerichtet.

Sobald er seine Aufgabe übernommen hat, vertritt er vor den Redaktionskomitees die Auffassung, daß man die Bauern unmöglich auf Dauer in den Genuß von Land bringen könne, ohne das Eigentumsrecht der Landbesitzer zu verletzen, und spricht sich dafür aus, daß die Junker auf ihren Gütern das Polizeirecht behalten. Bald kommt es zum Konflikt zwischen ihm und Nikolaus Miljutin. Alexander, dem dies lästig und unangenehm ist, bezieht nur sehr gemäßigt Stellung. Da sich viele weigern, seinen Forderungen zu entsprechen, fragt er sich, ob die Redaktionskomitees die Waage nicht zu sehr zugunsten der Bauern und zum Nachteil der Grundbesitzer haben ausschlagen lassen.

Die umfangreichen Akten der Redaktionskomitees werden, nachdem sie fertiggestellt sind, dem Hauptkomitee übergeben, dessen Vorsitzender Fürst Alexej Orlow ist. Gegen Ende des Jahres 1859 jedoch wird dieser angesehene Mann, der während des Pariser Kongresses die Franzosen begeistert hat, krank, verfällt zusehends und muß seine Amtsgeschäfte aufgeben. An seiner Stelle ernennt der Zar seinen Bruder Konstantin zum Vorsitzenden des Hauptkomitees. Dieser ist gerade nach neunmonatiger Reise durch Europa, den Orient und Palästina in die russische Hauptstadt zurückgekehrt. Er hatte Rußland verlassen, um den Intrigen, die am Hofe gegen ihn im Gange waren, zu entkommen. Kaum ist er wieder zu Hause, gehen das Geklatsche und das Ränkespiel von neuem los. In der Reformkommission scharen sich vier Anhänger der Reformer um ihn. Ihnen stehen jedoch fünf Widersacher gegenüber, darunter Panin, der verbissen das unbedingte Recht auf Eigentum und das Polizeirecht der Grundbesitzer verteidigt. Der Zar, dessen Geduld am Ende ist, drängt seinen Bruder, sich mit den Gegnern zu einigen. Nach vierzig Sitzungen und aufreibenden Verhandlungen ist Konstantin kampfesmüde und erklärt sich damit einverstanden, die Größe der Parzellen, welche die Bauern erhalten sollen, zu verkleinern. Am 26. Januar 1861 nimmt der Zar persönlich an der letzten Versammlung des Hauptkomitees teil und erklärt, daß er sich weigere, den geringsten Aufschub und die geringste Änderung anzunehmen. Er beendet seinen Beitrag mit folgenden, mit fester Stimme vorgetragenen Worten: »Ich wünsche, ich fordere und ich befehle, daß alles bis zum 15. Februar abgeschlossen ist. Sie dürfen nicht vergessen, meine Herren, daß in Rußland die Macht des autonomen Herrschers Gesetze erarbeitet und verkündet.«

Drei Tage später wird der Plan des Hauptkomitees zur endgültigen Entscheidung dem Reichsrat vorgelegt. Bei dieser Gelegenheit hält Alexander vor seinen Beratern eine lange Rede zugunsten der Annahme des vorgelegten Textes: »Das Werk der Aufhebung der Leibeigenschaft ist eine Überlebensfrage, von der die Entwicklung der Kräfte und der Macht Rußlands abhängt. Vor Mitte Februar muß die Angelegenheit abgeschlossen sein und vor dem Beginn der Feldarbeit dem Volk bekanntgegeben werden ... Ziel dieser Maßnahme muß die Verbesserung des Loses der Bauern sein, nicht nur in Worten und auf dem Papier, sondern tatsächlich ... Sie müssen Ihre eigenen Interessen hintanstellen und nicht als Eigentümer handeln, sondern als Würdenträger des Staates, die mein Vertrauen genießen.« Die hohe Versammlung ist um so bewegter durch diese Ansprache, als der Zar sie nicht abliest, sondern frei improvisiert und dabei aus tiefer Überzeugung redet. Einer seiner Adjutanten, Golowin, schreibt: »Diese Rede setzte den Zaren weit über alle Minister und alle Mitglieder des Rates. Sie alle erschienen mir vermindert, während er immer mehr an Größe zunahm. Jetzt hat er Unsterblichkeit erworben.«[3]

Am 19. Februar 1861[4] schließlich setzt Alexander seine Unterschrift unter das Statut, das die Leibeigenschaft aufhebt. Gewiß, er weiß, daß diese Reform wie alle Reformen unvollkommen, daß sie das Ergebnis von hundert Kompromissen ist, daß es große Schwierigkeiten geben wird, wenn man beginnt, sie in die Tat umzusetzen, und daß sie auch zu manchen Ungerechtigkeiten führen wird. Er glaubt jedoch, mit eigener Kraft Rußlands Karren aus dem Dreck gezogen zu haben. Was seinen Vorfahren nicht gelungen ist, hat er, koste es, was es wolle, durchgesetzt, nach fünf Jahren ununterbrochener Kämpfe. Wenn er morgen sterben müßte, so wäre seine Herrschaft, so glaubt er, nicht sinnlos gewesen. Und dennoch weiß er, daß er nicht den starken Willen seines Vaters Nikolaus' I. und die politische Klugheit seines Onkels Alexanders I. besitzt, nur eine unendliche Zuneigung zu seinem Volk und den Wunsch, alles zum Besten zu kehren.

Ein feierliches Manifest, dessen Niederschrift dem hochverehrten Metropoliten Philaret anvertraut worden ist, tut der Nation das Ereignis kund. Es schließt mit den Worten: »Rechtgläubiges Volk, schlag das Zeichen des Kreuzes und erflehe zusammen mit Uns den Segen Gottes für deine Arbeit, den Lohn für dein persönliches Wohlergehen und das öffentliche Wohl.« Anordnungen der Regierung regeln die Modalitäten der Freilassung. Die Leibeigenen sollen sofort das freie Bürgerrecht erhalten. Die Polizeigewalt des Grundbesitzers geht auf die autonom gewordene »Landgemeinde« über. Den Bauern wird auf Lebenszeit ihr Haus zugesprochen, der umliegende Garten und ein Stück Land von der Größe dessen, das sie vormals bearbeitet haben. Sie müssen jedoch das Land von den Grundbesitzern erwerben. Nur die Leibeigenen, die als Diener eingesetzt waren, werden freigelassen, ohne daß ihnen Land übertragen wird. Zwei Jahre lang sollen die Bauern noch Frondienst leisten und zu Abgaben verpflichtet bleiben. In dieser Übergangszeit haben die ländlichen Gemeinden und die Gutsherren Gelegenheit, Kaufverträge abzuschließen. Die Verhandlungen sollen von »Friedensrichtern« überwacht werden, die von den Adligen einer Region ausgewählt werden. Um die Übertragung der Güter zu vereinfachen, zahlt der Staat die ausgehandelte Summe direkt an den Grundbesitzer und erhält diese innerhalb von 49 Jahren von den Bauern zurück, wobei pro Rubel sechs Kopeken Zinsen zu zahlen sind. Die Nutzung des Landes in den ländlichen Gemeinden geschieht auf kollektivem Weg, der »Mir«, die Versammlung der Bauern, teilt die Landstücke unter den Mitgliedern auf und ist für die Zahlung sämtlicher Steuern verantwortlich.

Die Größe der jeweiligen Landparzellen richtet sich nach folgendem Prinzip: Jeder Bauer hat Anspruch auf ein Stück Land von der Größe dessen, das er vor seiner Befreiung bearbeitet hat. Diese Regel kann jedoch durch unzählige Sonderbestimmungen verändert werden, um der jeweiligen Bodenbeschaffenheit, dem Klima, den örtlichen Gegebenheiten gerecht zu werden. Hierbei wird Rußland in drei Bereiche aufgeteilt: schwarze, fruchtbare Erde, unfruchtbare Erde und Steppe; diese werden wiederum in sechzehn Kategorien gegliedert.

Dieses komplizierte System entmutigt die »Friedensrichter« sehr bald. Sie sind alle gutwillig und haben ihren Posten freiwillig übernommen. Zu ihnen gehören bedeutende Männer wie Samarin, Tscherkasskij und Leo Tolstoj, die sich großzügigerweise zur Verfügung gestellt haben. Die Grundbesitzer nutzen die verschiedenen Bestimmungen der neuen Gesetzgebung, um sandigen Boden, Moore oder unzugängliches Land loszuwerden und das einträglichste zu behalten. Eine im letzten Monat von Fürst Gagarin eingeführte teuflische Klausel dient dazu, die unwissenden Muschiks zu ködern: Nach dieser Bestimmung dürfen die Bauern, wenn sie es wünschen, sofort und ohne zu zahlen ein Viertel des ihnen zuerkannten Landes in Anspruch nehmen, wenn sie auf den Rest verzichten. Durch dieses bescheidene Geschenk, das sie von allen Kosten befreit, lassen sich zahlreiche Bauern anlocken und wählen damit ihr eigenes Unglück.

In der Umgebung des Zaren fürchtet man, daß es zum Aufruhr kommen könnte, wenn die Aufhebung der Leibeigenschaft bekanntgemacht wird. Die Reaktionen des Volkes scheinen unvorhersehbar, und übergroße Freude könnte leicht in Aufstände umschlagen. Vom Abend des 19. Februar an bewachen Einheiten von Armee und Polizei die öffentlichen Gebäude. Die Offiziere stehen in Alarmbereitschaft. Versammlungen sind verboten. Einige Grundbesitzer fahren vorsichtshalber ins Ausland. In den großen Häusern hütet man sich, in Gegenwart der Diener von »der Sache« zu sprechen. Aus Sicherheitsgründen hält die Regierung die Veröffentlichung des Manifests in Moskau und Sankt Petersburg bis zum 5. März zurück.

Sehr bald stellt sich heraus, daß die Besorgnis übertrieben

war. Als Alexander auf dem Märzfeld erscheint, wird er vom Volk bejubelt. Man begrüßt in ihm den »Befreiungszar«. Eine Woche beherrschen Kundgebungen von Freude und Treue zum Regierungsoberhaupt die Straßen der beiden Hauptstädte. Zwanzigtausend Arbeiter versammeln sich auf dem Schloßplatz, um Seiner Majestät Brot und Salz zu überreichen. Alexander ist höchst zufrieden und läßt eine Münze mit seinem Porträt und der Aufschrift »Ich danke euch« prägen, die er am 17. April, seinem Geburtstag, all jenen überreicht, die ihm beim Zustandekommen des Reformwerks geholfen haben.

Sehr bald jedoch stellt er fest, daß er sich zu Unrecht gefreut hat. Tief im Landinneren erscheint das im geschwollenen Stil des Metropoliten Philaret verfaßte Manifest wie ein unverständliches und wirkungsloses Gebet. In den Kirchen des ganzen Landes hören die Muschiks den Popen zu, die in murmelndem Ton die neuen Lebensbedingungen des Volkes verlesen. In diesem schwerverständlichen Text ist die Rede von der Pflicht der Gläubigen gegenüber Gott, der Untertanen gegenüber ihren Herren. Eines erschreckt die einfachen Gemüter: Die Leibeigenen sollen noch zwei Jahre in ihrem alten Zustand ausharren. Die »Friedensrichter« versuchen ihnen zu erklären, daß dies nur eine kurze Übergangszeit bedeutet, in der die Landräte und die Staroste[5] gewählt werden, Verfassungen ausgearbeitet, Größe und Begrenzung der Parzellen in ganz Rußland bestimmt werden sollen. Die Bauern jedoch haben den Eindruck, von der Clique der Adligen betrogen worden zu sein. In den Dörfern heißt es, das echte Dokument des Zaren hätten die Großgrundbesitzer gestohlen und an dessen Stelle ein zu ihren Gunsten verfälschtes Papier vorgelegt. Das vierhundert Seiten umfassende offizielle Reglement, das an die Staroste vereilt wird, trägt nicht dazu bei, die Mißverständnisse zu beseitigen. Die zukünftigen freien Männer bleiben mißtrauisch und verlieren sich in Stapeln von Verwaltungsrundschreiben. Die Unabhängigkeit und das Eigentum, das man ihnen bietet, halten sie für eine gefährliche Falle. Bestimmt sollen sie dazu dienen, ihnen erneut das Fell über die Ohren zu ziehen.

Alexander hört aus der Ferne das Echo der verbitterten Bauern und ist bestürzt. Die weiträumigsten Ideen verengen sich, wenn sie sich dem Erdboden nähern. Handeln bedeutet Verrat. Herrschen bedeutet, das Volk zu enttäuschen. Die meiste Unterstützung erfährt der Zar von seinem Bruder Konstantin, seiner Tante Helene und einigen aufgeklärten Adligen, die begriffen haben, daß sie zur Einheit Rußlands beitragen, wenn sie einige ihrer Privilegien opfern.

Anmerkungen

1 Vgl. Anna Tjutschew, Tagebuch.
2 Sie werden später zu einer einzigen zusammengefaßt.
3 Brief an Borjatinskij vom 15. Februar 1861.
4 Nach Gregoranischem Kalender am 2. März 1861.
5 Die Dorfältesten.

Der Polenaufstand

Die Verwirklichung der großen Reform ist schwieriger, als Alexander vorausgesehen hatte. Die meisten Notabeln, die gebeten worden waren, als »Friedensrichter« zwischen Grundbesitzern und Leibeigenen zu vermitteln, entziehen sich ihrer Aufgabe unter den verschiedensten Vorwänden. In erster Linie darum besorgt, in Ruhe und Frieden zu leben, lehnen sie es ab, sich auf Streitereien und Händel einzulassen, für die ihnen nie jemand danken wird. Drei lange Monate vergehen, bis alle Distrikte ihre Vermittler gefunden haben. Sie erklären den Bauern hundertmal den Sinn der Reformen, können diese jedoch nicht überzeugen. In den entlegensten Landstrichen ist das Gerücht im Umlauf, daß die Muschiks, wenn sie das gewünschte Land erhalten wollen, sich an den Zaren persönlich wenden müssen. Warum soll der Herrscher ihnen diese Gunst auch verweigern, wenn er soviel Geld prägen kann, wie er will, um die Grundbesitzer zu entschädigen? Das Unverständnis des niederen Volkes nimmt solche Ausmaße an, daß es in manchen Provinzen zu Aufständen kommt. In der Nähe des Dorfes Besdna (Verwaltungsbezirk Pensa) leisten fünftausend Muschiks, angeführt von einem fanatischen Anhänger der Sekte der Altgläubigen, Antonin Petrow, den Soldaten, die ihre Versammlung zerstreuen sollen, Widerstand. General Apraxin, der sie besänftigen will, wird mit haßerfüllten Rufen empfangen. »Wir brauchen keinen Abgesandten des Zaren!« brüllen die Aufständischen. »Der Zar soll selber kommen!« Der General verliert die Nerven und erteilt Schießbefehl. Die Soldaten gehorchen. Einundfünfzig Tote und siebenundsiebzig Verletzte sind das Ergebnis. Die Intelligenzija ist bestürzt, als sie von diesem sinnlosen Massaker erfährt. An der Universität von Kasan läßt Professor Schtschajow vor seinen Studenten ein Requiem für die Opfer lesen. Der Zar sieht darin eine Beleidigung der Regierung. Die Mönche, welche die Messe gelesen haben, werden in das Kloster von Solowkij verbannt.

Gleich nachdem die Aufhebung der Leibeigenschaft allgemein bekannt ist, schreibt der im Londoner Exil lebende russische Revolutionär Alexander Herzen in seiner Zeitung »Die Glocke«: »Alexander II. hat viel, ja Enormes geleistet; von nun an trägt sein Name größeren Ruhm als die all seiner Vorgänger. Er hat im Namen der Menschenrechte und im Namen des Mitleids gegen die gierige Schar unverbesserlicher Verbrecher gekämpft und hat sie besiegt! ... Aus unserem fernen Exil grüßen wir ihn und geben ihm einen Namen, dem man in der Geschichte der Aristokratie nur selten ohne bitteres Lächeln begegnet, nämlich ›Befreiungszar‹.« Bald jedoch nimmt er dies, durch die Ereignisse belehrt, zurück. »Warum ist dieser Mann (der Zar) nicht an dem Tag gestorben, an dem er dem russischen Volk das Manifest über die Aufhebung der Leibeigenschaft verkünden ließ«? Ein anderer berühmter Sozialist, Tschernischewskij, schreibt: »Ich schäme mich des verfrühten Vertrauens!«

Indessen geht die Arbeit der »Friedensrichter« weiter. In ganz Rußland wird gerechnet, verteilt, gestritten, betrogen. Bauern und Grundbesitzer versuchen, einander zu überlisten. Das Zarenreich ist ein einziger riesiger Markt. Wegen eines Feldes, eines Wäldchens, eines Bachs, einer Hecke kommt es zum Streit, und alle sind unzufrieden. Am unzufriedensten sind die, welche in der ganzen Sache nichts zu verlieren, aber auch nichts zu gewinnen haben, nämlich die Studenten.

Seit Alexander an der Macht ist, haben sie den Kopf eingezogen. Der neue Zar hat ihnen großzügig den Zugang zu den Universitäten eröffnet und sie vom Uniformzwang befreit. Sie können die Vorlesungen, die sie besuchen wollen, frei wählen. Die meisten stürzen sich auf die Veranstaltungen der Fächer Geschichte, Nationalökonomie und Rechtswissenschaft, denn sie hoffen, dort Rezepte zu finden, wie man das Wohlergehen des Landes herbeiführen kann. Manche ihrer Lehrer kommen aus dem Ausland zurück, wo sie ihre Kenntnisse erweitert haben. Ihre Worte werden mit dem Eifer von Neubekehrten verschlungen. Von ihrem Katheder aus verkünden diese »Geistestouristen« einen Sozialismus europäischer Prägung. Das von Herzen herausgegebene Hetzblatt »Die Glocke«, das heimlich nach Rußland gelangt, wird von Hand zu Hand weitergereicht. Seine Artikel werden im Flüsterton in kleinen Gruppen kommentiert wie Bibelverse. Sehr bald sehen sich alle wißbegierigen jungen Leute als Teilhaber einer Verschwörung. Für die Jugend Rußlands bedeutet lernen, die bestehende Ordnung abzulehnen. Von 1857 an kommt es in Kiew zu schweren Unruhen, danach auch in Moskau, wo die Polizei, die eine Demonstration in Schach halten will, einige Studenten verletzt. Alexander ist nachsichtig und weigert sich, die Ereignisse als Revolte gegen seine Herrschaft anzusehen. Er fordert die Bestrafung der allzu eifrigen Polizisten. Einige Monate später erheben sich auch die Studenten von Charkow.

Dies ist zuviel! Da in diesem Land die Wissenschaft offensichtlich zum Ungehorsam verleitet, müssen die, welche das Recht haben, an den verschiedenen Fakultäten zu studieren, sorgfältig ausgewählt werden. Nur Wohlgesonnenen soll fortan das Manna zuteil werden. 1859 erfolgt der erste Gegenschlag. Von dreihundertfünfundsiebzig Antragstellern werden nur dreiundsiebzig in die Sankt Petersburger Universität aufgenommen, von fünfhundert in Moskau nur hundertzweiundfünfzig.[1] In den anderen Universitäten wird mit derselben Strenge eine Mauer gegen die Freunde des Proletariats errichtet. Alexander bedauert es, zu diesen einschränkenden Maßnahmen greifen zu müssen. Durch sein Wesen und seine Erziehung neigt er zur Toleranz; er muß sich jedoch jeden Augenblick davor in acht nehmen, von dem Ansturm eines plötzlich aus jahrhundertelanger Starre aufgeweckten Volkes überwältigt zu werden. Einige seiner Berater fordern ihn auf, schlicht und einfach alle universitären Einrichtungen zu schließen, bis das System neu organisiert worden ist. Er beschränkt sich jedoch darauf, den Bildungsminister Kowalewskij, der als zu liberal gilt, durch Graf Putjatin zu ersetzen, einen Vize-Admiral, dessen Energie, so glaubt er, die Disziplin unter der Jugend wiederherstellen wird.

An der Spitze des Innenministeriums wird eine noch wichtigere Änderung vorgenommen. Den Reformgegnern ist es gelungen, den alten Grafen Lanskoj und seine Assistenten Nikolaus Miljutin, Samarin und Tscherkasskij abzusetzen. Der neue Minister, Graf Peter Walujew, hat an dem Plan zur Aufhebung der Leibeigenschaft nicht mitgewirkt und steht diesem heimlich feindselig gegenüber. Seiner Meinung nach hat man gewaltsam und sinnlos zwei Klassen der russischen Gesellschaft gegeneinander aufgebracht: Großgrundbesitzer und Bauern. Man hätte den Status der Muschiks in Frage stellen und sich die Dinge langsam entwickeln lassen sollen, in einem organischen, den Umständen angemessenen Prozeß. »Man pflanzt das Korn nicht in Garben, sondern beginnt mit dem Säen des Samens«, schreibt er in sein Tagebuch. Sein Auftreten an der Seite des Zaren wird allseits als Rückkehr zu einer konservativen Politik gewertet. Die Adligen, die gefürchtet hatten, der Zar lasse sich von den Belangen der am meisten benachteiligten Schichten der Bevölkerung einnehmen, fühlen sich bestärkt. Der mit den Beziehungen zu Frankreich beauftragte Fournier ist Zeuge des ewigen Hin und Her zwischen zwei Extremen und schreibt nach Paris: »Man spürt bei den Führungskräften eine gewisse Neigung, ein Verlangen danach, neue Instrumente auszuprobieren, um mit unvorhergesehenen, ungewöhnlichen und besorgniserregenden Ereignissen umgehen zu können. Leider haben alle Generäle, die an die Stelle anderer Generäle getreten sind, genausowenig wie ihre Vorgänger begriffen, welche Maßnahmen die neue Situation erfordert.«

Nach einer Begegnung mit Vize-Admiral Putjatin, dem neuen Bildungsminister, schreibt Lord Napier, der englische Botschafter: »Es handelt sich um einen sehr vornehmen Marineoffizier, der eine wissenschaftliche Ausbildung genossen hat und in der Lage ist zu befehlen. Er hat einen großen Teil seines Lebens im Ausland verbracht, wo er eine Französin geheiratet hat. Er besitzt große Weltkenntnisse, ist ein Freund liberaler Ideen und neigt zu sinnlosen Erneuerungen. In seinem Heimatland ist er fast ein Fremder; über die Gefühle und Wünsche der russischen Jugend weiß er so gut wie nichts; von den Schriftstellern seines Landes kennt er keinen einzigen; nie hat er sich früher mit den Problemen beschäftigt, um die er sich jetzt zu kümmern hat. Es scheint deshalb erlaubt, sich zu fragen, ob er die notwendigen Qualitäten hat, um seine neue Aufgabe zu erfüllen, und ob es nicht besser wäre, gleich aufzugeben, um ein späteres Scheitern zu verhindern.«[2]

Tatsächlich leben die Unruhen in den Universitäten trotz der Ernennung Putjatins zum Bildungsminister – immerhin ein bedeutsamer Schritt – wieder auf. Es ist, als hätten die Studenten die »proletarische Krankheit« im Leib. Jetzt protestieren sie gegen den Verweis einiger Kommilitonen von der Hochschule, gegen die Zahlungspflicht beim Besuch von Vorlesungen, der vorher gratis war, gegen das Versammlungsverbot zwecks politischer Diskussionen. Ihnen ist jedes Mittel recht, um ihre Entrüstung gegenüber der Regierung zum Ausdruck zu bringen. Einige werden zur Abschreckung für die anderen festgenommen und ins Gefängnis geworfen, wo sie keineswegs daran denken, sich zu ändern, sondern zu zornigen Märtyrern werden.

Nicht die Protestwoge der studentischen Jugend macht Alexander die meisten Sorgen, sein Regierungsantritt hat in Polen gefährliche Hoffnungen geweckt. Man begeistert sich dort nicht für die Aufhebung der Leibeigenschaft, denn diese wurde bereits mit der Einführung des Code Napoléon in Polen abgeschafft, sondern sehnt die Befreiung des ganzen Landes herbei, das immer noch russischer Oberherrschaft untersteht. Die Polen 1815 von Alexander I. gewährte Verfassung ist von Nikolaus I. nach Niederschlagung des Polenaufstands im Jahr 1831 aufgehoben worden. Die Polen hoffen immer noch auf die Wiederherstellung und sogar die Vergrößerung ihres Landes. Alexander II. hat 1856 den in Warschau versammelten Vertretern des Adels zwar erklärt: »Keine Träumereien, bezeugen Sie Ihre Einigkeit mit dem Vaterland und geben Sie Ihre Unabhängigkeitsträume auf, die von nun an nicht mehr zu verwirklichen sind.« Er ist jedoch immer noch geneigt, sich tolerant zu zeigen, hat den ehemaligen Widerständlern Amnestie gewährt, ihnen ihre beschlagnahmten Güter wiedergegeben, ihnen Pässe für Auslandsreisen ausstellen lassen und den liberalen Fürsten Michail Gortschakow, den letzten Verteidiger Sewastopols, zum Vize-König ernannt. Diese Bezeugungen seiner Gutwilligkeit haben die Gemüter nicht beruhigt, sondern dazu ermuntert, weitere Forderungen zu stellen. Adel, Klerus, studentische Jugend, Würdenträger, alle sind sich in dem Willen einig, das Ende der russischen Herrschaft zu verlangen. Die im Ausland verstreut lebenden Polen unterstützen ihre Landsleute. In der Pariser Öffentlichkeit finden sie begeisterten Widerhall und gewinnen die Sympathie Napoleons III. Nach und nach wird die Sache Polens zu einer europäischen Angelegenheit. In Polen überstürzen sich die Ereignisse. Eine »Landwirtschaftliche Gesellschaft«, die sich im Februar 1861 in Warschau versammelt, um die Beziehungen zwischen Bauern und Grundbesitzern zu untersuchen, wird im Handumdrehen von Verschwörern von ihrem eigentlichen Ziel abgebracht und in ein Zentrum nationaler Propaganda umgewandelt.

Als Alexander von diesen Ereignissen erfährt, nimmt er sie zunächst nicht weiter schwer. »Ich habe Polen nicht erobert, sondern habe es geerbt, und es ist meine Pflicht, es zu halten«, sagt er zum Herzog von Montebello, dem französischen Botschafter. »Ich bin überzeugt, daß ich für das Land alles getan habe, was in meiner Macht stand.« Am 13. Februar 1861 jedoch wird die Bevölkerung von Warschau in Flugblättern dazu aufgefordert, sich auf dem Platz der Altstadt (Staroie Miesto) zu versammeln und bis zum Regierungspalast zu marschieren, um den Jahrestag der siegreichen Schlacht von Grochów zu feiern, welche die Aufständischen von 1831 geschlagen hatten. Die Menge hält Fackeln und Fahnen in die Höhe, singt religiöse Gesänge und Nationalhymnen und wird bald von den von Oberst Trepow befehligten Gendarmen zerstreut. Zwei Tage später beginnen die Demonstrationen von neuem. Die Ordnungskräfte werden mit Steinwürfen angegriffen. Sie schießen daraufhin in die Menge. Schreiend zerstreuen sich die Menschen: sechs Tote, sechs Verletzte. Sogleich versammelt André Zamoiskij, Vorsitzender der Landwirtschaftlichen Gesellschaft, seine Freunde und richtet ein Schreiben an den Zaren, um »im Namen des ganzen Landes« die Wiederherstellung der Rechte der Kirche, der herkömmlichen Gesetze und des Unterrichtswesens zu fordern, kurz, das Land in seinen ursprünglichen Zustand zu versetzen und ihm seine Abhängigkeit wiederzugeben. Dieses Schreiben überbringt eine Delega-

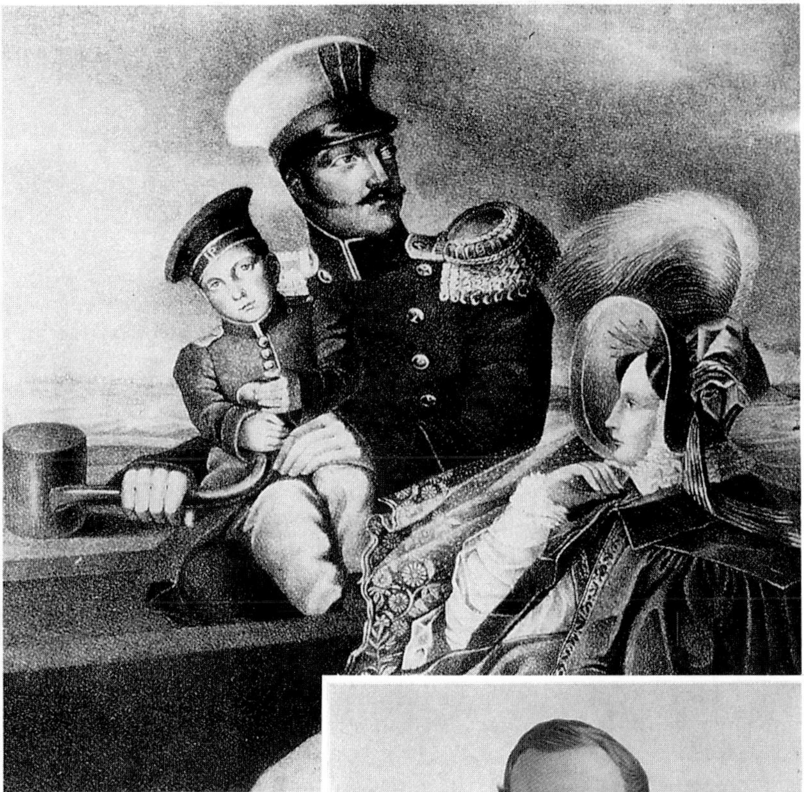

1 Nikolaus I. zwischen seinem Sohn, dem späteren Alexander II., und seiner Frau, Zarin Alexandra Fjodorowna.

2 Alexander II. als junger Mann.

3 Zarin Maria Alexandrowna, geb. Prinzessin von Hessen, um 1860.

4 Alexander II. um 1860.

Krönung Alexanders II. am 26. August 1856 in der Himmelfahrtskirche in Moskau.

6 Porträt der Familie:
Alexander II.
sitzt links im Bild.
Zweiter von rechts stehend:
sein Sohn,
der spätere Alexander III.
Vor ihm seine Mutter,
Maria Fjodorowna,
auf ihrem Schoß ihr Sohn,
Großfürst Nikolaus,
der spätere Zar Nikolaus II.

7 Großfürst Konstantin,
Bruder Alexanders II.

8 Alexander II. Postkarte, die zu Beginn des 20. Jahrhunderts in Rußland verbreitet wurde.

9 Alexander während des Krimkrieges.

10 Im Hauptquartier von General Kitschenew während des Balkankrieges; Großfürst Nikolaus begibt sich an die Front.

11 Zar Alexander und sein Generalstab während des Balkankrieges (1878).

Alexander II. in seinem Arbeitszimmer.

13 Das Volk bejubelt Alexander II. anläßlich der Aufhebung der Leibeigenschaft im Jahr 1861.

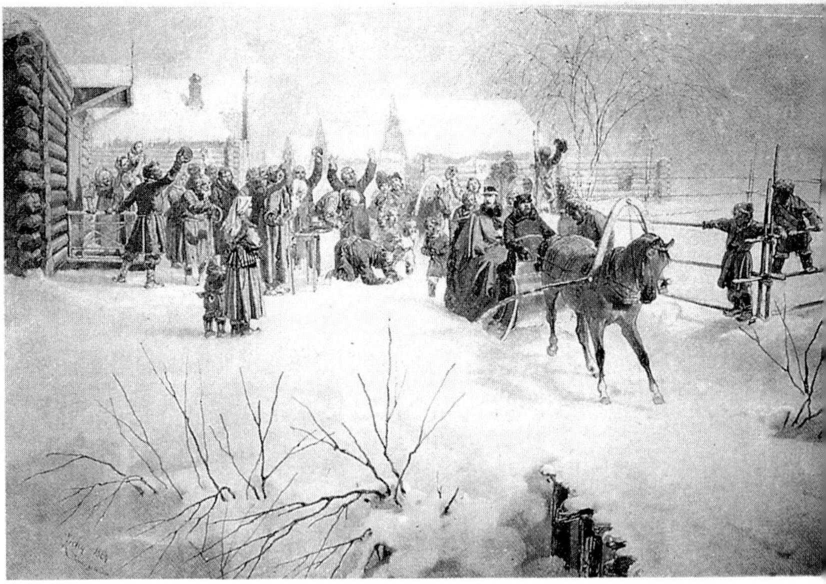

14 Alexander II. fährt mit dem Schlitten durch ein Dorf, 1864.

tion Fürst Michail Gortschakow, der den Kopf verliert und die Petition dem Zaren weitergibt: Er genehmigt außerdem die feierliche Bestattung der Opfer, verspricht, daß die Polizei am Tag der Beerdigung nicht eingreifen wird, und erteilt Befehl, alle verhafteten Demonstranten freizulassen.

Alexander ist über die Tollkühnheit der Polen und die Schwäche Michail Gortschakows höchst erstaunt. Er weist den Fürsten an, sich härter zu zeigen. »Teilen Sie den Leuten mit, daß Sie nicht in der Lage seien, mir das Schreiben zu übermitteln, weil es jeglicher Konvention widerspricht und die darin ausgedrückten Wünsche inkonsequent sind«, schreibt er ihm. »Wenn die Unruhen wiederaufleben, muß über Warschau der Ausnahmezustand verhängt werden. Wenn es notwendig ist, bombardieren Sie die Stadt von der Zitadelle aus.«

Dieser Wutausbruch erscheint wie ein plötzlicher Einfall des Schattens von Nikolaus I. auf das Leben Alexanders. Sobald jemand das Erbe der früheren Herrscher anzutasten sucht, gerät er in Zorn. Nicht er gibt die bedrohlichen Befehle, sondern sein Vater. Hat Nikolaus ihm nicht auf dem Sterbebett gesagt: »Halte alles zusammen?« Die Hauptgefahr für Rußland besteht darin, daß das Reich unter dem Druck der verschiedenen Nationalitäten auseinanderfällt. Es wird dringend Zeit, die Schrauben festzudrehen. Alexander beruhigt sich wieder und zeigt sich gemäßigt wie sonst. Er unternimmt einen weisen Schritt und ruft seine Minister zusammen, um ihre Meinung über die Ereignisse in Polen anzuhören. Die meisten sind wie er der Auffassung, daß man den Aufständischen nicht nachgeben dürfe, da sonst der Staat vom Zerbröckeln bedroht sei. Alle erkennen jedoch an, daß viele den Polen gemachte Versprechen nicht gehalten worden seien.

Es scheint an der Zeit, die Politik zu ändern. Alexander ist der Auffassung, daß eine Regierung, die diesen Namen verdient, keine Zugeständnisse machen kann, ohne sich den Vorwurf der Schwäche einzuhandeln. Nachdem sich sein Zorn gelegt hat, beschließt er, zur Lösung der Krise einen Angehörigen des polnischen Hochadels, Marquis Wielopolski, zu Rate zu ziehen. Dieser träumt von der Versöhnung der beiden slawischen Nationen. Aber er erkennt, daß Rußland unmöglich der

Eigenständigkeit Polens zustimmen kann. Bei aller Gleichheit verbieten es die Geschichte, die Geographie und auch strategische Überlegungen dem Zaren, sich von diesem Pufferstaat zu trennen. Alles, worauf die Polen hoffen können, so meint er, ist eine Scheinautonomie unter Führung des großen Schutzherrn Rußland. Während seine Landsleute noch trunken sind von wilden Hoffnungen, bereitet der realistische Wielopolski den Zaren auf vernünftige Reformen vor. Alexander läßt sich von seinen Argumenten überzeugen und gesteht Polen schließlich einen eigenen Staatsrat, eine Kommission für Bildung, Unterricht und Gottesdienst, eine allgemeine Reform der Schulen, Regierungsräte und Distriktgremien zu.

Wielopolski wird zum Vorsitzenden der Kommission für Bildung und Erziehung und zum Mitglied des Regierungsrates ernannt und wird so in Polen zu einer wichtigeren Figur als Michail Gortschakow. Alles ruht auf diesem unbescholtenen Mann, der für die Zusammenarbeit mit der Besatzungsmacht eintreten will. Die Tatsache, daß er vom Zaren ernannt worden ist, macht ihn bei den radikalen Kräften verdächtig. Sie sehen in ihm keine versöhnende Kraft, sondern einen Diener des Feindes. Kaum hat er seine Ämter übernommen, da beginnen neue Demonstrationen. In Warschau kleiden sich unter Anleitung von geheimen Organisationen Männer in das Nationalgewand und Frauen in Trauerkleider. In den Kirchen singen sie revolutionäre Lieder; Polizisten in den Straßen werden verhöhnt; die Fensterscheiben der Häuser, in denen russische Offiziere leben, werden zerbrochen.

Alexander sträuben sich die Haare. Warum werden seine großzügigen Gesten mit Unverständnis und Haß beantwortet? Gibt es zur Lösung der russisch-polnischen Meinungsverschiedenheiten nichts als Gewalt? Wieder einmal zieht er seine Hand zurück, nachdem er sie ausgestreckt hatte. Er war eine Zeitlang er selbst, jetzt wird er wieder sein Vater. Er schwankt zwischen den freundlichen Neigungen seines Wesens und dem Schicksal der Dynastie, das stärker ist als er. Sich zwischen diesen beiden Polen bewegen zu müssen, erscheint ihm als Zeichen seines Schicksals.

Michail Gortschakow, dessen Kräfte dem politischen Kampf

nicht gewachsen sind, stirbt an Erschöpfung. Um die Lage im Griff zu behalten, sendet Alexander General Sukosanet, den Kriegsminister, nach Warschau und beruft wenig später als Nachfolger Gortschakows im Amt des Vize-Königs General Lambert. Dieser rechtschaffene, barsche und eifrige Mann ist Anhänger einer harten Linie. Seiner Auffassung nach soll man mit Rebellen nicht diskutieren, sondern sie vernichten. Er läßt einige Demonstranten im Schnellverfahren durch Kriegsgerichte aburteilen und schickt die anderen per Verwaltungsakt in weit entlegene Provinzen ins Exil. Diese Repressalien sind keineswegs in Wielopolskis Sinn, der immer noch daran glaubt, daß man mit Überzeugung alles erreichen kann. Der neue Vize-König Graf Lambert steht zwischen dem unnachgiebigen Sukosanet und dem versöhnlichen Wielopolski und gibt einmal dem einen, einmal dem anderen recht.

Angesichts solcher Unklarheit werden die Schwierigkeiten noch größer. Soldaten dringen in Kirchen ein, in denen Gläubige Gott bitten, sie von den Russen zu befreien. Tausend Personen werden verhaftet, weil sie vor dem Altar die Nationalhymne gesungen haben. Prälat Bialobrejski, Vikar im Erzbistum, protestiert gegen »diese Rückkehr in die Attila-Zeit« und fordert die Schließung sämtlicher Kultstätten. Vize-König Lambert ist entsetzt und beschuldigt General Gerstenzweig, den Befehlshaber der Warschauer Truppen, über seinen Befehl hinaus gehandelt zu haben. Weil er diese Verleumdung nicht erträgt, schießt sich Gerstenzweig eine Kugel in den Kopf. Dieses Drama erschüttert Lambert dermaßen, daß er den Zar um seine Ablösung bittet. Alexander ersetzt ihn durch General Lüders.

Wielopolski jedoch, der ständigen Auseinandersetzungen mit Sukosanet überdrüssig, bittet ebenfalls, das Wespennest verlassen zu dürfen. Diesmal weigert sich der Zar. Deshalb schreibt Sukosanet dem Herrscher und weist ihn darauf hin, welche Gefahr es bedeutet, wenn dieser Mann, der bereit ist, den Polen alles zu verzeihen, in Warschau bleibt. »Er verweigert weiterhin auf verrückte Weise den Gehorsam«, schreibt er. »Ich zögere, schwerwiegende Maßnahmen gegen ihn zu ergreifen, aber es wäre gefährlich, seinen Taten weiterhin zuzusehen.« Alexander beugt sich diesem Ansinnen und telegraphiert dem Kriegsminister: »Ihr Brief und die darin enthaltenen Erklärungen haben mich endgültig überzeugt, daß Wielopolski nicht länger in Warschau toleriert werden kann. Geben Sie ihm deshalb meine Order weiter, er solle sich sofort hier (in Petersburg) einfinden. Wenn er es wagt, nicht zu gehorchen, lassen Sie ihn festnehmen, sperren Sie ihn in der Zitadelle ein und berichten Sie mir darüber.«

Wielopolski bittet um ein paar Tage Zeit, um die Reise vorzubereiten. Er will sich ein warmes Fell und einen Wagen kaufen. Als er nach Sankt Petersburg kommt, stellt er fest, daß auch hier die Gemüter gespalten sind. Großfürst Konstantin und Großfürstin Helene stehen entschlossen auf seiner Seite und sehen das einzige Heil in der Toleranz gegenüber der Schwesternation. Unter ihrem Einfluß ändert der Zar zum drittenmal seine Meinung und erkennt im Beisein Wielopolskis an, daß man in Polen die Regierungs- von der Militärgewalt trennen müsse. Er geht sogar noch weiter und beschließt, seinem Besucher die Zivilverwaltung anzuvertrauen. Den Posten des Vize-Königs gibt er seinem Bruder Konstantin, dessen allseits bekannter Liberalismus auf Dauer, so glaubt er, die Feindseligkeit der Polen abbauen wird.

Die Ernennung Konstantins und die Rückkehr Wielopolskis nach Warschau, die beide das Vertrauen des Zaren besitzen, heizen die Kühnheit der Widerständler nur weiter an. Am 15. Juni richtet ein Unbekannter seine Pistole auf den Vize-König Lüders und zertrümmert ihm den Kiefer. Am 21. Juni wird Konstantin beim Verlassen des Theaters von einem Schuß getroffen. Die Kugel dringt durch die Epaulette und verletzt ihn leicht an der Schulter. In aller Ruhe telegraphiert Konstantin seinem Bruder: »Meine Frau war nicht allzu erschrocken, denn man hat es ihr vorsichtig beigebracht. Der Angreifer heißt Jaroschinski. Er ist Schneider.« Ein paar Tage später erklärt er polnischen Würdenträgern, die ihm gratulieren, dem Tod entronnen zu sein: »Dies ist das zweite Attentat in einer Woche. Das Schicksal hat mich beschützt, und ich glaube, daß dies ein glücklicher Umstand ist, denn so wird dem Land vor Augen geführt, wie weit es schon von der Seuche befallen ist. Ich bin zutiefst überzeugt, daß die edle und großzügige polnische Nation solchen Verbrechen ihre Zustimmung verweigert. Worte genügen jedoch nicht, Taten sind vonnöten. Mein Bruder wünscht Ihr Wohlergehen, deshalb hat er mich hierher gesandt. Ich zähle auf Ihre Mithilfe, um meine Aufgabe zu erfüllen.« Auf diese Worte des Friedens folgen zwei neue Attentate, die sich diesmal gegen Wielopolski richten. Die Schuldigen, die den Schlag verfehlt haben, werden verhaftet, verurteilt und in der Zitadelle zusammen mit dem Schneider Jaroschinski hingerichtet.

Diese Hinrichtungen schüchtern die Polen keineswegs ein, im Gegenteil, sie spornen ihren Rachedurst an. Die antirussischen Demonstrationen nehmen immer mehr zu. Daraufhin überlegt Wielopolski, in Polen Rekruten für die Armee einzuziehen, und zwar nicht durch Losentscheid, sondern anhand von Listen. Diese enthalten die Namen aller jungen Männer, die man revolutionärer Umtriebe verdächtigt. Die meisten von ihnen werden durch ihre Tatgenossen, die in der örtlichen Militärverwaltung sitzen, rechtzeitig gewarnt. Sie fliehen aus Warschau und bilden in den Wäldern der Umgebung mit Sensen, Hirschfängern, Säbeln und alten Gewehren bewaffnete Widerstandsgruppen. Ihrem Beispiel folgen andere auf dem gesamten polnischen Territorium. Als ihre Zahl groß genug erscheint, ruft das Geheimkomitee, dem sie unterstehen, zum allgemeinen Aufstand in der Nacht vom 10. auf den 11. Januar 1863 auf.[3] An verschiedenen Punkten greifen die aufständischen Garnisonen der Besatzungsmacht an. Vor Wengrov kommt es zu einer offenen Schlacht, bei der die Russen die Angreifer zerstreuen. Nach einem Bericht von Montebello soll Alexander, als er von diesem todbringenden Unternehmen erfahren hat, zur Zarin gegangen sein, beide Hände an die Stirn gelegt und gesagt haben: »Ich Unseliger! Ich muß Blut vergießen, und das ohne Ruhm!« Dies ist die Stimme seines Herzens. Erneut muß er sich der Pflicht des Herrschers beugen und seine menschlichen Empfindungen unterdrücken. Wenn er nicht sofort ein Expeditionskorps entsendet, um die Aufständischen zu vernichten, wird er sich bestimmt im Ausland Lob einhandeln, vermutlich wird man ihn in den französischen Zeitungen sogar feiern, aber die Russen werden nicht begreifen, daß er sich von den separatistischen polnischen Störenfrieden beleidigen läßt. Er glaubt, einem historischen Fluch unterworfen zu sein: Je mehr Bewunderung ein russischer Herrscher außerhalb seiner Grenzen erfährt, desto mehr fürchten seine Untertanen, daß er aus dem eitlen Motiv heraus, der ganzen Welt zu gefallen, ihre Sache verrät. Alexander muß zwischen internationalem Ansehen und der Anerkennung im eigenen Land wählen. Entscheidet er sich für das erste, gehorcht er philosophischen Prinzipien, tut er das zweite, verteidigt er seinen Besitz mit dem kalten Fanatismus eines Schatzmeisters, der Volk und Land zu verwalten hat.

Er ist von den schlechten Nachrichten aus Polen äußerst betroffen, kann aber das Protokoll nicht verletzen und nimmt noch am selben Abend an einem Ball in der Eremitage teil. Nach Augenzeugenberichten ist sein Gesicht bleich, und in seinen Augen liegt tiefer Kummer. Am Tag hat er den Gardeoffizieren erklärt: »Ich mache nicht die polnische Nation für diese Ereignisse verantwortlich, sondern erkenne die Taten jener revolutionären Partei wieder, die überall die gesetzliche Ordnung zerstören will.« Die Regierung gehorcht seinem Wunsch und teilt mit, daß seine Zugeständnisse erst nach Wiederherstellung des öffentlichen Friedens ins Spiel gebracht werden. Fürst Alexander Gortschakow[4], der Außenminister, drückt dieselbe Idee in deutlicheren Worten aus: »Ein Glück, daß das Geschwür reif ist. Jetzt kann man es aufschneiden und danach eine milde und aufgeschlossene Herrschaft ausüben.«

Um »das Geschwür aufzuschneiden«, werden in aller Eile Truppen nach Polen gesandt. Es wird Befehl erteilt, den Druck zu verstärken und Widerständler, die mit Waffen in der Hand entdeckt werden, auf der Stelle hinzurichten. Diese finden sich, wenn sie zerstreut worden sind, jedoch an anderer Stelle erneut zusammen. Es ist ein Störungskrieg mit zahlreichen nächtlichen Scharmützeln, in dem die Bevölkerung ganz auf seiten der Partisanen steht. Weder Drohungen noch Versprechungen können den Willen der Patrioten brechen. Es wird eine Scheinregierung eingerichtet, deren Präsident zunächst Mieroslawski ist, dem Langlewicz folgt. Den Versöhnungsangeboten Petersburgs antworten die Führer der Rebellen: »Wir ziehen hunderttausendmal Sibirien, den Galgen, den edlen Wahnsinn des Kreuzes einer schändlichen Amnestie vor.« Bald wird aus dem Geheimkomitee eine »Nationalregierung«, welche die absolute Freiheit Polens, Litauens und Rutheniens und von Teilen des freien polnischen Königreichs zu ihrem Ziel erklärt. Auf ihrem Wappen sind die Symbole der verschiedenen Regionen abgebildet, wie in vergangenen Jahrhunderten. Ein solcher Anspruch ist für den russischen Zaren unannehmbar. Alexander ist durch die Geschichte seines Landes gebunden. Polen eine Art Autonomie zu gewähren, könnte noch gerade angehen, aber er kann unmöglich die Provinzen Litauen und Ukraine, in denen der polnische Bevölkerungsanteil weitaus geringer ist als der weißrussische und kleinrussische, preisgeben, ohne dabei das Territorium, das ihm seine Ahnen hinterlassen haben, in Stücke zu schneiden. Für die Russen ist die Stunde gekommen, den entscheidenden Schlag zu führen. Zweihunderttausend Mann werden in den von der »revolutionären Seuche« bedrohten Gegenden konzentriert. Der allzu sanfte Konstantin wird aus Warschau abberufen und durch Graf Fjodor Berg ersetzt, der für seine Eitelkeit und Energie bekannt ist. Nachdem sich die Revolte in den litauischen Provinzen rasch ausgebreitet hat, sendet Alexander einen Mann mit eiserner Hand als Gouverneur nach Wilna, Michail Murawjew, der vorher Minister der Krongüter war. Sein Kollege Walujew sagt von ihm: »Er ist ein Khan, ein Pascha, ein Mandarin, alles, was Sie wollen, aber kein Minister.« Dieser intelligente, rauhe, liebedienerische und zugleich grausame neue Gouverneur von Wilna erwirbt sich bald den Namen »Murawjew der Henker«.

In Polen wie in Litauen beginnen die großen Säuberungen. Zu Tausenden werden Polen verhaftet, hingerichtet oder zu Zwangsarbeit nach Sibirien verschleppt. Die örtliche Verwaltung für das Religionswesen, die Steuern und die Post werden der Zentralverwaltung Sankt Petersburgs unterstellt. Einzige Amtssprache ist von nun an das Russische. Klöster, die man verdächtigt, den Partisanen geholfen zu haben, werden geschlossen. Mitten in der Nacht werden Mönche und Nonnen verjagt und in sicherere Klöster gebracht. Papst Pius IX. protestiert vergeblich. Drei Jahre später kommt es zum Ende des Konkordats.

In Litauen wendet Michail Murawjew noch perfektere Methoden an. Er kann es nicht hinnehmen, daß eine kleine polnische Minderheit diese Provinz in Aufruhr versetzt. Auf einfache Denunziationen hin werden die Verdächtigen ins Exil geschickt und all ihrer Habe beraubt. Polen wird es untersagt, Land zu erwerben. Der Zugang zu Stellen in der Verwaltung wird aufs härteste eingeschränkt. In den Schulen wird kein Polnisch mehr unterrichtet. Wie in Polen werden die meisten Klöster geschlossen, um zu verhindern, daß sie Widerständler aufnehmen.

Nach einigen Monaten liegt das Land am Boden, es herrscht Friede, und Alexander verleiht Murawjew als Dank für seine Bemühungen den Sankt-Andreas-Orden. Fjodor Berg berichtet dem Zaren kurz darauf, daß in Polen, nachdem Teile der Bevölkerung ausgemerzt, Menschen zerstreut und dezimiert worden sind, wieder Ruhe herrscht. Selbst die Frauen haben aus Furcht vor Denunziationen ihre Trauerkleider wieder abgelegt und tragen Farben. Fast alle Anführer der Aufständischen sind ins Ausland geflohen.

Mit wenigen Ausnahmen begrüßt die öffentliche Meinung in Rußland die Handlungen der Regierung. Man kann nicht zugleich Russe sein und eine Abspaltung Polens wünschen. Dies würde bedeuten, Mütterchen Rußland ein Pfund Fleisch auszureißen. Die Vorstellung einer Teilung ist für Alexanders Untertanen körperlich unerträglich. Die Zeitungen schreiben es. Männer jeglicher Couleur wiederholen es in den Salons. Alexander wird auf Händen getragen.

Im Ausland verhält es sich anders, besonders in Frankreich, wo die Presse die Russen als »blutrünstige Barbaren« bezeichnet und offen Partei für die Rebellen ergreift. Diese wissen, daß sie auf die Sympathie Napoleons III. rechnen können, der selbst früher Mitglied eines italienischen Geheimbundes war. Prosper Mérimée, häufiger Gast in den Tuilerien, schreibt am 25. Juni 1863 an Panizzi: »Alle Aufregung im britischen Parlament hätte mit ebenso gutem Grund angesichts der Revolte der indischen Spahi auch in Sankt Petersburg stattfinden können. Niemand empörte sich, als Hauptmann Hodgton mit eigener Hand die beiden Söhne des Großmoguls tötete, denen man zum Vorwurf machte, daß ihre Untertanen Engländerinnen vergewaltigt hatten, und man speit Feuer und Flamme, weil die Russen Offiziere aufhängen, die aus ihren Regimentern desertiert sind, um sich den Aufständischen anzuschließen. Wir lassen zu Recht in Puebla von uns gefangene Franzosen erschießen.«

Diese Meinung wird von den verschiedenen europäischen Regierungen nicht geteilt. Es regnet von allen Seiten diplomatische Noten auf den Tisch Alexander Gortschakows, der darauf sogleich mit Eleganz und Autoritätsbewußtsein antwortet. Den Vorwürfen Londons hält er entgegen, daß das von Rußland in Polen eingeführte System nach und nach durch eine Verfassung nach angelsächsischem Muster ersetzt werden soll. Wien versichert er, daß der Polenaufstand das Ergebnis einer »kosmopolitischen Revolution« sei. Er dankt den Vereinigten Staaten, daß sie sich geweigert haben, sich in die Angelegenheiten des Alten Kontinents einzumischen. Dem Vatikan gibt er zu verstehen, daß es ein »Bündnis zwischen den Hirten der Kirche und den Aufwieglern, die die Gesellschaft bedrohen«, gegeben habe. Die Geschicklichkeit, mit der er sich auf allen Fronten schlägt, bringt ihm die Bewunderung seiner Landsleute ein.

Am 17. Juni 1863 übermitteln Paris, London und Wien Gortschakow eine Depesche, die sechs Punkte enthält, in denen die drei Regierungen Garantien für Polen fordern: eine allgemeine Amnestie, eine eigenständige Verwaltung, eine Volksvertretung, Freiheit der Ausübung der katholischen Religion, die Verwendung des Polnischen als einziger Amtssprache, Einführung eines geordneten und gesetzlich geregelten Rekrutierungssystems. Diese Forderungen werden kategorisch abgelehnt. England und Österreich gegenüber erklärt Alexander Gortschakow die Gründe für seine Zurückweisung, Frankreich hingegen antwortet er mit einem schneidenden Vorwurf. Paris, so sagt er, beherbergt polnische Einwanderer, die alles unternehmen, um das Volk in der Hoffnung aufzuhetzen, daß eine ausländische Armee eingreift. Diesen scharfen Ton, den er bislang nur gegenüber Engländern und Österreichern anschlug, verwendet er jetzt gegenüber den Franzosen, die ihn enttäuscht haben. Als Paris die englische Regierung bedrängt, eine Konvention zu unterzeichnen, der gemäß sich England, Österreich und Frankreich dafür einsetzen, ihre Kräfte zu sammeln, um Polen zu befrieden, weigert Königin Viktoria sich. Die Engländer haben ihr Ziel erreicht, Frankreich und Rußland zu entzweien. Jetzt wollen sie nur noch den eigenen Kopf aus der Schlinge ziehen. Österreich zeigt sich gleichermaßen zurückhaltend. Frankreich steht mit seinem Zorn allein da. Als er Montebello zu seinem Abschiedsbesuch empfängt, legt Alexander ihm in aller Ruhe seinen Standpunkt dar: »Ich habe von den Institutionen, die ich (Polen) gewährt hatte, nichts zurückgenommen, aber wie sollen sie inmitten von Anarchie und Terror funktionieren?... Im Prinzip akzeptiere ich die sechs Punkte. Aber wie kann man von mir erwarten, daß ich sie sofort in die Tat umsetze? Ich möchte eines Tages Polen eine autonome Verwaltung geben. Die Tatsachen beweisen, mit welcher Aufrichtigkeit und Ausdauer ich dies gewollt habe. Um diesen Wunsch zu erfüllen, habe ich meinen Bruder nach Warschau entsandt und habe die Zivilregierung einem Polen, Marquis Wielopolski, anvertraut. Die ganze Verwaltung ist von Polen besetzt, und was wurde daraus? Ich wurde von allen Seiten verraten. Heute ist die Zivilverwaltung gänzlich durcheinandergeraten ... Kann man von mir verlangen, daß ich erneut den jämmerlichen Versuch mache, in einem Land eine Verwaltung aufzubauen, in dem, man kann das nicht verschweigen, alle der geheimen Regierung gehorchen, weil man allein sie respektiert? Ich muß zuallererst in Polen meine Autorität wieder durchsetzen ... Wenn ich könnte, würde ich dem Königreich seine Unabhängigkeit zurückgeben, aber das kann ich nicht. Wenn dies möglich gewesen wäre, hätte mein Vater es bereits getan ... Die Unabhängigkeit ist eine ganz und gar unmögliche Sache. Polen kann nicht in seinen Grenzen leben ... Im übrigen machen die Polen daraus gar kein Geheimnis. Was sie wollen, das sind ihre Grenzen von 1772, das bedeutet, die Zerstückelung Rußlands.«

Der Nachfolger Montebellos in Sankt Petersburg, Baron Charles-Angélique von Talleyrand-Périgord, wird am Hof mit Zurückhaltung empfangen. Als er versucht, sich bei Alexander

Gortschakow für drei Franzosen einzusetzen, die wegen ihrer Teilnahme am Polenaufstand nach Sibirien verschleppt worden sind, antwortet dieser trocken: »Ausländer, die mit Waffen in der Hand gefangen wurden, sind schuldiger als die Polen selbst.« Als der Diplomat darauf beharrt, daß der Zar die drei wagemutigen Männer begnadigt, brüllt der Minister voller Erregung: »Sie haben es hier nicht mit Nero zu tun!«

Durch den Bruch der Entente zwischen Frankreich und Rußland hat Napoleon III. bewirkt, daß Rußland und Preußen einander näherkommen.[5] Nachdem der diplomatische Wirbel sich wieder beruhigt hat, beurteilt Alexander die Situation mit klarem Blick. Österreich gegenüber empfindet er seit dem Krimkrieg immer noch Argwohn und Rache. Durch die dauernde Feindschaft zu England fühlt er sich von diesem Land weit entfernt. Frankreich, in das er so viele Hoffnungen gesetzt hatte, hat ihn in den Auseinandersetzungen mit Polen gedemütigt und verletzt. Preußen ist deshalb die einzige Großmacht, deren Freundschaft er erworben hat. In Polen hegen überdies Preußen und Rußland gemeinsame Interessen. Da sie beide an der Teilung Polens beteiligt waren, fürchten beide einen Volksaufstand. Wenn der Status quo in diesem Land aufrechterhalten werden soll, müssen sich Sankt Petersburg und Berlin politisch abstimmen. Der neue preußische Kanzler Bismarck hat dies gleich bei seinem Amtsantritt sehr wohl verstanden. Am 27. Januar 1863 wird in einer russisch-preußischen Konvention festgelegt, daß Preußen Rußland in seinem Kampf um die Aufrechterhaltung des Status quo in Polen unterstützt und den Russen gestattet wird, die Grenzen zu Preußen zu überschreiten, um Aufständische zu verfolgen. Eigentlich ist diese letzte Abmachung überflüssig, da die Russen bei der Niederschlagung des Aufstandes zuletzt hohe Erfolge erzielt haben. Das gegenseitige Einvernehmen, von dem sie zeugt, wird für lange Zeit die Politik Alexanders bestimmen. Er ist beunruhigt, daß Paris Polen bei jedem neuen Aufstand unterstützt, und hält es für notwendig, die Macht Deutschlands zu vergrößern, um den französischen Einfluß auszugleichen. Er tut dies ohne Haß, mit Bedauern, ja beinahe mit Widerwillen. Bei seiner diplomatischen Neuorientierung fühlt er sich durch die Anteilnahme des ganzen Volkes unterstützt. Die Entrüstung der Massen über die Einmischung des Westens verstärkt sich. Die nach London emigrierten Russen, die am Anfang die polnischen Bestrebungen unterstützt hatten, sind in der Öffentlichkeit schlecht angesehen. Aber die liberalen Intellektuellen in Sankt Petersburg und Moskau wagen es nicht mehr zu protestieren. Sie werden von einer Woge des Nationalismus überrollt. Der einflußreichste russische Publizist, Michail Katkow, gibt in seiner Zeitung »Der Moskauer« den Ton an: »Das Warten und die Unruhe sind zu Ende«, schreibt er. »Die Antworten unserer Regierung sind allen zugänglich, und jeder wird, wenn er sie liest, Erleichterung verspüren und tief durchatmen; alle werden im Herzen das Gefühl befriedigter nationaler Ehre empfinden und zugleich Dankbarkeit gegenüber der starken Hand, welche die Geschicke Rußlands lenkt ... Mit ruhiger und fester Entschlossenheit hat Rußland die demütigenden Forderungen der drei Mächte, die sich in die inneren Angelegenheiten einmischen wollten, von sich gewiesen ... Jeder Russe, der die Depeschen unserer Regierung liest, muß bei jedem Wort den, der sie verfaßt hat, loben und ehren. Alles dort ist reiflich überlegt und ausgedrückt, alles entspricht den Interessen, die Fürst Gortschakow zum Ausdruck gebracht hat. Die Klarheit, mit der die Weigerung ausgesprochen wird, ist gleichermaßen ein Zeugnis von Kraft, Ehre und Vernunft.«

Die schwere polnische Krise verstärkt im Land die Vormacht reaktionärer Kräfte. Alexander, der von dem Wiedergewinn seiner Popularität abhängig ist, begreift, daß er immer mehr auf die zählen muß, denen in Rußland die patriotische Tradition wichtiger ist als alles andere. Um so größer ist sein Verdienst, wenn er von Zeit zu Zeit den Mut aufbringt, seine Reformen voranzutreiben.

Anmerkungen

1 Vgl. Constantin de Grunwald, Le Tsar Alexandre II.
2 Ebd.
3 Nach dem Gregorianischen Kalender in der Nacht vom 22. auf den 23. Januar.
4 Nicht zu verwechseln mit seinem Namensvetter, Fürst Michail Gortschakow, Vize-König von Polen, gestorben 1861.
5 Diese Annäherung wird Frankreich im Jahr 1870 teuer zu stehen kommen.

Manche Vertraute Alexanders machen ihm heimlich den Vorwurf, sein allzu beugsamer Charakter verleite ihn dazu, je nach den Umständen seine Meinung zu ändern. Dies mag stimmen, wenn es sich um zweitrangige Fragen handelt. Wenn er jedoch einen wichtigen Plan im Kopf hat, läßt sich der empfindsame und nachdenkliche Mensch nicht leicht von seiner Aufgabe abbringen. Den unbeugsamen Willen des Alleinherrschers ersetzt er durch sanfte Beharrlichkeit, rücksichtslose Entscheidungen durch Ausdauer. So setzt er sein großes Liberalisierungswerk trotz des Polenaufstands fort, trotz der diplomatischen Schwierigkeiten mit Frankreich, trotz der Probleme an den Universitäten sowie der Mißverständnisse, die durch die Aufhebung der Leibeigenschaft entstanden sind. Im Bildungsministerium ersetzt er Vize-Admiral Putjatin durch einen geschickteren und weniger reaktionären Mann, Alexander Golownin. Dieser gehört zu dem Kreis aufgeklärter Personen um Großfürst Konstantin, die sein volles Vertrauen besitzen. Mit Zustimmung des Zaren öffnet Golownin die Fakultäten der Universität von Sankt Petersburg, gestattet es den von der Hochschule verwiesenen Studenten, ihre Examina abzulegen, und leitet, nachdem sich die Gemüter beruhigt haben, die allgemeine Reform des Bildungswesens in die Wege. Bei seinen Bemühungen um eine Modernisierung orientiert er sich am Beispiel Frankreichs und Deutschlands. Außerdem fordert er, ganz im Gegensatz zur Tradition, daß die Erarbeitung seiner Pläne einer breiten Öffentlichkeit zugänglich gemacht wird. Er lädt die Presse ein, um auch die kleinsten Einzelheiten zu diskutieren, die Professoren erhalten Gelegenheit, ihre Meinung zu äußern. Alle Vorbereitungen geschehen im Licht der Öffentlichkeit. Nach fünf Veränderungen wird am 18. Juni 1863, während der Polenkrise, ein neues, langsam und sorgfältig überlegtes

Statut vom Zaren angenommen. Es gewährt den Universitäten volle Autonomie. Sie werden von einem für vier Jahre von den ordentlichen Professoren gewählten Rektor geleitet und von einem aus allen ordentlichen und außerordentlichen Professoren zusammengesetzten Rat verwaltet. Disziplinarangelegenheiten werden von einem dreiköpfigen Rechtstribunal geregelt, dessen Mitglieder von den Professoren bestimmt werden. Um den Lehrermangel zu beheben und junge Gelehrte heranzubilden, werden Stipendien für die besten Studenten geschaffen, die so nach dem Examen ihre Arbeit fortführen können.

Der Heilige Synod verlangt die Oberaufsicht über die Reform des Primar- und Sekundarschulwesens. Golownin widersetzt sich diesem Anspruch und überläßt der Kirchenhierarchie nur die Aufsicht über die Schulen, die vom Klerus gegründet worden sind. Die anderen unterstehen dem Bildungsministerium. Neben achtzig Gymnasien, an denen der Unterricht in den Fächern Griechisch und Lateinisch Pflicht ist, ruft er zwanzig moderne Gymnasien, Realgymnasien genannt, ins Leben, in denen der Mathematik und den Naturwissenschaften Vorrang eingeräumt wird.[1] Er richtet auch Gymnasien für junge Mädchen aus allen sozialen Schichten ein und pädagogische Kurse für Frauen, um genügend Lehrer heranzubilden. Die staatlichen Zuschüsse werden verdoppelt, aus der kaiserlichen Schatulle werden Stipendien finanziert.

Zur gleichen Zeit wie die Bildungsreform wird auch die Agrarreform weiter vorangetrieben, besonders in Polen. Als freier Bürger ist der ehemalige Leibeigene als neuer Mensch anzusehen, der auch eine neue Gesetzgebung verdient. Es scheint schwierig, wie in der Vergangenheit die Strafe körperlicher Züchtigung aufrechtzuerhalten. Zarin Elisabeth hat die Todesstrafe abgeschafft, die Prügelstrafe jedoch beibehalten. Zwar wird hierbei nicht mehr von der Knute[2] Gebrauch gemacht, sondern man verwendet Weidenruten und den Stock, wahre Symbole russischer Gerichtsbarkeit. In allen Rechtsbüchern wird ihnen große Bedeutung zuerkannt, ihr Gebrauch ist gesetzlich verankert und gilt als Ausdruck der väterlichen Strenge der Regierungsstellen. In den Schulen werden die schlechten Schüler verprügelt, in den Ställen die aufsässigen

Bauern, in den Polizeidienststellen die Säufer und Diebe, in den Kasernen die widerspenstigen Soldaten. Warum sollte der Leib nicht leiden, wenn die Seele es tut? Ist nicht der Muschik, der Mann des Volkes, durch seine Grobheit und seine einfache Körperbeschaffenheit besser auf Schläge vorbereitet als ein Adliger? Es scheint, als sei dies eine von Gott gewollte besondere körperliche Veranlagung, die von Geburt an besteht. So argumentieren die Vertreter der traditionellen Strafjustiz. Als im Ministerrat unter Vorsitz Alexanders über die Abschaffung der körperlichen Strafen diskutiert wird, melden sich einige Stimmen, die gegen eine solche gefährliche Nachgiebigkeit protestieren. Der alte Reaktionär Viktor Panin erklärt mit zittriger Stimme, daß die Peitsche für die Erziehung der Kinder unerläßlich sei, »weil es in den Dörfern eine Menge Langfinger gibt«, und ebenso für die Züchtigung der Frauen, »weil sie sich allzuoft weigern, ihre ehelichen Pflichten zu erfüllen«. Der ehrwürdige Metropolit Philaret bringt die Diskussion auf eine höhere Ebene und versichert, daß die Kirche keineswegs etwas gegen die gerechte Bestrafung des Fleisches von Schuldigen habe.

Angesichts dieser Verteidiger finsterer Zeiten empfindet sich Alexander als ausgesprochen modern und europäisch. Als Schüler von Schukowskij kann er die Vorstellung, daß Rußland, sein Rußland, mit einem Barbarenland gleichgesetzt wird, in dem Justiz und Gewalt eins sind, nicht ertragen. Die meisten seiner Berater unterstützen ihn in seinem Erneuerungseifer. Am 7. April unterzeichnet er einen Erlaß, der die Prügelstrafe, die Brandmarkung mit glühendem Eisen und jegliche Körperstrafe verbietet. Um jedoch den Einwänden einiger rückständiger Geister gerecht zu werden, hält er den Gebrauch von Ruten im Bereich der Dorfgerichte bei der Bestrafung von Bauern aufrecht. Hierbei wird ein Bauer nicht durch den Gutsherrn zur Geißelung verurteilt, sondern durch andere Bauern, also Gleichgestellte. Auch in den Strafkompanien der Armee und den Zuchthäusern wird die Prügelstrafe beibehalten. Der Erlaß befreit das Gewissen der Nation von einer schweren Last. Rußland braucht wegen seiner Sitten nicht mehr zu erröten, wenn es Besucher aus dem Ausland empfängt.

Eine Gesetzesreform ist nur möglich, wenn zugleich auch die Gerichte erneuert werden. Deshalb beginnen Alexander und seine Mitarbeiter sogleich damit, den russischen Justizapparat zu ändern. Jedermann im ganzen Land klagt über die Langsamkeit und die Kompliziertheit der Rechtsverfahren. Untersuchungshäftlinge bleiben bis zu einer endgültigen Entscheidung jahrelang in Haft. Die Untersuchungen und der Prozeß werden schriftlich und geheim abgewickelt. Urteilssprüche werden gefällt, ohne daß man erfährt, warum oder wie. Nach welchen Regeln die Gegenplädoyers gehalten werden, weiß niemand. Den Angeklagten stehen keine Verteidiger zur Verfügung. Anwälte gibt es nicht, und Richter brauchen keinerlei Prüfung abzulegen. Die Bestechung ist so groß, daß der Meistbietende gewinnt.

Dieses durch die Jahre verfaulte System kann in den Augen Alexanders nur durch ein Mittel geheilt werden: alles zu zerstören und nach dem Vorbild ausländischer Einrichtungen neu zu gründen. Der Staatssekretär Butkow erhält Anweisung, den Aufbau neuer Gerichtsinstitutionen zu erarbeiten. Sein erstes Projekt wird bereits der Öffentlichkeit bekanntgegeben, um, wie bereits im Fall der Universitätsreform, möglichst viele Meinungsäußerungen herauszufordern. Bis Butkows Verordnung, an der auch sein Assistent, der Jurist Sarudnij, mitgewirkt hat, fertiggestellt ist, dauert es etwa zwei Jahre. Am 20. November 1864 schließlich setzt der Zar seine Unterschrift unter das Dokument. »Nachdem ich den Plan geprüft habe«, schreibt er in einer Verlautbarung, »halten wir es für ganz im Sinne unseres Bestrebens, in Rußland eine schnell arbeitende, gerechte, milde, für alle Untertanen gleiche Justiz einzurichten und damit im Volk den Respekt vor dem Gesetz zu stärken.«

Das neue System garantiert in erster Linie Unabhängigkeit und Öffentlichkeit der Rechtsprechung, verhindert Eingriffe der Regierung bei Gerichtsverhandlungen, gestattet dank der Einführung der mündlichen Verhandlungsweise den Kontakt des Richters mit den Zeugen, dem Angeklagten, den Parteien und gesteht den Anwälten, die jetzt auch als Berufsstand anerkannt sind, eine wichtige Rolle zu. Die Gleichheit aller vor dem Gesetz wird offiziell anerkannt, Herkunft und sozialer Stand spielen keine Rolle mehr. Klassengerichtshöfe werden abgeschafft und durch drei Instanzen ersetzt: die Bezirkgsgerichte, die Berufungsgerichte und die kassationsgerichtliche Abteilung des Senats. Die Richter aller drei Instanzen werden durch die Regierung ernannt. Sie sind im Prinzip unabsetzbar. Kleinere Angelegenheiten werden Friedensrichtern übergeben, die nicht ernannt, sondern am Ort gewählt werden und direkte Verbindungen zur Bevölkerung haben müssen, deren Vertrauen sie erworben haben. In Strafprozessen stützt sich die Entscheidung des Richters auf den Urteilsspruch der Geschworenen, zu denen Adlige und ehemalige Leibeigene gehören. Um Geschworener werden zu können, muß man jedoch lesen und schreiben können, in einem Alter zwischen fünfundzwanzig und siebzig Jahren sein und gewisse Zensusszahlungen entrichten. Obwohl diese Einschränkungen gelten, sind die gesellschaftlich wohlsituierten Kreise über die Erneuerung der Geschworenengerichte entrüstet. Immer wieder heben sie hervor, daß unwissende Muschiks nicht in der Lage seien, die Plädoyers der Angeklagten zu verstehen, daß sie davor zittern würden, die Kirche zu beleidigen und sich ohnehin nachgiebiger gegen die Verbrechen der Armen oder die Listen der Betrüger zeigen würden als gegen Mord aus Leidenschaft in der Oberschicht.

Von Anfang an erweist sich trotz einiger stockender Verfahren die Reform als ausgezeichnet. Um die verschiedenen Posten im Gerichtswesen zu besetzen, Untersuchungsrichter und Senatoren des Berufungsgerichts inbegriffen, appelliert der energische Justizminister Samjatnin an den guten Willen aller und wendet sich an sämtliche fähigen Kräfte. Er muß so schnell wie möglich vierhundert Leute finden. Er wählt sie aus den jungen Beamten der alten Gerichte und den gerade examinierten Rechtsstudenten aus. Diese neuen Leute sind voller Vertrauen in die Zukunft. Dank ihrer Begeisterung werden die Verfahren beschleunigt, die Amtsvergehen verringern sich, das Volk gewinnt wieder Vertrauen in die Gerichtsbarkeit des Zaren. Auch hier scheint es, als habe Alexander das Spiel gewonnen.

Sein Erfolg ermutigt ihn, auch auf anderen Gebieten Reformen voranzutreiben. Er fühlt sich wie ein Holzfäller im russischen Wald. Fällen, ausschneiden, lichten. 1859 richtet er eine Sonderkommission des Innenministeriums ein, welche die Verwaltung neu organisieren und eine größere Beteiligung der Bevölkerung bei der Regelung von lokalen Angelegenheiten ermöglichen soll. Vier Jahre später, im Jahr 1863, legt Minister Walujew einen Plan vor, nach dem neben den alten Adelsversammlungen in der Provinz die »Semstwos« eingerichtet werden, Versammlungen, die sich aus allen Schichten zusammensetzen und für drei Jahre gewählt werden. Diese Semstwos halten in den Hauptstädten der jeweiligen Distrikte ordentliche und außerordentliche Sitzungen ab. Vorsitzender ist immer der Adelsmarschall eines Bezirks, so daß diese von ihm kontrolliert werden. Die Zahl ihrer Mitglieder ist gesetzlich festgelegt. In Rußland werden von 13 024 Mitgliedern 6204 von den Grundbesitzern gewählt, 1649 von den Stadtbewohnern und 5171 von den Bauern. Die Grundbesitzer verfügen über eine relative Mehrheit, d. h. sie müssen sich, um ihren Willen durchzusetzen, mit einer der anderen Gruppen zusammenschließen. Auf der übergeordneten Ebene gibt es die Semstwos der Regierung, deren Mitglieder durch Vertreter der Distrikt-Semstwos gewählt werden. Vorsitzender ist der Adelsmarschall der Regierung. Die Zuständigkeit dieser Gremien beschränkt sich nicht auf die Verwaltung. Sie sind auch mit Sozialfürsorge und Grundschulerziehung, mit Agrikultur und Handel, Versorgung der Bevölkerung, Ernennung der Friedensrichter, Leitung von Gefängnissen und örtlichen Zinsabgaben befaßt. Zum erstenmal in der russischen Geschichte denken Adlige und Bauern gemeinsam über all diese Probleme nach und tauschen ihre Ansichten aus. Wie schon im Fall der Geschworenengerichte stellt diese Begegnung von durch Herkunft, Bildung und Kultur so unterschiedlichen Männern eine soziale Annäherung dar, welche die einen beunruhigt und die anderen zutiefst erfreut. Adlige, Offiziere im Ruhestand, Lehrer und Muschiks lernen, einander näherzukommen. Sie bilden eine beachtliche Bürgergemeinschaft, ein Zentrum des Dialogs, einen Zivilisationsschmelztiegel, wie es ihn in Rußland nie gegeben hat. Zwar ist es ihnen verboten, sich um Politik zu kümmern, und wenn sie Meinungen über Staatsangelegenheiten äußern, werden sie streng gemaßregelt. Im Bereich des täglichen Lebens einer Region erfüllen sie jedoch beträchtliche Aufgaben. Sie schöpfen aus den knappen Ressourcen, die ihnen die Regierung zur Verfügung stellt, richten kostenfreie Grundschulen auf dem Land ein, versorgen es mit engagierten Ärzten, Ingenieuren, Landwirten, die sich bemühen, die Lebensbedingungen auf dem Land zu verbessern. Zuerst stoßen diese Intellektuellen auf Mißtrauen und Aberglauben derer, denen sie helfen wollen. Nach und nach jedoch werden sie von den einfachen Leuten anerkannt, die sich an ihre Gegenwart gewöhnt und sogar schüchtern um ihre Hilfe zu bitten beginnt. So wird durch den Willen Alexanders und seiner Berater in Rußland langsam und fast unmerklich ein soziales Netz gewebt.

Als nächstes gilt es, das Land in einen modernen kapitalistischen Staat umzuwandeln, der sich dem Fortschritt des Westens gegenüber öffnet. Die öffentlichen Einnahmen genügen nicht mehr, um die Ausgaben zu decken, man macht Schulden, sowohl im Inneren als im Äußeren, und druckt in zunehmender Menge Geld.

Angesichts der riesigen Ausdehnung muß Rußland dringend seine Eisenbahn ausbauen. 1859 gibt es dort pro Million Einwohner nur zwanzig Kilometer Strecke, in Frankreich dagegen 208, in Preußen 273 und in Großbritannien 536[3]. Eilig wird die »Große Eisenbahngesellschaft« gegründet, die das Eisenbahnnetz in alle Richtungen ausbauen soll, ausgehend von Moskau und Sankt Petersburg. Der Aufsichtsrat besteht aus russischen Großgrundbesitzern, das Geld stammt aus den wichtigsten Finanzinstituten des Westens. Privatgesellschaften entstehen zuhauf, die Arbeiten kommen voran, die Städte kommen einander näher, die Bevölkerung gewöhnt sich an das Reisen im Zug. Von der Leibeigenschaft befreite Bauern strömen zu Tausenden nach Moskau, Sankt Petersburg und in die großen Provinzstädte, um Arbeit in den Fabriken zu suchen. Die Industrieproduktion wächst mit der Zunahme jener armen, schlecht bezahlten, schlecht untergebrachten und schlecht ernährten Arbeiter, die das Stadtproletariat bilden. Den Fabrikanten steht zur Verbesserung ihrer Erträge nur die Staatsbank zur Verfügung, eine unzureichende und anachronistische Einrichtung. Alexander gestattet die Gründung von Privatbanken in Gestalt von Aktiengesellschaften. Importe und Exporte verdoppeln sich in wenigen Jahren. Immer mehr Betriebe entstehen. Rußland entspricht immer weniger dem Bild eines patriarchalischen Agrarstaats.

Angesichts der schnellen Entwicklung städtischer Ballungszentren beschließt der Zar, städtische Einrichtungen zu schaffen, die den Semstwos auf dem Land entsprechen. Diese Gremien, »Dumas« genannt, werden für vier Jahre von allen Einwohnern einer Stadt gewählt, die entweder Grundbesitz haben, ein Industrie- oder Handelsunternehmen oder einen Gewerbeschein im Bereich von Industrie und Handel besitzen oder höhere Angestellte sind. Sie wählen die Mitglieder dieses Exekutivorgans frei, der Bürgermeister ist Vorsitzender. In Sankt Petersburg und Moskau gilt eine Ausnahme: Hier wird der Bürgermeister nicht vom Duma gewählt, sondern vom Zaren ernannt. Zu den Aufgaben der Dumas gehören die örtliche Finanzverwaltung, die Stadtplanung und -verschönerung, die Versorgung der Bevölkerung, das Gesundheitswesen, die Sozialhilfe, Vorbeugemaßnahmen gegen Feuer, die Bildung, die Unterhaltung der Theater ...

Die Mitglieder der Dumas und Semstwos, die aufgefordert sind, zu so vielen Fragen Stellung zu nehmen, leiden darunter, daß sie sich nicht zu den anderen Problemen äußern dürfen. Während seiner Regierung hatte Nikolaus I. die Presse geknebelt und seine Untertanen von der Außenwelt abgeschnitten; Rußland gehörte nicht mehr zu Europa, sondern war ein eigener Planet. Alexander will das Wissen seines Volkes nutzen und ihm vertrauen. Zu diesem Zweck legt Walujew einen von Seiner Majestät am 6. April 1865 gebilligten Plan vor, nach dem künftig Regierungsentscheidungen in der Presse diskutiert werden dürfen. Bei der Gelegenheit werden in Sankt Petersburg erscheinende Bücher und Zeitschriften von der Zensur befreit. Gegen Zeitungen allerdings, die »schädliche Tendenzen« verbreiten, darf weiter vorgegangen werden.

Dasselbe Wohlwollen, wenn auch von gemäßigter Strenge geprägt, zeigt Alexander bei der Neuorganisierung der Armee. General Dimitri Miljutin, der Bruder von Nikolaus Miljutin, beginnt die Reformen, indem er die Länge des Militärdienstes von fünfundzwanzig auf sechzehn Jahre herabsetzt. Außerdem modernisiert er die Kadettenschulen. Einige Jahre später[4] wird die allgemeine Wehrpflicht durch drei Ausnahmen eingeschränkt.[5] Alle Wehrpflichtigen werden nach dem Losprinzip einberufen, wobei für jeden Bereich auf ein bestimmtes Kontingent geachtet werden muß. Die durch Los ermittelten Rekruten bleiben sechs Jahre in der aktiven Armee, darauf folgen neun Jahre in Reserveeinheiten. Bis zum Alter von vierzig Jahren müssen sie bei der Territorialmiliz dienen. Auch hier achtet die Regierung darauf, daß Bürgern unterschiedlicher Herkunft möglichst gleiche Chancen eingeräumt werden.

Diese Neuerungen, die von einem rückständigen Regime auf den Weg gebracht worden sind, stellen eine eigentümliche Mischung dar, einem Harlekinkostüm gleich, dessen buntes Farbengemisch den Blick des Beobachters irritiert. Das alte Rußland muß in nächster Nähe des modernen Europa leben, die Sitten von früher vertragen sich nur schwer mit der Umstellung auf neue Zeiten, die Vergangenheit widerspricht der Gegenwart. Um die Tradition von gestern mit den Gesetzen von heute zu versöhnen, brauchte man eine übergeordnete Duma, die das Gebäude überragte, ein vom ganzen Volk gewähltes gesetzgebendes Organ, das in Übereinstimmung mit dem Zaren handelt. Alexander denkt ernsthaft daran, und Walujew erarbeitet einen entsprechenden Plan. Dem Reichsrat soll demnach ein »Sonderkongreß« zur Seite treten, der aus hundertfünfzig bis hundertsiebenundsiebzig gewählten und aus dreißig bis fünfunddreißig vom Zaren ernannten Staatsdelegierten besteht, die sich jedes Jahr versammeln, um über die wichtigsten Ereignisse zu beraten, und vierzehn Mitglieder und zwei Vize-Präsidenten in die Vollversammlung des Reichsrates entsenden, welcher die endgültigen Entscheidungen trifft. »In allen europäischen Ländern«, sagt Walujew zum Zaren, »sind die Bürger an der Regelung öffentlicher Angelegenheiten beteiligt. Da es überall so ist, wird es auch bei uns bald so sein.« Großfürst Konstantin, der von jeder liberalen Maßnahme angetan ist, unterstützt ihn. Alexander aber zögert, diesen Schritt zu tun. Am 12. April 1863 bittet der enttäuschte Walujew um seine Entlassung.

Alexander lehnt sie mit einem Lächeln ab. Er fordert den Minister auf, seine Vorstellungen über die Reform der höchsten Gremien des Landes vor einer kleinen Gruppe ausgewählter Personen unter seinem Vorsitz vorzutragen.

Drei Tage später, am 15. April 1863, erläutert Walujew seine Pläne vor dem Areopag. Die Atmosphäre ist eisig. Gleich zu Beginn entwickelt sich die Debatte zu seinen Ungunsten. Graf Viktor Panin, der Justizminister, weist auf den monarchiefeindlichen Charakter dieser Hirngespinste hin. Fürst Paul Gagarin, Vorsitzender des Ministerrats, hebt in einer Geste leidenschaftlichen Flehens die Arme zum Himmel. Graf Michail Reutern, der Finanzminister, fragt sich, warum man eine Ordnung ändern will, mit der alle Russen zufrieden sind. Die Grafen Modest Korf und Dimitri Bludow, die Chefs der Zarenkanzlei, erklären, daß das Problem nicht aktuell sei. »Was uns hier vorgelegt wird«, ruft Außenminister Alexander Gortschakow aus, »ist eine Verfassung mit zwei Kammern: Wahlen vertragen sich nicht mit den Sitten und Traditionen Rußlands!« Nur Fürst Basil Dolgorukow räumt die Notwendigkeit von Reformen ein. Dimitri Miljutin versucht, seine Kollegen zu beruhigen und sagt: »Das ist doch nicht für sofort gedacht!« Walujew, von soviel Unverständnis tief getroffen, antwortet: »Wenn man den Russen Opfer abverlangt, gesteht man ihnen Reife zu. Wenn es um andere Dinge geht, hält man sie für Minderjährige oder für gemeingefährlich.«[6] Sein Ausbruch bewegt niemanden. Alexander stellt sich auf die Seite der Mehrheit: »Warten wir ab.« Wahrscheinlich hat er den Traum von einer Reform der Regierungsspitze nicht aufgegeben, doch fürchtet er, daß ein Land, das wegen der großen Zahl an Neuerungen in so wenigen Jahren aufgewühlt ist, für diese letzte Veränderung noch nicht reif ist. Man muß dem Volk Zeit lassen, die liberalen Ideen zu verdauen, diese müssen in Fleisch und Blut übergehen, die Menschen müssen sich daran gewöhnen können, die Luft des neuen Rußland zu atmen. Geht man zu schnell und zu weit vorwärts, kann es zu einer Explosion kommen. Nach einigen Monaten überreicht Walujew Alexander seine Denkschrift ohne jeden Kommentar. »Er hat nichts Abschätziges gesagt«, schreibt Walujew, »aber man konnte sehen, daß ihm mein Plan unangenehm war. Er hat vergessen, was er im April über die Reform des Reichsrats geäußert hatte, denn er merkte an, daß er diese Idee von Anfang an abgelehnt hätte. Die Bourbonen haben nichts gelernt und nichts vergessen.«[7]

Dies ist ein hartes Urteil gegen einen Herrscher, der schon so viel für das Wohlergehen seiner Untertanen getan hat und bei aller Großzügigkeit zugleich immer die Bedeutung der von den Vorfahren überlieferten Einrichtungen achten muß. Alexander ist nur scheinbar absoluter Monarch, in Wirklichkeit ist er nicht Herr über seine Schritte. Hinter seinem Rücken steht eine lange Reihe von Zaren und Zarinnen, die ihn überwachen. Und bei jedem Schritt nach vorn schleppt er das Gewicht der jahrhundertealten Dynastie mit sich. Das Gedächtnis seines Vaters zu ehren, fällt ihm immer schwerer, denn er wünscht sich die politische Erneuerung der russischen Nation.

Anmerkungen

1 Das Gymnasium besteht aus acht Klassen.
2 Stock, der am Ende mit Lederriemen versehen ist und dessen Schläge die Haut zerreißen. Zu Beginn des 19. Jahrhunders wurde die Knute verboten.
3 Vgl. Constantin de Grunwald, Le Tsar Alexandre II.
4 Verordnung vom 1. Januar 1874.
5 Einzige Söhne, Familienernäher und junge Männer, deren Bruder schon in der Armee dient, sind von der Wehrpflicht befreit.
6 Walujew, Tagebuch.
7 Walujew, Tagebuch.

Die Anfänge des Nihilismus

Wenn er an die Folgen seiner wichtigsten Reformen denkt, ist Alexander überrascht, mit welchem Mut er die Neuerungen herbeigeführt hat. Die Aufhebung der Leibeigenschaft hat den Aufbau der russischen Gesellschaft von Grund auf verändert. Vorher lag alles in der Hand der Aristokratie, die sowohl auf dem Land wie in den Städten alle leitenden Positionen innehatte. Heute werden die kleinen Leute kühner, ergreifen in den Semstwos das Wort, beginnen Landbesitz zu erwerben und kommen aus der Isolierung heraus, in die sie die Klassentrennung gedrängt hatte. Mit der Schwächung des in der Minderzahl befindlichen Adels geht die Demokratisieung der großen Masse der Bevölkerung einher. In den Universitäten macht sich der Zustrom der Söhne von kleinen Angestellten, niederen Beamten, Handwerkern und sogar Bauern bemerkbar. Alle sind von demselben Fortschrittsgeist erfüllt. Entsprechen nicht ihre Forderungen genau denen der Dekabristen von 1825, die von Nikolaus I. unerbittlich bestraft wurden? Jedesmal, wenn in Rußland Unruhen aufkommen, versetzt sich Alexander im Geist an jenen Tag der Gewalt und Verwirrung zurück, den Tag, an dem er als Kind mit ansehen mußte, wie aufständische Regimenter die Macht seines Vaters bedrohten. Und er denkt daran, wie er anläßlich seiner Krönung die Überlebenden dieses wahnsinnigen Unternehmens aus dem Exil zurückrief. Er ist davon überzeugt, daß sie heute ihre Nachfolger gefunden haben. Die erste wichtige Figur in der neuen Protestwelle ist Alexander Herzen, der uneheliche Sohn eines Moskauer Adligen, der zur russischen Intelligenzija gehört. Sehr früh las er die Schriften von Schelling und Hegel und ist ein entschiedener Gegner der Heuchelei der Mächtigen. Er hat Rußland 1847 verlassen und im darauffolgenden Jahr an der Pariser 48er Revolution teilgenommen. Danach hat er sich in London niedergelassen, von wo aus er mit liebevoller Strenge über die Vorgänge in seinem Land urteilt. Seine von der Zensur verbotene Zeitschrift »Die Glocke« (Kolokol), wird auf geheimen Wegen von England nach Rußland gebracht. Durch anonyme Mitarbeiter über alles informiert, enthüllt er in dem Blatt jede Ungerechtigkeit der Regierung, nennt Beamte, die sich der Gewaltanwendung oder Veruntreuung schuldig gemacht haben, beim Namen, ruft die junge Generation zum Kampf auf und wendet sich sogar direkt an den Zaren, um ihm Ratschläge zu geben, die seine Kühnheit verstärken sollen. Zumindest am Anfang hofft er darauf, daß Alexander auf ihn hört und eine konstitutionelle Monarchie einrichtet. »Unser Weg ist vorgezeichnet«, schreibt er ihm, »wir sind auf der Seite dessen, der Freiheit gibt und solange er Freiheit gibt.« Tatsächlich liest Alexander regelmäßig das subversive Blatt und geht manchmal sogar dessen Denunziationen nach.

Michail Bakunin, ein ebenfalls im Exil lebender Revolutionär, teilt mit Herzen die romantische Vision vom russischen Volk, das dem Licht entgegengeht. Auch er ist überzeugt davon, daß der Zar auf die Stimme der neuen Propheten hören wird. Er glaubt, Zar und Volk würden bald gemeinsam den Adel entmachten und ihm seine letzten Privilegien nehmen. Diese Hoffnung wird bald enttäuscht. Zum Zeitpunkt der Abschaffung der Leibeigenschaft, die von den extremen Kräften für unvollkommen gehalten wird, ändert Herzen die Richtung und greift die Regierung heftig an. Zugleich jedoch wird die Schar derer, die auf ihn hören, geringer. Die jungen Leute suchen andere Wortführer, die weniger träumerisch und dafür realistischer und härter sind. Herzen beklagt, daß sie ihre Vorgänger verleugnen, und tadelt ihr ungehobeltes Vorgehen. An diesem Punkt verteidigt Bakunin die aufstrebende Generation. »Herzen, werde bloß nicht alt«, schreibt er ihm, »und verleumde die jungen Leute nicht. Ermahne sie, wenn sie im Unrecht sind, aber verneige Dich vor ihrer bewundernswerten Mühe, vor dem, was sie erreicht haben, und vor ihren Opfern.«

Studenten, die früher von einem herrlichen Sozialismus träumten, sind zu tatkräftigen Verschwörern geworden. Sie bilden illegale Zirkel, richten heimlich Druckereien in Kellern ein, verfassen Flugblätter. Ihre neuen Meister heißen Tschernyschewskij, Dobroljubow und Pissarew. Die beiden ersten haben unbekannte Provinzpopen zum Vater. Sie sind stolz auf ihre plebejische Herkunft und hegen gegenüber Männern »aus Herzens Generation« wegen ihrer nutzlosen Kultiviertheit und ihrer ästhetischen Feinsinnigkeit größtes Mißtrauen. Pissarew, Sohn eines bankrotten Grundbesitzers, führt noch härtere Angriffe gegen die Gesellschaft. »Man muß zerschlagen, was zerschlagen werden kann«, sagte er. »Nur das, was die Schläge übersteht, ist gut. Alles übrige, das in tausend Stücke zerspringt, ist nur unnützer Trödel. Man soll in jedem Fall um sich schlagen.« Den tiefen Gegensatz zwischen der alten und der neuen Generation von Revolutionären hat Iwan Turgenjew auf dem Gipfel seines Ruhms in seinem meisterhaften Roman »Väter und Kinder«[1] beschrieben. Der junge Held des Buches, Basarow, ist Symbol des Sieges der Demokratie über den Adel, der Aktivisten über die Träumer. Um die Helden, die den Umsturz der überkommenen Werte herbeigeführt haben, zu bezeichnen, verwendet Turgenjew den Begriff »Nihilisten«. Das Wort ist bald in aller Munde.

Mit der Begeisterung von Neubekehrten lassen sich die »Nihilisten« von Feuerbach inspirieren, machen sich an »die Wiederaufwertung des Fleisches«. Dies hat zur Folge, daß sie den Sinn der Kunst verleugnen, wenn sie sich nicht in den Dienst sozialer Zwecke stellt und die veralteten Strukturen von Familie, Gesellschaft und Staat verdammt. Wenn all dieser alte Plunder der Vergangenheit zu Boden geworfen ist, so meinen sie, kann sich das russische Volk, von messianischem Glauben beseelt, neu organisieren und zwar nach dem Prinzip der Landkommunen. Dann bricht das Goldene Zeitalter des republikanischen Materialismus an. Niemand wird herrschen und alle.

Tschernyschewskij ist der von der jungen Generation am meisten gelesene Publizist. In seiner Zeitschrift »Der Zeitgenosse« (Sovremennik), deren Gründer und Herausgeber er ist, schreiben berühmte Leute wie Turgenjew, Ostrowskij und Leo Tolstoj. Dobroljubow, der ihn als Literaturkritiker ablöst, beschwört seine Mitbürger, den Worten Taten folgen zu lassen. »Es ist besser, einen Schiffbruch zu wagen, als im Sumpf zu versinken«, schreibt er. Ohne lockerzulassen klagt er immer wieder das Fortleben des Despotismus in den Sitten der Grundherren auch nach der Abschaffung der Leibeigenschaft an. Er geißelt die müßiggängerischen Junker, die korrupten Beamten, die gierigen Händler, die das Streben des Volkes nach Fortschritt hemmen. Er erkrankt an Tuberkulose und stirbt überarbeitet im Beisein von Tschernyschewskij.

Sein revolutionäres Werk setzt Pissarew fort, der als Literaturkritiker beim »Russischen Wort« (Russkoje Slowo) arbeitet. Auch er befürwortet spontane Aktionen. Die Wissenschaft hält er für die einzige Qeulle der Wahrheit, Malerei und Dichtung haben seiner Meinung nach nur erzieherische Bedeutung, und die Intelligenzija muß, da die Massen der Arbeiter und Bauern bisher nur »passives Material« sind, bis zur endgültigen Explosion die Gemüter beeinflussen. Bei dieser Aufgabe setzt er volles Vertrauen in die verschiedenen studentischen Gruppen. »Das Schicksal des Volkes wird nicht mehr in der Grundschule entschieden, sondern in den Universitäten«, sagte er. Neue Aufgabe der Jugend ist es, so meint er, die revolutionäre Propaganda der gebildeten Schicht in das Arbeitermilieu zu tragen. Überall wimmelt es von Flugblättern, die heimlich gedruckt und durch die Post zugesandt, in den Straßen und vor den Fabriktoren verteilt werden. Ihre Verfasser gehen in ihren Forderungen weiter als früher. Die Idee einer konstitutionellen Monarchie, die Rußland in eine Art England verwandeln würde, lehnen sie ab. »Wir brauchen keinen Zaren, keinen Herrscher«, schreiben die Agitatoren Michailow, Kostomarow und Schelgunow, »wir brauchen keinen Purpur, der vererbte Unfähigkeit überdeckt. Wir wollen einen einfachen Sterblichen an unserer Spitze, einen Mann, der mit beiden Beinen auf der Erde steht, den das Volk gewählt hat und der seine Bedürfnisse versteht.« Diese »russische Lösung« entzückt die Progessivsten unter den Revolutionären. Ihrer Auffassung nach sind die Europäer durch eine veraltete Tradition gelähmt. Nur die Slawen werden den Mut haben, die Ketten der Geschichte abzuwerfen. Als aufgeklärte Barbaren werden sie die Welt erschüttern und eine neue Ordnung ins Leben rufen.

Auf die Flugblätter folgt sehr bald die Gründung einer Aktivisten-Organisation in Sankt Petersburg, die sich »Land und Freiheit« (Semlia i Volja) nennt. Ihre Gründer sind die aus einer Beamtenfamilie stammenden Brüder Serno-Solowjewitsch. Die Anhänger dieser Gruppe kommen aus der niederen Verwaltung, aus den Universitäten, den Fabriken, Manufakturen und Kasernen. Das Komitee versammelt sich in einer Leihbücherei am Newski-Prospekt. In vierzehn Provinzstädten bilden sich Ableger dieser Gruppe, und es werden Kontakte zu der ukrainischen Unabhängigkeitsbewegung geknüpft. Das Programm von »Land und Freiheit« sieht die Ablösung der Monarchie durch eine demokratische Republik vor, die Zerschlagung der Verwaltung, deren Posten samt und sonders gewählten Personen anvertraut werden sollen, die Abschaffung des Privateigentums und die Gleichberechtigung der Frau. Die Anziehungskraft von »Land und Freiheit« ist so groß, daß sich ihr zahlreiche kleine Gruppen anschließen. Andere behalten ihre Eigenständigkeit, kämpfen jedoch für dieselben Ziele. Ein Flugblatt, das von einer dieser Organisationen verteilt wird, trägt den Titel »An das junge Rußland« und fordert: »Wir wollen eine föderative republikanische Union an die Stelle des despotischen Regimes setzen. Die Macht muß in die Hände von Nationalversammlungen und regionalen Gremien übergehen ... Der Tag ist nah, an dem wir das große Banner der Zukunft, die rote Fahne, ausbreiten, auf das Winterpalais zumarschieren und dabei rufen: ›Es lebe die soziale und demokratische russische Republik. Die Bewohner werden wir niederkämpfen.‹«

Mit Erstaunen und Trauer nimmt Alexander diese Flugblätter zur Kenntnis. Womit hat er nur soviel Haß verdient? Vielleicht deshalb, weil er die Schwäche besessen hat, den ärmsten Untertanen seines Landes einige Zugeständnisse zu machen? Drängen ihn die Revolutionäre deshalb zur Abdankung? Nehmen sie es ihm übel, daß er auf friedlichem und stetigem Weg das Los der Menschen verbessert, für deren einzigen Fürsprecher er sich hält? Haben sie den Eindruck, daß er ihnen ihre Revolution raubt, indem er Schritt für Schritt ihre Wünsche vorwegnimmt? Was sie gegenüber einem unnachgiebigen Alleinherrscher nie gewagt hätten, das versuchen sie gegen ihn, dessen Bemühungen einzig von Verständnis und Wohlwollen bestimmt sind. Wieder steht sein Vater hinter ihm auf und schüttelt ihn.

Am 27. April 1862 legt Basil Dolgorukow, Kriegsminister und Polizeichef, dem Zaren einen Bericht vor, der ihm vor Augen führen soll, wie sehr die nachgiebige Haltung der Regierung die Revolutionäre ermutigt. Die »Sozialisten«, so meint er, könnten sich mit halben Maßnahmen nicht begnügen. Je mehr man ihnen gäbe, desto mehr forderten sie. Dies sei ein Teufelskreis, aus dem die Regierung als Verlierer hervorgehe. Es sei an der Zeit, nein zu sagen.

Um den Sumpf trockenzulegen, fordert Dolgorukow die Festnahme von fünfzig Verdächtigen, darunter Tschernyschewskij. Der Zar zögert. Wie hätte Nikolaus I. an seiner Stelle gehandelt? Die Erinnerung an den 14. Dezember 1825 quält ihn. Gegen Ende Mai werden wie als Antwort auf das Flugblatt »An das junge Rußland« in verschiedenen Vierteln Sankt Petersburgs Brände gelegt. In den Vorstädten gehen Hunderte von Holzhäuschen, in denen Arbeiter wohnen, in Flammen auf. Auch die riesigen Schtschukin-Markthallen fallen ihnen zum Opfer; auf dem Apraxin-Markt und den benachbarten Lagerhallen bricht Feuer aus. In wenigen Stunden gehen Tausende von Läden in einem Meer von Flammen auf. Man befürchtet, daß sich die Feuersbrunst auf die in der Nähe der Brände gelegenen Regierungsgebäude ausbreiten könnte: das Innenministerium, das Bildungsministerium, die Staatsbank, die Bibliothek, das Pagenkorpshaus, die Theater ... Ein heftiger Wind bläst in die Glut. Der Rauch ist so dick, daß er die Lungen zu zerreißen droht. Die Regierung weiß nicht, was sie tun soll. Es fehlt an notwendigem Material; die Feuerwehrmänner müssen sich damit begnügen, Eimer weiterzureichen. Die Bevölkerung gerät in Panik, schreckliche Gerüchte breiten sich aus. Es ist zwar nicht das erste Mal, daß Holzgebäude in Petersburg brennen. Aber heute, bei diesem Ausmaß der Schäden, hat man unwiderstehlich den Eindruck, daß es sich um einen böswilligen Akt handelt ... Haben die Studenten nicht in ihren Flugblättern den Ungehorsam, das Ende der Familie, die Zerschlagung des Eigentums und die Abschaffung der Monarchie gefordert? Jetzt machen sie ihre Drohung wahr. Der Zar ist viel zu gut für dieses Universitätspack. Die Entrüstung ist so groß, daß Turgenjew, der gerade aus dem Ausland zurückgekehrt ist, von allen Seiten hört: »Das ist das Werk Ihrer nihilistischen Freunde, die unsere Hauptstadt in Schutt und Asche legen wollten!«

Durch die öffentliche Meinung dazu gedrängt, setzt Alexander eine Untersuchungskommission ein, die sich schnell an die Arbeit begibt. Aber trotz Hausdurchsuchungen in den Kreisen der Opposition kann die Polizei keinen Brandstifter finden. So macht sie statt dessen Jagd auf die mutmaßlichen Anstifter dieser »ungeheuren Provokation«. Auf Geheiß der Regierung werden die Sonntagsschulen geschlossen, in denen Lehrer unter dem Vorwand, Analphabeten lesen und schreiben beizubringen, ihnen den Haß gegen die Regierung einimpfen. Die Verbreitung von Zeitungen mit »verderblicher Tendenz« wird verboten, besonders »Der Zeitgenosse«. In fortschrittlichen Kreisen werden zahlreiche Leute verhaftet. Durch Denunziation werden die wichtigsten Mitglieder von »Land und Freiheit« ausfindig gemacht. Tschernyschewskij wird in der Peter-Paul-Festung eingekerkert, in der er während des ganzen Jahres, in dem die Untersuchungen geführt werden, bleiben muß. Er nutzt seine Haft, um den später berühmt gewordenen Roman »Was tun?« zu schreiben, der dazu auffordert, den Nihilismus auf das praktische Leben anzuwenden. Er wird zu sieben Jahren Zwangsarbeit in Sibirien verurteilt und muß sich den Urteilsspruch in der Öffentlichkeit anhören. Ein Ring von Gendarmen hält die Menge fern. Die meisten Gaffer sind davon überzeugt, daß dieser gedemütigte Mann für den Brand verantwortlich ist, der in der Stadt gewütet hat, und überhaupt für alles Unglück im Land. Einige Sympathisanten werfen ihm allerdings über die Gewehre der Ordnungskräfte hinweg Blumen zu.

Für die ungestüme Jugend treffen die Urteile nicht Schuldige, sondern Helden. Der »vernünftige« Teil der Gesellschaft applaudiert dem Zaren, daß er endlich vor seiner Tür saubergemacht habe. Der Direktor des »Moskauer«, Michail Katkow, der aus seinen naiven Träumen aufwacht, wird zum Wortführer der Konservativen und Patrioten. Er greift heftig Herzen an, der durch seine Schriften aus London junge und schlecht auf die Wirklichkeit vorbereitete Gemüter in Nihilismus und Gewalt gestürzt habe. Der Exulant gehe ja sogar so weit, in seinem Blatt die Sache Polens zu vertreten und russische Offiziere dazu aufzurufen, nicht auf die Aufständischen zu schießen! Bakunin, der sich noch weiter vorwage, helfe, Waffen nach Polen zu exportieren, die gegen Rußland eingesetzt werden sollten. Diese antinationalen Umtriebe, die Michail Katkow öffentlich anprangert, bringen die Revolutionäre bei der Bevölkerung in Mißkredit. Selbst die, welche in ihren Demokratiebestrebungen mit ihnen einer Meinung waren, können ihnen nicht verzeihen, gegen das Vaterland und für Polen Stellung bezogen zu haben. Die Auflage der »Glocke« sinkt auf fünfhundert Exemplare.

1863 darf jedoch »Der Zeitgenosse« wieder erscheinen, diesmal unter der Leitung von Nikolaus Nekrassow. Auch dieser zweite »Zeitgenosse« kommt auf das Problem der niederen Klassen zu sprechen, jedoch vorsichtiger und weniger eindringlich. Er wagt es sogar, die Vorschläge eines der Gründer des deutschen Sozialismus, Ferdinand Lassalle, über das System der mit Unterstützung des Staates eingerichteten Arbeitervereine zu erörtern. Einen Augenblick durch die Repressalien der Regierung entmutigt, nehmen die Studenten mit frischer Kraft den Kampf wieder auf. Während ihrer Versammlungen diskutieren sie eifrig über die beste Art, die Monarchie ins Wanken zu bringen. Sie kennen Karl Marx noch nicht, haben aber Schelling, Proudhon, Louis Blanc und Etienne Cabet gelesen und sind von ihnen begeistert. Die erregtesten Gemüter unter ihnen sprechen von Enteignung von Einzelpersonen und sogar von Morden. Alexander, der über Geheimkanäle davon erfährt, glaubt, daß es sich um einige Tölpel handelt, die niemals wagen werden, zur Tat zu schreiten.

Am 4. April 1866[2] um vier Uhr nachmittags verläßt der Zar den Sommergarten, in dem er seinen gewohnten Spaziergang gemacht hat, und geht auf die Kalesche zu, die am Gitter wartet. Sein Neffe, Graf Nikolaus von Leuchtenberg, und seine Nichte, Maria von Baden, begleiten ihn. Einige Neugierige stehen wie üblich an der Straße, um ihn herauskommen zu sehen. Als er gerade in den Wagen steigen will, löst sich ein Mann aus der

Gruppe und richtet eine Pistole auf ihn. Ein Bauer, der neben dem Mann steht, brüllt: »Was machst du da?« und wendet mit einem schnellen Schlag die Waffe von ihrem Ziel ab. Der Schuß geht los, zischt an Alexander vorbei, ohne ihn zu treffen. Als der Wahnsinnige zum zweitenmal schießen will, stürzen sich die Leute auf ihn und überwältigen ihn. Er wehrt sich und ruft: »Warum haltet ihr mich auf? Ich bin Bauer. Der Zar hat euch betrogen! Er hat euch nicht genug Land gegeben!« Die Menge wird größer. Die Leute wollen den Elenden erschlagen. Der Zar ist ruhig geblieben, wehrt die Leute ab und läßt den Mann durch Polizisten seines Gefolges festnehmen. Danach begibt er sich in die Kasaner Kathedrale, um Gott zu danken, daß er ihn vor dem Tod bewahrt hat. Als er ins Winterpalais zurückkehrt, küßt er seine Gemahlin und seine Kinder, die von dem Ereignis tief erschüttert sind. Seine Ruhe steht im tiefen Gegensatz zu der Erregung seiner Familie. Kronprinz Alexander Alexandrowitsch sagt er mit einem Lächeln: »Du bist noch nicht an der Reihe!« Und seinen Ministern, die herbeigeeilt sind, um ihn zu beglückwünschen, sagt er: »Sehen Sie, meine Herren, es scheint, ich bin noch zu etwas gut. Immerhin greift man mich noch an.«

Inzwischen hat sich das Volk auf dem Platz vor dem Schloß versammelt. Die Leute haben zu wenig über die Folgen dieses wahnsinnigen Verbrechens gehört, und viele bitten mit Tränen in den Augen, ihren Herrscher sehen zu dürfen. Als er auf dem Balkon erscheint, wird er mit einem riesigen »Hurra« begrüßt. Er ist bewegt, kommt herunter, besteigt einen Wagen und fährt inmitten einer dichten und laut rufenden Menge, welche die Pferde kaum vorwärtskommen läßt, um das Palais herum. Danach begibt er sich erneut, diesmal in Begleitung seiner Familie, in die Kasaner Kathedrale, wo eine Messe vor der Wunderikone der Jungfrau Maria abgehalten wird. Am Abend schreibt er lakonisch in sein Tagebuch: »Ich ging mit Kolja und Marussja[3] im Sommergarten spazieren, als man mit der Pistole auf mich schoß. Der Schuß ging vorbei ... der Attentäter wurde gefaßt ... Alle sind froh ...«

Ganz Petersburg ist an diesem Abend vom Fieber ergriffen. Man drängt sich in den Straßen, man singt: »Gott schütze den

Zaren«. P. I. Wemberg, der zu Besuch bei dem Dichter Majkow ist, berichtet, daß Dostojewskij[4] bleich, zitternd und verstört hereingekommen sei. »›Man hat auf den Zaren geschossen!‹ schrie Dostojewskij, ohne uns zu begrüßen. Vor Ergriffenheit konnte er kaum sprechen. Wir sprangen auf. ›Ist er tot?‹ fragte Majkow in einem Ton, der, daran erinnere ich mich genau, etwas Wildes und nichts Menschliches an sich hatte. ›Nein, er ist gerettet worden, glücklicherweise ... Aber man hat geschossen ... hat geschossen ...‹«

Dostojewskijs Bestürzung wird von ganz Rußland geteilt. Dieser Schuß ist der erste, der je auf einen russischen Zaren abgegeben wurde. Da ein Wahnsinniger diesen Frevel begangen hat, scheint von nun an alles erlaubt zu sein. Als der Terrorist verhaftet wird, fragt Alexander ihn, ob er Pole sei. »Nein, ich bin Russe«, antwortet er. Die Bestürzung des Zaren ist um so größer. Er hätte es noch verstanden, daß ein Pole ihn töten wollte, um sich für das seinen Landsleuten angetane Leid zu rächen. Daß jedoch ein gebürtiger Russe, der in der russischen Religion erzogen und in den Traditionen des Landes aufgewachsen ist, es wagt, die Hand gegen den vom Herrn Gesalbten zu erheben, zeugt von einer natürlichen Grausamkeit, an die zu glauben er sich weigert. Seinem Gefühl nach verloren die Kritiker seiner Politik bisher nie die fast mystische Größe seiner Aufgabe aus dem Auge. Jetzt aber ist er von seinem Sockel heruntergeholt worden und befindet sich auf gleicher Höhe mit den gewöhnlichen Sterblichen. Der Schuß, der ihn verfehlte, hat hinter ihm das Symbol der Monarchie zerstört.

Sehr verwirrt, wünscht er den Unbekannten, der ihm das Leben gerettet hat, zu sehen. Er wird ins Schloß gebracht. Es ist ein unscheinbarer zwanzigjähriger Mann mit Namen Komissarow, kaum gebildet, ein einfacher Hutmacher, der in ärmlichen Verhältnissen lebt. Ein Mann des Volkes. Auch er ist ein echter Russe. Um ihm zu danken, erhebt ihn Alexander auf der Stelle in den Adelsstand und vermacht ihm eine große Geldsumme. Überall werden Unterschriften gesammelt, um dem Nationalhelden zu danken, der den Kopf vor einem wahren Rubelregen beugt. Er wird schön gekleidet, in die Theater ausgeführt, auf Bankette eingeladen und mit patriotischen Reden gepriesen.[5]

Bei dem Attentäter handelt es sich, wie sich bald herausstellt, um Dimitrij Karakosow, einen Studenten, der zunächst von der Kasaner Universität, danach von der Moskauer verwiesen und 1863 wiederaufgenommen wurde. Hier hat er sich mit einem anderen Studenten namens Ischutin zusammengetan, der einen »Organisation« genannten Geheimbund gegründet und eine kleine Schule eröffnet hat, in denen Kindern aus armen Familien die Grundsätze einer Revolution ohne Gnade beigebracht werden. In der aufgeheizten Atmosphäre dort ist Karakasow bald zu der Überzeugung gelangt, daß der eigentliche Verantwortliche für das Elend des Volkes der Zar ist und daß der, welcher ihn umbringt, den Armen das Tor zum irdischen Paradies öffnet. Im Februar 1866 teilt er Ischutin und vieren seiner Freunde mit, daß er geplant habe, den Zaren zu töten. Von dieser fixen Idee beseelt, fährt er nach Sankt Petersburg, beobachtet die Gewohnheiten des Herrschers und stellt sich am 4. April am Ausgang des Sommergartens auf.

Gleich nach dem Attentat nimmt Alexander den Rücktritt des alten Fürsten Basil Dolgorukow an und ersetzt ihn durch einen jungen und energischen Mann, Graf Peter Schuwalow. Die Stelle des Generalgouverneurs der Hauptstadt, die bisher der gutmütige Fürst Fürst Alexander Suworow innehatte, wird abgeschafft. General Trepow, der die Niederschlagung der Polenaufstände in Warschau geleitet hat, wird zum Polizeipräfekten von Sankt Petersburg ernannt. Der unnachgiebige Michail Murajew, der »Henker Litauens«, leitet die Untersuchungen über die Hintergründe des Anschlags. Karakosow wird fortwährend verhört, weigert sich jedoch, Namen preiszugeben. Dennoch werden die Mitglieder der »Organisation« ausfindig gemacht und verhaftet. Die Komparsen werden zu Zwangsarbeit, Karakosow und Ischutin zum Tod verurteilt. In der Öffentlichkeit ist man überzeugt, daß der Zar, der Todesstrafen immer in lebenslange Haft umgewandelt hat, die beiden Revolutionäre begnadigen wird. Und tatsächlich erläßt er Ischutin die Todesstrafe und schickt ihn ins Straflager nach Sibirien. Der Schuldige erfährt hiervon erst am Richtplatz, als man sich gerade anschickt, ihm den Strick um den Hals zu legen. Im Fall von Karakosow zögert der Zar jedoch. Sein tolerantes Wesen, seine religiöse Erziehung und das Gedenken Schukowskijs[6] drängen ihn dazu, diesen Wahnsinnigen, der ihn töten wollte, zu begnadigen. Als Mensch, als Christ lehnt er es ab, Böses mit Bösem zu vergelten. Aber er gehört nicht sich selbst, sondern Rußland. Und Karakosow hat seine frevlerische Waffe nicht gegen ihn, sondern gegen alle seine Ahnen, von Iwan dem Schrecklichen bis zu Nikolaus I., gerichtet. Drei Jahrhunderte russischer Geschichte sind bedroht und geschändet worden. Man muß ein Exempel statuieren. Anders zu handeln, hieße Nachfolgetäter ermutigen. Voll Bedauern verweigert Alexander die Begnadigung. Schon als er noch ein Kind war, sagte Schukowskij, er sei ein »wildes Schaf«. Ob er recht hatte?

Den Galgen hat man auf dem Vorfeld der Peter-Paul-Festung errichtet. Eine riesige Menge drängt sich vor der Plattform. Seit langem hat in Petersburg keine Hinrichtung mehr stattgefunden, deshalb hat man den Henker von Wilna kommen lassen, der dem Kollegen der Hauptstadt Hilfe leisten soll. Karakosow steigt auf das Schafott, hört den Richterspruch, kniet nieder, betet und überläßt sich ruhig den Händen der Leute, die ihn auf die Erhängung vorbereiten. Bald hängt sein lebloser Körper am Strick.

Für Alexander ist die Angelegenheit hiermit nicht erledigt. Er möchte die Wurzel des Übels finden. Der neue Mann seines Vertrauens, Michail Murajew, ist davon überzeugt, daß alle Schwierigkeiten, die das Land heimsuchen, von der Intelligenzija hervorgerufen werden. Der Hauptverantwortliche ist in seinen Augen Alexander Golownin, dem es nicht gelungen ist, die Universitäten zu reglementieren. Auf Wunsch Murajews ersetzt der Zar Alexander Golownin durch Graf Dimitri Tolstoj, der durch hartes Durchgreifen wieder Ordnung unter den Studenten schaffen soll. Er beurlaubt auch die Minister Walujew und Samjatin, die ihm zu liberal erscheinen, und setzt General Timachew und Graf Pahlen an ihre Stelle, die von wesentlich härterem Wesen sind. Mehr denn je spürt er die Notwendigkeit, sich mit einer eisernen Garde zu umgeben. In einem Erlaß, den er am 13. Mai 1866 Fürst Paul Gagarin, dem Präsidenten des Ministerrats, übermittelt, legt er die Linien seiner neuen Politik folgendermaßen fest: »Die Vorsehung wollte Rußland vor Augen führen, wohin der wahnsinnige Eifer mancher Leute, die alles bekämpfen, was unserem Land heilig ist, führen kann: den Glauben an Gott, die Grundlagen des Familienlebens, das Recht auf Eigentum, den Gehorsam gegenüber dem Gesetz und die Achtung vor der Regierung. Ich richte mein Augenmerk besonders auf die Erziehung der Jugend ... Die Unordnung kann nicht länger hingenommen werden. Die ersten Männer der verschiedenen Einrichtungen des Staates müssen auf die Haltung ihrer Untergebenen achten und die direkte und sofortige Befolgung der ihnen gegebenen Befehle überwachen. Um den Erfolg der gegen finstere Lehren unternommenen Maßnahmen zu garantieren, die sich in der Gesellschaft entwickelt haben und die Grundfesten der Religion, der Moral und der öffentlichen Ordnung zu erschüttern drohen, müssen die führenden Männer der wichtigsten Einrichtungen des Staates dafür sorgen, daß die konservativen Elemente, jene lebendigen und gesunden Kräfte, von denen Rußland Gott sei Dank bis heute noch sehr viele besitzt, sich durchsetzen. Diese Elemente finden sich in allen Schichten der Gesellschaft, denen das Recht auf Eigentum, auf einen durch Gesetz gesicherten und besiegelten Grundbesitz, das Prinzip der Einheit und Sicherheit des Staates, der Moral und der geheiligten Wahrheit der Religion teuer sind.«

Karakosows Schuß hat Alexander also aus seinen liberalen Träumen gerissen. Die Zeit der großen Reformen ist zu Ende. Den Semstwos, die ihre Rechte überschreiten wollen, werden Daumenschrauben angelegt, in fortschrittlichen Kreisen werden Hausdurchsuchungen vorgenommen, die Studenten werden überwacht und wagen keinen Muckser mehr von sich zu geben. »Der Zeitgenosse« und »Das russische Wort« werden verboten, weil sie den negativen Kräften zu sehr verbunden sind. Selbst Katkow, Gralshüter von Konservatismus und Religion, legt sich mit dem Innenministerium an. Er droht, das Erscheinen seines Blattes »Der Moskauer« einzustellen und verlangt eine Audienz beim Zaren. Sie wird ihm auch gewährt. Alexander empfängt ihn mit Wohlwollen und sagt: »Ich kenne dich, ich habe Vertrauen zu dir; ich betrachte dich als meinem Lager zugehörig ...« Katkow ist bewegt und kann seine Tränen nicht zurückhalten. »Bewahre die heilige Flamme, die dich belebt«, fährt der Zar fort. »Ich strecke all jenen die Hand entgegen, von deren Treue ich weiß und die ich schätze. Du brauchst dich wegen nichts zu beunruhigen. Ich lese den ›Moskauer‹ aufmerksam. Ich glaube an dich. Weißt du, was das, was ich dir gesagt habe, bedeutet?« Schließlich wird der Streit zwischen den »Moskauern« und dem Innenministerium beigelegt, und Katkow zieht in seinem Blatt wieder gegen die Feinde der monarchischen und orthodoxen Regierung in den Krieg.

Wenn man die Zeitungen liest, könnte man den Eindruck gewinnen, daß der »Nihilismus« keine Anhänger mehr hat. Im dunkeln jedoch bilden sich neue revolutionäre Gruppen. Ihre Mitglieder sind nicht allzu zahlreich, ihre Aufenthaltsorte wechseln von einem Tag auf den anderen. Sie sind kleiner und beweglicher als ihre Vorgänger und schlüpfen leichter durch die Maschen der Polizei. Sie erregen noch kein Aufsehen, aber Alexander spürt ihre Gegenwart in seinem Rücken. Dies bringt ihn in Verwirrung und nimmt ihm die Unbefangenheit.

Anmerkungen

1 Dieser Titel wird manchmal zu Unrecht mit »Väter und Söhne« übersetzt.
2 Nach dem Gregorianischen Kalender am 16. April 1866.
3 Kurzformen für Nikolaus und Maria.
4 Dostojewskij, der nach der Aufdeckung des Komplotts von Petraschewskij nach Sibirien verbannt worden war, durfte im November 1859 wieder nach Sankt Petersburg zurückkehren. Im Exil änderte er sich, gab seine demokratischen Ansichten auf und wurde zum entschiedenen Konservativen, Nationalisten und Mystiker.
5 Komissarow gab sich dem Alkohol hin. Deshalb sandte ihn die Regierung mit Rücksicht auf die guten Sitten in die Provinz, wo er starb.
6 Schukowskij starb 1852 in Baden-Baden.

Mensch und Herrscher

Zweifellos hat Alexander in den wenigen Jahrzehnten seiner Herrschaft viel in Bewegung gesetzt. Ausländische Besucher bewundern seinen hohen Wuchs, sein gutes Aussehen, das Gesicht mit den markanten Zügen, das schwere Koteletten einrahmen und ein buschiger Schnurrbart ziert, und den festen Blick seiner himmelblauen Augen. Er hat mit den Jahren jedoch zugenommen, sein Gesichtsausdruck ist strenger, finsterer geworden; Alexander ist ein wenig kurzatmig und lächelt weniger oft. Die Ehrendame der Zarin, Anna Tjutschew, zeichnet in ihrem Tagebuch folgendes Porträt von ihm: »Jetzt, da er ein reifer Mann ist, sieht er sehr gut aus, trotz seiner etwas schweren Erscheinung. Seine Züge sind regelmäßig; seine großen blauen Augen sind indessen wenig ausdrucksvoll, wenn er in übertriebener Weise feierlich und majestätisch wirken will. Was bei seinem Vater natürlich war, wirkt bei ihm maskenhaft. Im Privaten jedoch, wenn er bereit ist, er selbst zu sein, erhellt sich sein Gesicht durch ein zärtliches, gutes, freundliches Lächeln, wodurch er sehr sympathisch wird. Als er noch Thronfolger war, sah man dies oft an ihm, später aber wollte er immer streng aussehen und eindrucksvoll; in dieser Hinsicht ist er aber nur eine schlechte Kopie seines Vaters.«

Diese Art, sich im Auftreten und in der inneren Einstellung zu versteifen, verstärkt sich nach Karakosows Attentat. Alexander hat schon bei manchen Ereignissen seinen Mut bewiesen. Vor seinem Mörder hat er keineswegs die Nerven verloren. Unmittelbar anschließend hat er die Menge, die ihm vor dem Schloß zujubelte, durchschritten, dabei hätte sich leicht ein weiterer Terrorist dort verbergen können. Bei einer Bärenjagd ist er auf das wilde Tier zugegangen, das einen seiner Begleiter bedrohte, und hat es mit Blattschuß erledigt. Die Angehörigen seiner Familie haben hundertmal erfahren, daß er den

Tod verachtet. Er bewahrt seine Ruhe bei konkreter Gefahr, dennoch quälen ihn Vorahnungen und Ängste. Seit der Entdekkung nihilistischer Komplotts hat er den Eindruck, in Rußland nicht mehr wirklich zu Hause zu sein. Er hat Mühe zu atmen, so als ob die Luft des Vaterlandes sich unmerklich verändert hätte. Alexander, der Reformer, verlangt nun danach, sich auf die Pfeiler des Reiches zu stützen: die Kirche, den Adel, die Armee, die Tradition. Er hält die Riten der Staatsreligion peinlich genau ein und tritt ihren Vertretern, die durch ihren Dienst an Gott auch dem Zaren dienen, mit tiefem Respekt entgegen. Ein Mystiker ist er jedoch nicht. Er hat einen friedlichen, aufrechten Glauben, der ihn jeden Tag seines Lebens begleitet. Außerdem möchte er tolerant sein. So räumt er durchaus ein, daß man ein Mann von Ehre sein kann, auch ohne dem orthodoxen Glauben anzugehören. Unter seinen Generälen, Adjutanten und sonstigen Mitarbeitern finden sich Katholiken, Lutheraner, konvertierte Söhne von Juden. Als die russischen Truppen, die den Kaukasus befrieden sollen, Tschamyl, den grausamen Führer der Tscherkessen, gefangennehmen, fordert er, daß der Besiegte mit Würde behandelt wird, empfängt ihn an seinem Tisch, überhäuft ihn mit Geschenken und gestattet es dem Sohn dieses besonderen Gefangenen, in der russischen Armee zu dienen. Auch den Feinden seiner Politik tritt er zu Beginn seiner Herrschaft verständnisvoll gegenüber. Die Strafen, welche die Gerichte gegen die ersten Nihilisten verhängen, mildert er mit einer Art philosophischen Wohlwollens ab. Erst als die Revolutionäre fanatisch werden, wird er steif und unnachgiebig.

Aus Traditionsbewußtsein und als Herrscher liebt er die Ordnung. In Rußland steht nichts so sehr für diese Ordnung wie die Armee. Schon im Jugendalter, man erinnert sich, mochte er Militärparaden. Wenn er ein Regiment vorbeimarschieren sieht, freut sich sein Herz. Stundenlang kann er mit seinem Kriegsminister über das neue Dunkelgrau der Mützen sprechen, über die Vorzüge und Nachteile von Rucksäcken, die Ablösung des russischen Bajonetts durch das preußische Säbelbajonett oder über die Einführung spitzer Helme in manchen Einheiten. Vermutlich hat er diese Militärbegeisterung von seinem Großvater, Paul I., geerbt. Dabei fließt nur wenig russisches Blut in seinen Adern. Alle seine Vorfahren haben deutsche Prinzessinnen geheiratet. Seine Mutter ist die Tochter König Friedrich Wilhelms III. von Preußen, seine Großmutter eine Prinzessin Sophie von Württemberg, seine Urgroßmutter, Katharina II., war eine Prinzessin von Anhalt-Zerbst. Aber wie alle seine Vorgänger, angefangen bei Katharina der Großen, fühlt er sich als Russe, so als ob seine Vorfahren alle aus diesem Land stammten. In Rußland herrscht eine besondere Atmosphäre, das Land besitzt eine Anziehungskraft, die an Magie grenzt. Die Religion, die folkloristischen Lieder, die Sitten und Gebräuche, der Himmel, die Küche, alles trägt dazu bei, die Menschen, die in dieses Land kommen, zu Russen zu machen. Ohne sein germanisches Erbe zu verleugnen, ist Alexander ganz seinem Land verpflichtet. Er hat eigene Vorstellungen darüber, was er der Nation schuldig ist. Selbst wenn sie ihn enttäuscht, fühlt er sich mit ihr im tiefsten Inneren verbunden.

Er ist ein fleißiger Arbeiter und beginnt schon am frühen Morgen mit dem Aktenstudium. Er ist persönlich Vorsitzender von unzähligen Kommissionen, Räten, Komitees. Seine Mitarbeiter staunen über sein gutes Gedächtnis. Er merkt sich alles, was er liest, was er hört und sieht, äußerst genau. Wenn er an Vergangenes erinnert, ist es, als sei er eine »lebendige Chronik«, wie Minister Dimitri Miljutin sagt.

Inzwischen hat ihn die Herrschaft jedoch müde gemacht, er ist irritierbar, mißtrauisch geworden. Sein Lächeln ist gezwungen. Hinter jedem Kompliment argwöhnt er eine Lüge. Als ihm ein Provinzgouverneur von der Dankbarkeit des Volkes berichtet, weist er ihn mit den Worten zurück: »Es ist sinnlos, das zu betonen, ich glaube an keine Dankbarkeit.« Auch seine nächsten Verwandten fühlen sich von ihm mißverstanden. Einer seiner Jugendfreunde, Fürst Nikolaus Orlow, sagt von ihm: »Jeder zitterte vor seinem Vater, Nikolaus I., aber ich weiß aus Erfahrung, daß man immer offen mit ihm reden konnte. Mit Alexander ist es ganz anders ... Wir wurden gemeinsam unterrichtet, trotzdem ist es mir schon passiert, daß mir die Sprache verlorenging, weil er einen leeren Blick auf mich richtete, so als hätte er nicht gehört, was ich ihm sagte ...«[1] Er erträgt es nicht, daß man in seiner Gegenwart vom Polenaufstand spricht. Man braucht nur den Namen Warschau zu erwähnen, schon runzelt er die Stirn, und sein Mund zuckt unter dem dichten Schnurrbart. Immer ist er auf dem Qui-vive und öffnet sich niemandem ganz. So kann er nie die Sympathie seiner Umgebung gewinnen. Wenn er mit Leuten aus dem Volk redet, spricht er mit ihnen wie mit Kindern. Wenn er im Kreml Abgeordnete aus den Dörfern empfängt, sagt er mit falschem väterlichem Ton zu ihnen: »Guten Tag, meine lieben Kinder! Ich bin froh, euch zu sehen. Ich habe euch die Freiheit gegeben, aber denkt daran, es ist eine gesetzlich geregelte und keine willkürliche Freiheit! Deshalb fordere ich von euch vor allem Gehorsam gegenüber der Obrigkeit, die ich eingerichtet habe.« Diese einfältige Rede faßt sein politisches Glaubensbekenntnis zusammen. Er will gerne vorwärtskommen, aber nur, wenn ihm die Nation in Reihe und Glied folgt. Anna Tjutschew schreibt in ihrem Tagebuch: »Seine Intelligenz reicht nicht weit genug. Weil er nicht wirklich gebildet ist, kann er den ungeheuren Wert seiner Reformen nicht erkennen. Sein Herz ist fortschrittlich, sein Verstand fürchtet den Fortschritt. Sein Herz hat unter der Leibeigenschaft, der Ungerechtigkeit, der Veruntreuung gelitten. Wenn aber dann ein neues Leben sich durch die Schleuse drängt, die er selbst geöffnet hat, und mit Schaum und Schlamm die Fluten und Trümmer der Vergangenheit wegspült, dann wird ihm angst vor seiner eigenen Kühnheit, er verleugnet seine Taten und macht sich zum Verteidiger der Ordnung, die er erschüttert hatte ... Deshalb wird er trotz seines guten Herzens mehr gefürchtet als geliebt ... In seinem Wesen und seinem Verstand steht er hinter den Werken zurück, die er vollbracht hat.«

Tatsächlich gibt es zwischen Alexander und seinem Volk kaum noch Verbindungen. Er will Demokrat sein, ist aber im Grunde seines Herzens konservativ. Hat er nicht, obwohl sein Vater ihm auf dem Totenbett die Empfehlung gab, alles zusammenzuhalten, schon einen Teil dessen, was er als »heiliges Erbe« hätte bewahren müssen, preisgegeben? Die Aufhebung der Leibeigenschaft, die gewählten Versammlungen in den Provinzen ... Und jetzt träumt die Intelligenzija von einer Verfassung. Dies ist in Worten oder auf dem Papier ja sehr schön, aber welch ein Wirrwarr, wenn es wirklich soweit kommt! Wenn der Zar zum konstitutionellen Monarchen würde, verriete er ja den Eid, den er leistete, als er großjährig wurde, und in dem es heißt, er solle »den letzten Blutstropfen opfern, um die Alleinherrschaft zu verteidigen«. Die meisten seiner Verwandten sind dieser Meinung. Die Gehässigkeit der Revolutionäre wird ihn nicht dazu bringen, aufzugeben. Er empfängt Golokwastow, ein Mitglied der Adelsversammlung der Moskauer Regierung, und erklärt ihm, der sich als Anhänger einer gemäßigten Regierungsform versteht: »Was wollen Sie denn? Eine konstitutionelle Regierung? Sie glauben wahrscheinlich auch noch, daß ich nicht auf meine Rechte verzichten will und mich von niedriger Eitelkeit leiten lasse! Ich gebe Ihnen mein Wort, daß ich auf der Stelle bereit wäre, jeglicher Art von Verfassung zuzustimmen, wenn ich überzeugt wäre, daß sie Rußland nützt. Aber ich weiß, daß Rußland, wenn ich dies heute täte, morgen in Stücke brechen würde. Wollen Sie das?«[2]

Die Lektion ist eindeutig. Golokwastow gibt nach. Gegenüber seinen Ministern gibt sich Alexander ähnlich selbstherrlich. Er sieht sie weniger als Vertreter der öffentlichen Meinung denn als Spiegel seiner eigenen Gedanken. Er betrachtet sich in der Vielfalt ihrer Meinungen, die manchmal liberal, manchmal autokratisch sind. Ihre verschiedenen Ansichten stehen einander gegenüber und neutralisieren sich, um ihm die freie Entscheidung zu überlassen. In seiner Gegenwart beschränkt sich ihre Rolle darauf, vorsichtig ihre Ansichten zu äußern und seiner Entscheidung lebhaft zuzustimmen. Zeigt sich einer von ihnen widerspenstig, nimmt Alexander ihn in die Arme und erklärt ihm mit feuchten Augen (trotz seines Alters weint er immer noch sehr schnell), warum er sich geirrt hat, und lehnt seine Entlassung ab. In solchen Momenten liegt in seinem Blick und in seinen Worten eine solche Sanftmut, daß selbst die Kritiker seine Aufrichtigkeit, Freundlichkeit und Überlegenheit anerkennen. Nach Meinung seiner wichtigsten Mitarbeiter stellt er trotz aller Fehlgriffe, seiner Wandelbarkeit und seiner Launen die einzige moralische Kraft dar, die Rußland einen kann. Er ist in ihren Augen durch niemanden zu ersetzen und muß vom Volk mit seinen Vorzügen und Fehlern anerkannt werden.

In der höheren Sphäre, in der er regiert, kommen Alexander andere Stimmen als die seiner Berater zu Ohren. Seine Familie – Großfürsten, Großfürstinnen, entferntere Verwandte – umgibt ihn als leuchtender und flüchtiger Schwarm. All diese Fürsten besitzen ein Schloß, einen eigenen kleinen Hofstaat und eine Ehrenstellung in Armee oder Regierung. Die meisten sind die Eitelkeit und Leere in Person. Aus dieser Schar von Höflingen ragt Alexanders Tante, die Großfürstin Helene, heraus, die ihn bei der Aufhebung der Leibeigenschaft unterstützt hat. Seitdem hat ihr politischer Einfluß abgenommen. Sie ist mit Alexander Gortschakow befreundet und begnügt sich damit, ihm in allem recht zu geben. Sie führt den lebhaftesten Salon der Hauptstadt. Im Sommer empfängt sie in ihrem Palais von Kamennyj Ostrow oder in ihrem am Rand der Stadt gelegenen Schloß Oranienbaum, im Winter im Michail-Palais in Petersburg, dessen Größe und Pracht die Besucher entzücken. Sie ist warmherzig und kultiviert, und niemand kann mit ihr konkurrieren, wenn es gilt, ein Gespräch in Gang zu bringen und die Zurückhaltendsten unter den Gästen mit einzubeziehen. Der gestrenge Bismarck räumt ein, sie sei »schön, liebenswürdig, voller überlegener Würde und in der Lage, die Dinge des menschlichen Lebens zu begreifen«. In ihrem Salon drängen sich Diplomaten, Wissenschaftler, Künstler. Sie läßt Stücke auf französisch oder deutsch aufführen, veranstaltet prachtvolle Maskenbälle, erfindet Gesellschaftsspiele. Am beliebtesten jedoch sind ihre Musikabende. Die besten Virtuosen der Welt spielen hier vor erlesenem Publikum. Sie gründet das erste russische Konservatorium, dessen Direktor Anton Rubinstein wird.

Großfürst Konstantin führt einen Salon im Marmorpalais. Auch er liebt die Musik und spielt Violoncello in einem Quartett. Er interessiert sich auch für Magnetismus. Oft versammelt man sich bei ihm, um unter Anleitung des Spiritisten Hume Tische zu rücken. Anna Tjutschew hat an einer dieser Sitzungen teilgenommen und ist hin und her gerissen zwischen Skepsis und Furcht. »Eine seltsame Mischung aus Dummheit und Übernatürlichem ist das ... Warum müssen sich die Geister unbedingt durch tölpelhaftes Berühren und Geklopfe äußern? ... Mir wäre lieber, das Jenseits zeigte sich ein wenig ernsthafter und tiefsinniger.« Sein Scheitern bei der Befriedungsmission in Warschau hat Konstantin verbittert. Für seine Gegner bei Hofe ist er immer noch »der rote Fürst«, der die Meinungs- und Redefreiheit fordert, die Teilnahme des Volkes an der Erarbeitung der Gesetze und die Begrenzung der Zarenmacht. Seit der Kehrtwendung Alexanders im Jahr 1865 hört man immer weniger auf ihn. Der Zar verbirgt den Argwohn, den er gegenüber seinem freigeistigen Bruder hegt, nicht mehr. Die meisten Schützlinge des Großfürsten haben bereits ihre Ministerposten verloren. Dennoch ist er immer noch Vorsitzender des Reichsrats. Sein Arbeitseifer und seine Aktenkenntnis machen ihn sogar zu einem der wichtigsten Vertreter nationaler Politik. Er liebt es, sich mit Schriftstellern, Weltumseglern und Geographen zu umgeben. Dies ist selten in der höheren russischen Gesellschaft. In den prachtvollen Salons des Adels ist es kaum Sitte, sich für Kunst, Literatur oder Politik zu interessieren. Die sorglose Adelsgesellschaft gibt sich mit mondändem Geschwätz und Hofklatsch zufrieden.

Dabei nehmen die Literatur, die Musik und die Kunst im Rußland Alexanders II. einen erstaunlichen Aufschwung. Die Vielfalt der Talente, die alle zugleich in wenigen Jahren von sich reden machen, ist schwindelerregend. Dostojewskij, Tolstoj, Turgenjew, Gontscharow, Leskow, Saltikow-Schtschedrin, Piesemskij veröffentlichen ihre großen Romane[3]; Nekrassow besingt in seiner Dichtung das Elend und die Hoffnung des Volkes; Ostrowskij zeichnet in seinen Theaterstücken ein Sittenbild der Moskauer Händler. Bekannte Maler wie Perow, Makowskij, Kramskoj, Repin und Surikow stellen auf ihren Bildern im realistischen Stil Szenen des Landlebens und der russischen Geschichte dar. Zur großen russischen Komponistenschule gehören berühmte Männer wie Mussorgskij, Borodin, Rimskij-Korsakow, Balakirew, Tschaikowskij ... Die russische Intelligenzija ist voller Schaffenskraft; der Überschwang ihrer Gefühle erstickt sie; sie haben das Bedürfnis, die Nähte des engen Gewandes, das sie umgibt, aufzureißen. Ihre Stimme aber dringt nicht bis zu den hohen Regionen der Politik vor. Man liest zwar in den höheren Kreisen die Schriftsteller, man schätzt sie durchaus, aber man hört nicht auf sie. Jedem das Seine: Die Schriftsteller sollen unterhalten, der Zar regiert.

Von seinem Thron aus sieht Alexander sein Land als großen Kuchen mit verschiedenen übereinanderliegenden Schichten, von denen jede ihre Eigenständigkeit, ihre besondere Ordnung und ihr besonderes Schicksal hat. Ganz oben befindet sich der Hof, gleich darunter die große Welt der beiden Hauptstädte, die aus einigen aristokratischen Familien besteht, die sich um französisches Theater, musikalische Diners, Rennen und Bälle reißen; darunter die Grundbesitzer, Händler, Unternehmer, die zu Geld gekommen sind und gegenüber den verkommenen und müßigen Junkern, die auf ihren zehnfach mit Hypotheken belasteten Landgütern sitzen, mit ihrem Reichtum prahlen; eine Stufe tiefer befindet sich die neue Mittelschicht, die aus Ingenieuren, Ärzten, Anwälten, Beamten, Architekten, Studenten und Künstlern besteht. Diese Leute sind die rührigsten. Sie haben Hunger nach Geist wie andere nach Kaviar. Auch wenn sie nicht zu den Nihilisten gehören, wollen sie die Welt ändern. Um jeden Preis muß man sie von der Basis fernhalten, der grauen, amorphen Masse der Bauern. Die Muschiks sind Gott sei Dank durch die heilige und jahrhundertealte Stumpfsinnigkeit, die noch aus der Zeit der Leibeigenschaft stammt, davor geschützt, von der revolutionären Seuche angesteckt zu werden. Wie lange wird dieser Zustand noch andauern?

*

Politische Sorgen und protokollarische Zwänge halten Alexander von seiner Familie fern. Im Palast des Zaren ist kaum Platz für ein normales Familienleben. Der Zar, seine Gemahlin und die Kinder müssen ständig Repräsentationspflichten erfüllen, sind von Adjutanten, Höflingen und Ehrendamen umgeben. Michail Murajew, der die Großfürstin Helene mit Zarin Maria Alexandrowna vergleicht, sagt Anna Tjutschew, daß die erste nur redet, um ihre Intelligenz zur Schau zu stellen, während die andere immer ihre tiefsten Gedanken ausspricht. Unter diesen beiden besteht, so schließt er, derselbe Unterschied wie zwischen Schein und Sein. Alle preisen einstimmig ihre traurige Anmut, ihre schlanke und zerbrechliche Gestalt, ihr ebenmäßiges Gesicht und den tiefblauen Blick. Anna Tjutschew schreibt: »Sie hat etwas Vergeistigtes an sich, etwas Reines, Abstraktes. Sie erinnert an eine Dürer-Madonna oder eine Buchmalerei ... Jedesmal, wenn ich sie beobachte, habe ich den Eindruck, daß ihre Seele unendlich weit von uns entfernt ist und daß sie mit der bunten, irdischen Menge, die sie umgibt, nichts zu tun hat ... Sie ist gesammelt, hat wenig Ausstrahlung, ist ihrer Umgebung fremd, als Mutter, Ehefrau und Zarin ganz ungeeignet. Sie gibt sich Mühe, ihrer Stellung würdig zu sein, aber es fehlt ihr an Natürlichkeit ... Da sie jeglichen Temperaments entbehrt, scheint sie nicht gemacht für das, was das Schicksal ihr gegeben hat. Sie gibt sich stets Mühe, alles ist ihr Anlaß, sich zu quälen. Hieraus entsteht eine nervöse Spannung, die ihr letztlich jede Energie raubt und sie zu einer passiven Figur werden läßt. Ist sie eine Heilige oder ein Stück Holz?«

Zweifellos besitzt Maria Alexandrowna, auch wenn sie gegenüber irdischen Freuden gleichgültig und sogar kalt ist, ein waches Innenleben. Sie ist sich ihrer Verpflichtungen bewußt, legt Wert drauf, ihrem Mann bei seinen Regierungsgeschäften zur Seite zu stehen. Wie alle deutschen Prinzessinnen, die vor ihr auf dem russischen Thron saßen, will sie russischer sein als die Russen, orthodoxer als die getauften Orthodoxen. Ihre Liebe zum Vaterland ist so groß, wie sie neu ist. Sie tritt für eine blinde Frömmigkeit, die Aufrechterhaltung konservativer Grundsätze und der sozialen Ordnung in allen Schichten ein. Ihre engsten Freundinnen, Anastasia Malzow und Antoinette Bludow, bestärken sie in ihrer bigotten und rückwärtsgerichteten Haltung. Durch die Gespräche mit ihnen ist sie zur überzeugten Panslawistin geworden: Nichts darf sich im Zarenreich ändern, dann kann Rußland gerettet werden. Sie sagt dies dem Zaren immer wieder, und dieser nickt dazu. Minister Walujew schreibt in seinem Tagebuch: »Die Zarin sagte mir, sie hoffe, daß ich ihr keine Überraschungen bereite, was aus ihrem Munde bedeutet, verfassungsmäßige Reformen oder Zugeständnisse gegenüber religiösen Minderheiten und Altgläubigen ... Es war nicht das erstemal, daß ich feststellte, daß sie einen unheilvollen, wenn auch unmerklichen Einfluß auf die Amtsgeschäfte nimmt: Gutta cavat lapidem.[4] Der Zar hört sehr auf sie. Aus ihren Äußerungen über die Semstwos habe ich herausgehört, daß sie darin ein Mittel sieht, die Bildung einer Verfassung zu vermeiden.«

Sie ist Mutter von sieben Kindern und richtet ihr Hauptaugenmerk auf den ältesten Sohn, Großfürst Nikolaus, den Thronerben.[5] Er hat die gleichen edlen Züge wie sie und ist von ebenso bescheidenem Wesen. Die Lehrer, die ihn auf seine Herrscherrolle vorbereiten, sehen in ihm einen besonderen Menschen, dessen Klugheit, Menschlichkeit und Großzügigkeit an der Spitze des Landes Wunder bewirken können. Damit er sein Volk kennenlernt, hat Alexander, sich an seine eigenen Lehrjahre erinnernd, verlangt, daß er Rußland bereist, sobald er achtzehn Jahre alt ist. Die vielen Reisen scheinen den jungen Mann ermüdet zu haben. Er klagt über Beschwerden, die Ärzte vor große Schwierigkeiten stellen. Die einen behaupten, er habe sich bei einem Sturz vom Pferd an der Wirbelsäule verletzt, die anderen meinen, er leide unter Rheumatismus. Man rät ihm zu einer Kur in Scheweningen in der Nähe von Den Haag. In der Hoffnung auf eine baldige Genesung verloben seine Eltern ihn mit Prinzessin Dagmar von Dänemark. Trotz der Medizin, der Bäder und der Massagen werden die Schmerzen von Tag zu Tag schlimmer. Nikolaus geht gebeugt wie ein alter Mann. Vielleicht wäre ein Klimawechsel gut. Also schikken die Ärzte ihn nach Nizza. Als er im November 1863 dort ankommt, ist er zum Skelett abgemagert und kann sich kaum noch bewegen. Da erst stellt man fest, daß er offenbar unter Tuberkulose leidet. Der Thronfolger bleibt an Ort und Stelle, um dort behandelt zu werden. Auch die Zarin bleibt in Nizza, wo sie in der Villa Bermont wohnt. Ängstlich beobachtet sie den Gesundheitszustand ihres Sohnes. Als alle Hoffnung vergeblich scheint, nehmen Alexander und der Rest der Familie den Zug nach Südfrankreich. In vierundzwanzig Stunden legen sie diese weite Strecke zurück, mit einer für damalige Zeiten erstaunlichen Geschwindigkeit. Beim Aufenthalt im Berliner Bahnhof grüßt Kaiser Wilhelm II. den Zaren, im Bahnhof von

Paris übermittelt Napoleon III. Genesungswünsche an den Thronerben. Im Bahnhof von Dijon wird ein aus Dänemark kommender Zug angehängt, in dem sich Prinzessin Dagmar und ihre Mutter, Königin Luise, befinden. Am 10. April 1865[6] erreichen sie Nizza. In der Nacht vom 11. auf den 12. erkrankt der Großfürst plötzlich an schwerer Meningitis. Bis zum letzten Augenblick ist er bei klarem Verstand. Er kann kaum atmen, hält die Hände seiner Eltern in der einen Hand, die seines jüngeren Bruders Alexander und seiner Verlobten Dagmar in der anderen.

Von Nizza wird der Leichnam des Prinzen nach Villefranche überführt und an Bord der Fregatte Alexander Newskij[7] gebracht. Tausend russische Matrosen und ein Jagdbataillon der französischen Kaisergarde bilden den Geleitzug. Sobald sie Sankt Petersburg erreichen, werden die sterblichen Überreste in der Peter-und-Paul-Kirche aufgebahrt. Baron Talleyrand-Périgord, der französische Botschafter in Rußland, schreibt an seinen Minister Drouyn de Lhuys: »Dienstag abend sind Zar und Zarin spät in der Nacht in die Zitadelle gegangen, um beim Leichnam ihres Sohnes zu beten. Sie stürzte sich auf den geöffneten Sarg, riß die Tücher, mit denen ihr Sohn bedeckt war, herunter und übersäte ihn mit Küssen. Der Zar bemühte sich, sie dieser schmerzlichen Umarmung zu entreißen. Eine halbe Stunde lang hielt er sie in den Armen, ließ sie die sterblichen Überreste des Großfürsten betrachten und weinte und schluchzte gemeinsam mit ihr.«[8]

Wenn manche politischen Ereignisse Alexander als Staatsoberhaupt getroffen haben, so trifft dieser Tod ihn als Menschen. Angesichts eines so großen Verlusts fühlt er sich ebenso bloß und hilflos wie der ärmste seiner Untertanen. Dennoch ist er es sich schuldig, nicht wie ein gewöhnlicher Sterblicher zu reagieren, sondern wie ein Herrscher. Von seiner Trauer noch tief getroffen, proklamiert er Großfürst Alexander Alexandrowitsch zum Thronfolger.[9] Dieser ist seinem großen Bruder ganz unähnlich. Er ist sehr groß und hat kräftige Schultern; er wirkt wie ein Bauer, ist unbeholfen in seinen Bewegungen. Gräfin Kleinmichel schreibt in ihren Erinnerungen:[10] »Es hieß von ihm, er sei gut, offenherzig und loyal, aber sein Betragen war unangenehm. Er war zugleich schüchtern und wild, immer legte er sich mit irgend jemandem an, stieß sich an allem möglichen, warf Tische und Stühle um und alles, was sich ihm in den Weg stellte... Konstantin (sein Onkel) nannte ihn Kossolapy Saschka (ungeschickter Sascha).«

Als sein Bruder stirbt, ist er zwanzig Jahre alt. Da er nicht zum Herrschen ausersehen war, hat man seine Erziehung ein wenig vernachlässigt. Von daher hat er einige Vorbehalte gegenüber sinnlosen Denkanstrengungen.

1866, ein Jahr nach dem Tod von Nikolaus, beschließen die Eltern, den jungen Mann zu verheiraten. Da bei Eheschließungen von Fürsten Zuneigung keine Rolle spielt, gibt man ihm die Verlobte seines verstorbenen Bruders zur Frau, Dagmar von Dänemark. Da sie für den einen Sohn des Zaren geeignet war, ist sie es auch für den anderen. Sie heiratet keinen Mann, sondern ein Land. Trotz aller Anstrengungen wird es ihr nie gelingen, diesem groben, engstirnigen, ungehobelten, geistig wenig anspruchsvollen Menschen ein wenig Kultur beizubringen.

Der neue Thronfolger respektiert seinen Vater, wirft ihm aber heimlich die liberalen Neigungen vor, die er ab und zu zeigt. Wie seine Mutter, Zarin Maria Alexandrowna, tritt er für den Erhalt der bestehenden Ordnung und die Unterdrückung der Intelligenzija ein. Seine Freunde und Führer auf diesem Weg sind die slawophilen Publizisten Katkow und Aksakow und sein Lehrer, der unnachgiebige, feuerspeiende Pobjedonoszow.[11] Der Zar, dem die Einstellung seines Sohnes bekannt ist, legt keinen besonderen Wert darauf, ihn in die Aufgaben der Regierung mit einzubeziehen.

Letztlich fühlt Alexander sich zwischen seiner Frau und seinen sechs Kindern seltsam allein. Das prunkvolle und geregelte Leben am Hof langweilt ihn. Der Luxus der Empfänge ermüdet ihn. Mitten im Winter, wenn die Stadt im Schnee eingeschlossen ist, sitzt man an kleinen Tischen im tropischen Garten und soupiert unter riesigen Palmen und zwischen großen Blumenbeeten. Der Georgssaal ist bei großen Bällen von umwerfender Schönheit. Théophile Gautier beschreibt dieses Schauspiel von einer Empore aus, die über die Tanzfläche ragt. »Der erste Eindruck, den man gewinnt, wenn man sich von dieser Höhe aus über den Abgrund von Licht beugt, ist eine Art Schwindel. Vor lauter Leuchten, Strahlen, Licht, Kerzenschimmer, Spiegeln, Gold, Diamanten, blitzenden Edelsteinen, Stoffen kann man zuerst gar nichts erkennen. Bald aber gewöhnt sich das Auge an dieses blendende Licht und verjagt die schwarzen Schmetterlinge, die vor ihm flatterten, als hätte es in die Sonne geblickt. Jetzt nimmt es den riesigen Saal, der nur aus Stuck und weißem Marmor besteht, in seiner ganzen Größe wahr ... Alles ist voller goldbestickter Uniformen, mit diamantbesetzten goldenen Epauletten. Orden, Emaillebroschen und Edelsteine werden zu flammenden Feuern ... Die Uniformen und Galagewänder der Männer sind so leuchtend, so reich verziert, so vielfältig und dermaßen mit Gold, Stickereien und Orden versehen, daß die Frauen in ihrer modernen Eleganz und der leichten Anmut heutiger Mode Mühe haben, gegen diesen massiven Prunk anzukommen. Da sie nicht prächtiger sein können, sind sie schöner: Ihre nackten Schultern und Brüste nehmen es mühelos mit den goldenen Brustharnischen auf.«[12] Lord Loftus, der britische Botschafter, der schon seit langen Jahren im diplomatischen Dienst tätig ist, bestätigt, daß die Abende im Winterplais »an Pracht und Glanz alles übertreffen, (was er) in anderen Ländern gesehen hat.«[13]

Alexander geht auf diese Bälle mit dem Gefühl, eine schwere Pflicht zu erfüllen, für die ihm niemand danken wird. Nach Théophile Gautiers Beschreibung ist er mit einer kurzen weißen, mit goldenen Fangschnüren verzierten Weste bekleidet, die bis zur halben Hüfte reicht und mit einem blauen sibirischen Fuchs abgesetzt ist. Eine himmelblaue lange Hose umhüllt seine kräftigen Beine. Er eröffnet den Ball mit der traditionellen Polonaise und tanzt danach nicht mehr, sondern geht von Gruppe zu Gruppe und wechselt mit den wichtigsten Gästen ein paar unbedeutende Worte. Er erwartet von diesen flüchtigen Begegnungen, von diesem rücksichtsvollen Gedränge nichts. Er wird nur müde davon. Alles, was er um sich herum hört, ist nur ein Echo dessen, was er selber sagt. Niemand würde es wagen, in seiner Gegenwart einen überraschenden Satz, eine eigene Meinung zu äußern. Diese monotone Unterwerfung ist der Preis der absoluten Macht. »Man spürt«, schreibt der Herzog von Gramont, »daß die Autorität des verstorbenen Zaren Nikolaus I. hier ihre Fortsetzung findet; wenn sie gemildert wird, dann per Dekret, nicht aber von selbst ... Die wichtigsten Leute an diesem Hof opfern jede eigene Initiative und geben sich mit einer passiven Rolle zufrieden.«

Selbst außerhalb von Bällen und Empfängen bestimmt der Zeitplan des Zaren das Verhalten der Höflinge. Man flüstert, sieht auf die Uhr, versucht, dem Zaren zu begegnen, um ihm zu schmeicheln. Zieht er sich nach Peterhof oder Zarskoje Selo zurück, um Ruhe zu finden, wird er auch dort von Besuchern, Kurieren oder einfach Neugierigen überfallen. Wenn er mit seinen Kindern und dem Hund Milord, einem schwarzen Setter, durch die Alleen des Parks spaziert, begegnen ihm die Blicke der Neugierigen. Manche besitzen die Kühnheit, sich vor ihm zu Boden zu werfen, um eine Bittschrift zu überbringen. Überall an seinem Weg stehen Polizisten. Abends jedoch findet er manchmal Zeit, sich zu entspannen, und spielt mit einigen Freunden Piquet. Dann serviert die Zarin Tee. Die Gesichter sind entspannt und freundlich. Aber dieses ruhige eheliche Glück ist nichts als eine Fassade. Wenn Alexander den Blick auf seine Gemahlin richtet, empfindet er nur Respekt, Freundlichkeit und Mitleid.

Durch die Anstrengungen des Lebens am Hof und das rauhe Klima der Hauptstadt, in der es oft regnet und schneit und in der die Luft feucht ist, sowie durch die Mühen von acht Schwangerschaften ist Maria Alexandrowna frühzeitig gealtert. Nerven und Lunge sind angegriffen; sie kann ihre Repräsentationspflichten nur noch mit schmerzhafter Willensanstrengung erfüllen. Auch in ihren besten Augenblicken ist ihr Gesichtsausdruck voller Mattigkeit, und sie lächelt, um ihre Traurigkeit zu verbergen. Auf Rat der Ärzte begibt sie sich oft in deutsche Kurorte, auf die Krim, nach Süditalien oder an die Côte d'Azur. Wenn sie nach Sankt Petersburg zurückkehrt, hat sie sich indessen kaum erholt. Sie lebt zurückgezogen in ihren Räumen, mit der dumpfen Gleichgültigkeit derer, die alles besitzen, ohne sich je etwas gewünscht zu haben. Sie ist umgeben von eleganten Louis-Seize-Möbeln, zahlreichen Bildern berühmter Maler wie Murillo, Ruysdael, Raffael, einer Sammlung alter, mit

Edelsteinen verzierter Tabakdosen. Sie besitzt auch eine Ikonensammlung, deren Stücke überall die Wände zieren. In diesen Räumen, die halb Museum, halb Kultort sind, besucht sie oft der Hausgeistliche, Pater Bajanow, der mit ihr lange erbauliche Gespräche führt. Die Ärzte vermuten, daß sie seit langer Zeit keine körperlichen Begegnungen mit ihrem Mann hatte. Der Verzicht darauf ist eine große Erleichterung für sie. Endlich kann sie sich den demütigenden Zwängen des Fleisches entziehen und sich ganz den Sehnsüchten ihrer Seele widmen.

Alexander teilt diese erhabene Auffassung vom Leben nicht. Er hat ein einfaches und gesundes Wesen, steht mit beiden Beinen auf der Erde. Er respektiert seine Ehefrau, nimmt gemeinsam mit ihr die Mahlzeiten ein, läßt sie auch an Regierungsproblemen teilhaben. Mit siebenundvierzig Jahren enthaltsam zu leben, liegt ihm jedoch fern. Das bleiche, melancholische Geschöpf, das ihm das Bett verweigert, übt nicht mehr den geringsten Reiz auf ihn aus. Er erstickt in der Atmosphäre von Heiligkeit, in die sie sich eingeschlossen hat. Vergeblich sucht er in ihr das junge, treuherzige Mädchen wiederzufinden, das ihn damals auf den ersten Blick bezauberte. Vergeblich versucht er sich einzureden, daß körperliches Vergnügen und eheliche Pflicht miteinander zu vereinbaren sind. Sein ganzes enttäuschte Wesen drängt auf Änderung dieses Zustandes. Schöne Frauen ziehen ihn immer mehr an. Zunächst gibt er sich jedoch mit harmlosem Getändel zufrieden. Wie bereits sein Onkel, Alexander I., liebt er nichts so sehr wie Vorspiele. Allerdings geht er, durch lange Abstinenz dazu getrieben, doch bald zum Handeln über. Der Hof weiß um seine Freizügigkeit. Die Zarin verschließt weise die Augen. Die erste ernsthafte Eroberung Alexanders ist eine Ehrendame seiner Gemahlin, die junge Prinzessin Alexandra Dolgorukij. Anna Tjutschew, die ja selbst Ehrendame ist, beschreibt ihre Kollegin so: »Manchmal aufgeschlossen, manchmal eher reserviert, wie eine Blume, die sich schließt, wenn man sich ihr nähert, gibt sie zu jeglicher Phantasie Anlaß. Ihr Charme hat eine große Anziehungskraft. Und sie ist unerreichbar. Manchmal folgt auf ihre Niedergeschlagenheit helle Freude; ihre Bewegungen erinnern an die eines jungen Tigers.« Alexander, der von dieser zierlichen

Dame mit dem sprühenden und launischen Temperament eingenommen ist, bemüht sich nicht, seine Gefühle zu verbergen. Er flirtet in aller Öffentlichkeit mit ihr, selbst vor seiner Frau, die würdevoll tut, als sähe sie nichts. »Heute fühlte sich die Dolgorukij nicht wohl«, schreibt Anna Tjutschew. »Die Zarin hat weiter mit der größten Ruhe in dem Buch von Bouillet (ein Lexikon für Geographie und Geschichte) geblättert; alles wurde durch das allzu große Interesse, das der Zar für die Ehrendame hegt, hervorgerufen.« Fürst Tscherkasskij schreibt: »Die Zarin machte einen traurigen Eindruck, was man auf ihren Gesundheitszustand zurückführt. Die Dolgorukij nahm an einer Scharade teil, die sie selbst ausgedacht hatte. Sie bewegte sich viel und auffällig. Der Zar beobachtete sie mit großer Aufmerksamkeit. Genau das wollte sie erreichen. Alle verurteilten sie, aber zur Lebendigkeit und Fröhlichkeit des Abends hat sie sehr viel beigetragen.«

Alexandra Dolgorukij ist eine eigenständige Persönlichkeit, die sich gerne zum Liberalismus bekennt und die ersten Reformen des Zaren gutgeheißen hat. Sie wird »La Grande Demoiselle« genannt. Ihre Verehrung und töchterliche Zärtlichkeit für die Zarin halten sie davon ab, ihrer Zuneigung zum Zaren nachzugeben. So läßt sie sich lieber mit dem alten General Albedinskij verheiraten, als ihre Wohltäterin zu verraten. Dieser Ausweg demütigt ihren Körper, erleichtert aber ihre Seele. Als sie nicht mehr bei Hofe weilt, korrespondiert sie weiterhin mit der Zarin. Alexander ist deutlich verärgert. »Da ich Ihnen immer fremder zu werden scheine, wage ich es nicht, Sie mit Dingen zu unterhalten, die Sie nicht mehr im geringsten interessieren können. Sie werden froh darüber sein ... Aber die Wunde, die dies zurückläßt, schließt sich nur sehr mühsam, und mein Herz, in dem Sie damals so wohl zu lesen verstanden, leidet weiterhin ...«[14] In Wahrheit quält sich das Herz nicht lange. Die neue Erwählte stammt seltsamerweise aus einem entfernteren Zweig der Familie Dolgorukij.[15] Sie heißt Katharina, bei ihren Freunden Katinka oder Katja. Ihr Vater, Fürst Michail Dolgorukij, hat sein gesamtes Vermögen verpraßt und ist sehr bald, von Sorgen gequält, gestorben. Aus Achtung vor der Vergangenheit dieses gefallenen Aristokraten hat Alexander seinen Besitz in Wolhynien unter kaiserliche Obhut gestellt und die Erziehung seiner sechs Kinder, vier Söhne und zwei Töchter, übernommen. Wahrscheinlich hat er die kleine Katja schon als Mädchen auf den Gütern der Familie in Teplowka gesehen, als in der Gegend Manöver abgehalten wurden. Später ist er ihr am Smolny-Institut wiederbegegnet, wo sie als Pensionärin untergebracht war. Dieses Pensionat für junge Mädchen war von Katharina II. nach dem Vorbild des von Madame de Maintenon ins Leben gerufenen Saint-Cyr gegründet worden. Seit ihrer Gründung haben die russischen Monarchen diese Einrichtung immer besonders unterstützt. Zar und Zarin interessieren sich persönlich für das Fortkommen der Schülerinnen, besuchen sie von Zeit zu Zeit und trinken sogar mit ihnen Tee. Sehr bald entdeckt Alexander inmitten des Schwarms junger Mädchen in Schuluniform die anmutige Katharina Dolgorukij, deren Augen vor Klugheit blitzen.

Mit siebzehn Jahren hat sie die Schule beendet und zieht zu ihrem Bruder, Fürst Michail, der gerade eine reizende Napolitanerin, die Marquise Luise Vulcano Cercemaggiore, geheiratet hat. An einem Frühlingstag, als sie gerade in Begleitung ihrer Kammerfrau im Sommergarten spazierengeht, begegnet sie dem Zaren und seinem Adjutanten in einer Allee. Er erkennt sie wieder, nähert sich ihr, nimmt sie, ohne sich um die neugierigen Blicke der Vorübergehenden zu kümmern, beiseite und verwickelt sie in ein Gespräch. Sie ist verwirrt und weiß nicht, was sie auf die Fragen dieses reifen Mannes, der ihr Vater sein könnte, antworten soll. Sie ist zugleich stolz und erschrocken, daß Seine Majestät sie erkannt hat, und möchte nichts lieber als ihm entfliehen und verschwinden. Alexander hingegen verschlingt sie mit den Augen. Sie hat feine Züge, einen Teint wie aus Elfenbein, kastanienbraune, seidige Zöpfe, mandelförmige Augen und ein bezauberndes Lächeln. Soviel Schönheit und Naivität überwältigen ihn. Welcher Kontrast zu seiner verloschenen, verwelkten, durch Krankheit und Frömmigkeit ihrer Lebenskraft beraubten Gattin! Er besteht darauf, das junge Mädchen wiederzusehen. Sie kann es ihm nicht abschlagen. Sie begegnen sich oft auf ihren Spaziergängen, im Sommergarten oder in den Parks der Insel Jelagin, und vom Juli an unter den jahrhundertealten Wipfeln rund um Peterhof. Nach jeder Begegnung drängt Alexander schneller auf das nächste Wiedersehen, schließlich gesteht er ihr seine Liebe. Er bittet sie, ihm nachzugeben, aber sie wehrt sich, erschreckt und verzweifelt zugleich.

Im April 1866, als sie erfährt, daß er Karakosows Anschlag überlebt hat, begreift sie plötzlich, wieviel er ihr bedeutet. Er ist für sie nicht nur Herrscher Rußlands, er ist ein guter, aufrichtiger und unglücklicher Mensch, ein Mann, der sie inmitten aller Sorgen, Gefahren und Verpflichtungen braucht, um die Freude am Leben wiederzugewinnen. Einige Monate später, am 13. Juli 1866, führt er sie am Rand des Parks von Peterhof zu einem Säulenpavillon, das Belvedere von Babygone, umgeben von Grün und Blumen, gegenüber den finnischen Wasserspielen. Sie weiß nicht, ob sie sich ihm aus Mitleid oder Liebe hingibt, ihre erste Umarmung ist jedoch wie eine Offenbarung für sie. In den Armen des Zaren erlebt sie, welch ein Glück es ist, eine Frau zu sein und Freude weiterzugeben. Ihre schnell erwachte Sinnlichkeit antwortet ohne falsche Scham auf das Begehren ihres Liebhabers. Von seinem Triumph überwältigt, bedeckt er sie mit Küssen und ruft aus: »Heute bin ich leider nicht frei, aber bei der ersten Gelegenheit werde ich dich heiraten, denn von heute an betrachte ich dich für immer als meine Frau vor Gott. Bis morgen. Ich segne dich!«[16]

Von diesem Tag an treffen sie sich regelmäßig im Pavillon von Babygone. Alexander lernt seine Geliebte besser kennen. Sie ist vielleicht nicht von allzu großer Intelligenz, auch nicht übermäßig gebildet, aber ihre Haut ist von ungeheurer Frische, ihr Atem von großer Süße, und sie hat ein angeborenes Talent für Zärtlichkeiten. Außerdem liebt sie den Zaren aufrichtig. Er ist überzeugt davon, daß ihre Verbindung von Gott gewollt ist. Nicht eine Sekunde hat er das Gefühl, eine Sünde zu begehen. Jeden Abend schreibt er Katharina, aber nicht wie ein alternder Herrscher, sondern wie ein verliebter Leutnant. Am 12. August 1866 schreibt er ihr in aller Eile nach einer ihrer glücklichen Begegnungen: »Vergiß nicht, daß mein ganzes Leben dir gehört, Engel meiner Seele, und daß das einzige Ziel dieses Lebens darin besteht, dich so glücklich zu sehen, wie man es in dieser Welt sein kann. Ich glaube, ich habe dir seit dem 13. Juli[17] bewiesen, daß ich, wenn ich jemanden wirklich liebe, dies nicht auf egoistische Weise tue ... Du wirst verstehen, daß ich nur noch in der Hoffnung lebe, dich nächsten Donnerstag in unserem schönen Nest wiederzusehen.«

Er ist achtundvierzig, sie neunzehn Jahre alt. Dieser Altersunterschied beunruhigt ihn keineswegs, im Gegenteil, er belebt ihn. Als der Hof im Herbst in die Hauptstadt zurückkehrt, nimmt die Beziehung zwischen Alexander und Katharina festere Formen an. Drei- oder viermal pro Woche begibt sie sich heimlich ins Winterpalais und gelangt durch eine kleine Tür, zu der sie den Schlüssel besitzt, in ein Zimmer im Erdgeschoß, das auf die Esplanade hinausgeht. Von dort führt sie eine Geheimtreppe zu den kaiserlichen Gemächern in der ersten Etage, in denen früher Nikolaus I. lebte.

Bald ist der gesamte Hof über die kleinsten Einzelheiten der Liaison unterrichtet. In den Salons spricht man nur verschlüsselt darüber, denn die Person des Zaren ist heilig. Manche bedauern die unschuldige Jungfrau, die diesem lüsternen Machthaber ausgeliefert ist. Andere werfen Katharina vor, eine Intrigantin zu sein, oder beschuldigen ihre italienische Schwägerin, die Ehefrau ihres Bruders Michail, sie aus Berechnung dem Zaren zugeführt zu haben. Diese Gerüchte beunruhigen die Marquise Vulcano Cercemaggiore. Sie fürchtet um den eigenen Ruf und um Katharinas Zukunft. Um einen Skandal zu vermeiden, bringt sie das junge Mädchen nach Neapel zu ihrer Familie.

Diese plötzliche Trennung macht Alexander bestürzt. Durch die Entfernung wird er von schwärmerischer Leidenschaft zu Katharina ergriffen. In seinem Alter, so meint er, ist eine solche Beziehung wie ein Wunder. Er vergißt darüber seine Pflichten als Ehemann und Vater. Er spielt mit dem Gedanken, das Mädchen in die Geheimnisse seiner Politik einzuweihen. Jeden Tag schreibt er ihr und bittet sie, zurückzukehren. Die zärtlichen und liebevollen Antwortbriefe machen ihm die Abwesenheit des einzigen Menschen, der von nun an in seinem Leben zählt, noch unerträglicher.

Anmerkungen

1 Fjoksitow: Derrière les coulisses de la politique et de la littérature.
2 Tatschitschew: L'Empereur Alexandre II, sa vie et son règne.
3 »Schuld und Sühne« erschien 1866, »Krieg und Frieden« zwischen 1865 und 1869.
4 Steter Tropfen höhlt den Stein.
5 Das erste der acht Kinder Maria Alexandrownas, eine Tochter mit Namen Alexandra, war 1849 mit sieben Jahren gestorben.
6 Nach dem Gregorianischen Kalender am 22. April.
7 In der Avenue Nicolas II. in Nizza wird später eine Gedenkkapelle errichtet.
8 Vgl. Constantin de Grunwald, Le Tsar Alexandre II.
9 Der spätere Alexander III.
10 Gräfin Kleinmichel: Souvenir d'un monde englouti (Erinnerungen an eine versunkene Welt).
11 Später Vorsitzender des Heiligen Synod.
12 Théophile Gautier, Voyage en Russie.
13 Constantin de Grunwald, Le Tsar Alexandre II.
14 Brief vom 16. August 1865. Vgl. Konstantin de Grunwald, Le Tsar Alexandre II.
15 Manche schreiben diesen Namen als Dolgorukow.
16 Maurice Paléologue: Le Roman tragique de l'empereur Alexandre II.
17 Tag, an dem Katharina seine Geliebte wurde.

Russland, Deutschland, Frankreich

Zu selben Zeit, als er schlecht und recht sein Reformwerk fortsetzt, ist Alexander darum besorgt, sein Land im Süden und Osten zu vergrößern. Seiner Meinung nach ist es Rußland nicht bestimmt, innerhalb seiner Grenzen zu verbleiben, sondern sich auf Kosten dünnbesiedelter Nachbarländer, in denen Unordnung und innere Kämpfe herrschen, zu erweitern. Gleich zu Beginn seiner Regierung hat er China auf dem Weg diplomatischer Verhandlungen auf der Grundlage zweier Verträge 1857 und 1858 geschlossener Verträge das gesamte linke Amur-Ufer entrissen. Zwei Jahre später hat der junge Graf Ignatiew in Peking einen weiteren Vertrag unterzeichnet, nach dem sich das russische Reich die wohlhabende Provinz Ussuri einverleibt, in der bald die Stadt Wladiwostok entsteht. Sankt Petersburg beherrscht somit ganz Sibirien von der Pazifikküste bis zur koreanischen Grenze, außerdem erhalten die Bevollmächtigten Alexanders von Japan die Südhälfte der Insel Sachalin im Tausch gegen einen Teil des Kurilen-Archipels.

Die Befriedung des Kaukasus ist 1859 durch die Eroberung von Gunib und die Gefangennahme des gefürchteten Tscherkessen-Oberhaupts Tschamyl abgeschlossen. Jetzt bleibt noch der westliche Kaukasus übrig. Die tscherkessischen Widerständler werden von den russischen Truppen eingeschlossen und zum Flußufer getrieben. Man bietet ihnen an, sich an Orten niederzulassen, die ihnen die Militärverwaltung zuweist, oder sich in die Türkei zurückzuziehen. Mehr als zweihunderttausend Bergbewohner entscheiden sich für die zweite Lösung. Die anderen finden sich damit ab, Untertanen des Zaren zu werden. 1864 ist die Angelegenheit abgeschlossen.

Zur gleichen Zeit rückt Rußland weiter nach Mittelasien vor. Unter dem Vorwand von Übergriffen »wilder Krieger« auf die russischen Truppen unternehmen Alexanders Generäle Strafexpeditionen, die sie jedesmal tiefer nach Süden führen. 1865 kapituliert Taschkent, 1868 Samarkand. Bis sich auch die Khanate von Khiwa und Buchara Rußland unterwerfen, ist es nur ein paar Jahre hin. Je weiter sie sich den Grenzen zu China, Afghanistan und Persien nähern, versichern die russischen Einheiten sich der Treue der jeweiligen Einwohner. Langsam nähern sie sich dem britischen Indien, zur großen Beunruhigung englischer Diplomaten. Aber trotz ihrer Warnungen rückt Rußland weiter vor, langsam, unerschütterlich, unbeirrbar. General Kauffmann, in der neuen Provinz Turkestan als Verwalter eingesetzt, macht sich geschickt an die Ausbeutung der Bodenschätze.

Diese Territorialgewinne, die alle mit wenig Blutvergießen erreicht worden sind, bestärken Alexander in seinem Handeln. Wenn er sich schon im Bereich der Innenpolitik nicht immer hat durchsetzen können, weil uneinsichtige Männer sein Reformwerk verlangsamt haben, so kann er doch von sich behaupten, daß Rußland unter seiner Herrschaft um einige tausend Quadratkilometer gewachsen ist. Er hat Rußland ein neues und reiches Land vermacht, das vom Kaspischen Meer bis China und Afghanistan reicht.

Aber dies genügt ihm nicht. Der europäische Kontinent, besonders die Balkanhalbinsel, haben sein Interesse geweckt. Zu diesem Zweck wird ein raffiniertes Spiel zwischen Preußen, Frankreich und Rußland in Gang gesetzt. Enge verwandtschaftliche Beziehungen, gemeinsame historische Interessen, die enttäuschende Rolle Österreichs während des Krimkriegs und die Frankreichs während des Polenaufstands, all dies führt zu einer Annäherung zwischen Sankt Petersburg und Berlin. Im Bewußtsein dieser politischen und gefühlsmäßigen Gegebenheiten sorgt sich Alexander nicht übermäßig wegen der preußischen Hegemonieansprüche. Zwar verbergen Wilhelm I. und sein Kanzler Bismarck nicht ihren Plan, Deutschland zu vereinigen, dennoch verhält sich Alexander im Krieg Preußens gegen Dänemark, der mit der Annexion von Schleswig und Holstein im Jahr 1864 endet, neutral, ebenso wie im Krieg gegen Österreich, der 1866 zum Ausschluß dieses Landes aus dem Deutschen Bund führt. Die Niederlage Österreichs bei Sadowa sieht der Zar als eine Art Rache für Sewastopol an. Wilhelm I. hat allerdings, nachdem sein Reich um elf Millionen Untertanen zugenommen hat, in Mitteleuropa eine starke Stellung erlangt. Das Gleichgewicht ist zerstört. Um es wiederherzustellen, hält Alexander Gortschakow es für sinnvoll, daß sich der Zar wieder Napoleon III. annähert und zu diesem Zweck nach Paris reist. Seit dem Polenaufstand genießt Rußland in Frankreich einen schlechten Ruf. Um den Pariser Freunden der »Märtyrernation« den Wind aus den Segeln zu nehmen, beschließt der Zar eine großzügige Amnestie für die polnischen Aufständischen von 1863. »Der Grund für diese Maßnahme«, schreibt der französische Bevollmächtigte Gabriac, »ist der Wunsch, seiner Majestät (Napoleon III.) zu gefallen und zu verhindern, daß der Name Polen in den Gesprächen unangenehme Erinnerungen heraufbeschwört.«

Auf dieser Reise verfolgt Alexander nicht nur diplomatische Ziele. Er ist begierig, die Weltausstellung zu sehen, über die er sehr viel Gutes gehört hat. Seine Söhne Alexander und Wladimir begleiten ihn. Er telegraphiert aus Köln, um sich zwei Logen im Varieté-Theater reservieren zu lassen, wo die berühmte Hortense Schneider in der Operette »Die Großherzogin von Gerolstein« von Jacques Offenbach die Hauptrolle spielt. Schließlich erreicht er es, daß Katharina Dolgorukij, seine liebe Katja, die immer noch in Neapel festgehalten wird, auch nach Frankreich kommt und zwischen den offiziellen Empfängen die Vergnügungen mit ihm teilt. Sechs Monate hat er sie nicht gesehen, länger kann er es nicht mehr ertragen.

Als er am 1. Juni 1867[1] Paris erreicht, wird Alexander von Napoleon III. am Nordbahnhof empfangen. Auf dem Weg vom Bahnhof zu den Tuilerien bemerkt er die eisige Atmosphäre in der Menge. Hier und da rufen die Leute: »Es lebe Polen!« Als er am 5. Juni die Sainte-Chapelle im Justizpalast besucht, ertönt dieselbe Parole, aber entschieden lauter, aus dem Munde einer Gruppe von Anwälten mit Charles Floquet an der Spitze. »Es lebe Polen, Monsieur!« Dieser Satz wirkt auf Alexander wie eine Ohrfeige, aber er zuckt nicht mit der Wimper. »Als mein Onkel Alexander I. Paris mit seinen Truppen besetzte, waren die Franzosen weniger arrogant«, denkt er bei sich. Ihm wird die Ehre zuteil, wie sein berühmter Vorgänger im Elysée zu wohnen. Katja hat er ganz in der Nähe in einem kleinen Hotel der Rue Basse-du-Rempart untergebracht. Jeden Abend kommt sie zu ihm ins Palais, gleitet wie ein flüchtiger Schatten durch das Gitter an der Ecke der Avenue Gabriel und der Avenue de Marigny. In ihren Armen vergißt er alle Mühen, alle Unbill. In seinen Augen ist sie die eigentliche Attraktion der Pariser Weltausstellung.

Am 6. Juni nimmt er gemeinsam mit Napoleon III. und Wilhelm I. eine große Militärparade im Hippodrom von Longchamp ab. Auf dem Rückweg bahnt sich die offene Kutsche, in der er mit dem französischen Kaiser und den beiden jungen Großfürsten sitzt, nur mühsam einen Weg durch die in den Alleen des Bois de Boulogne versammelte Menge. Als der Wagen auf der Höhe des großen Wasserfalls angekommen ist, zieht ein Mann eine Pistole und gibt zwei Schüsse auf den Zaren ab. Einer der Kutscher Napoleons III., der den Schützen bemerkt hatte, stößt ihn jedoch rechtzeitig zur Seite. So werden eine Passantin und eines der Pferde leicht getroffen. Auf dieses zweite Attentat reagiert Alexander mit hochmütiger Gleichgültigkeit. Sein Mut beruht auf Schicksalsergebenheit und Frömmigkeit. Er ist dennoch überrascht, daß jemand sich so sehr gegen ihn ereifern kann. Eines tröstet ihn jedoch: Diesmal ist der Schuldige, der auf der Stelle verhaftet wird, kein Russe, sondern ein polnischer Flüchtling namens Anton Berezowski.

Zurück im Elysée, empfängt der Zar den Besuch von Kaiserin Eugénie, die sich ihm unter Tränen an die Brust wirft und ihn bittet, seinen Aufenthalt wegen dieses bedauernswerten Vorfalls nicht zu verkürzen. Alexander beruhigt sie: Er werde dableiben, was auch immer geschehen würde. Nach dieser Begegnung eilt er zu Katja, um sie zu beruhigen. Ihre Betroffenheit zeigt ihm, wie groß ihre Liebe ist. Am gleichen Abend vertraut er dem russischen Botschafter in Paris, Budberg, an, daß er keine Angst habe, da er immer bereit sei, vor Gott zu treten. Dennoch wird seine Stimmung entschieden kälter. Er kann den Franzosen weder die Beleidigungen verzeihen, denen er auf der Straße ausgesetzt war, noch den gegen ihn gerichteten Attentatsversuch. Ganz offensichtlich versteht und liebt dieses

Volk ihn nicht. Aus Höflichkeit besucht er an den folgenden Tagen die Empfänge und alle vom Protokoll vorgesehenen Bälle, er bringt auch weiterhin seine Zufriedenheit über alle Aufmerksamkeiten, die man ihm bereitet, zum Ausdruck, aber man bemerkt seine Zerstreutheit und Angespanntheit, die Gezwungenheit seines Lächelns, den traurigen, ängstlichen Ausdruck seiner blauen, umschatteten Augen. Gustave Flaubert, der ihm auf einem Ball in den Tuilerien begegnet ist, schreibt an George Sand: »Der russische Zar hat mir zutiefst mißfallen. Ich fand ihn flegelhaft.«

Am 11. Juni verläßt Alexander enttäuscht Paris. Er hat seinen Gastgebern gedankt und den Kutscher, der ihm das Leben gerettet hat, reichlich belohnt. Einige Tage später schreibt sein ältester Sohn, Großfürst Alexander, an Fürst Meschtscherskij, einen Freund: »Wenn ich an meinen Aufenthalt in Paris denke, wird mir immer noch ganz heiß. Ja, wir haben dort schwere Tage hinter uns gebracht; ich konnte die Zeit überhaupt nicht genießen und war ständig in Sorge. Nichts garantierte mir, daß es nicht wieder passieren würde. Ich hatte nur einen Wunsch, nämlich Paris zu verlassen. Ich hätte alles dafür gegeben, damit unser Zar so schnell wie möglich unversehrt zu unserem lieben Mütterchen Rußland zurückkehrt. Welch ein Glück, endlich diese Höhle zu verlassen!«

Beim Prozeß gegen Berezowski hält sein Verteidiger Emmanuel Arago, ganz als wolle er die Empörung der Russen heraufbeschwören, eine haßerfüllte Rede gegen den Zaren. Die Geschworenen sind von diesem Plädoyer zutiefst beeindruckt und erkennen dem Polen mildernde Umstände zu. Er entgeht der Todesstrafe und wird zu lebenslanger Haft verurteilt. Alexander verletzt dies zweifach: Einmal, weil dieses milde Urteil Ausdruck der Perviertiertheit der französischen öffentlichen Meinung ist, und zweitens, weil er Napoleon gerne um Begnadigung des Schuldigen gebeten hätte – der schönen Geste wegen.

In Sankt Petersburg zurück, gelangt er zu der Überzeugung, daß Rußlands Heil bei Preußen liegt. Er hat nichts dagegen, daß Frankreich angesichts der Bedrohung durch die Deutschen allein dasteht. Das einzige positive Ergebnis seiner Reise ist die

Festigung seiner Bindung zu Katharina Dolgorukij. Nach der langen Trennung hat ihre Liebe einen endgültigen und gewissermaßen offiziellen Charakter angenommen. Katharina lebt jetzt bei ihrem Bruder und ihrer Schwägerin in der Hauptstadt in einem prachtvollen Schlößchen am Engländer-Kai. Sie hat eigene Diener und Equipagen und verfügt im Winterpalais über die früheren Gemächer Nikolaus I., um sich mit dem Monarchen zu treffen. Wenn Alexander in Zarskoje Selo, Peterhof oder Liwadja weilt, mietet sie eine Vila und lebt dort unter verändertem Namen. Er ernennt sie zur Hofdame ihrer Majestät der Zarin, damit sie den Palast betreten kann. Die Zarin ist verärgert, beherrscht jedoch ihren Verdruß und empfängt die Ehrerbietungen ihrer Rivalin mit einem eisigen Lächeln. Sie sieht in diesem »Backfisch« nichts als eine Laune ihres vom »Mittagsdämon« geplagten Gemahls. Wie soll sie darauf kommen, daß Alexander, der normalerweise so zurückhaltend ist, sich in Gegenwart seiner Katja Ausschweifungen hingibt, die seines Alters unwürdig sind? Die junge Frau vermeidet es, bei kaiserlichen Empfängen aufzutreten. Sie lebt zurückgezogen und verborgen, ist ganz von ihrer Liebe erfüllt und nimmt nur selten Einladungen ins Theater oder zum Abendessen in der Stadt an. Wenn sie auf einen Ball gehen soll, muß der Zar sie beinahe zwingen. Sie ist eine hervorragende Tänzerin und bereitet ihm an diesen Abenden das Vergnügen, sich zu den Klängen der Musik wunderbar zu bewegen, und wenn es in den Armen eines anderen geschieht.

Bald wird auch die Politik zum Gegenstand ihrer Unterhaltungen. Alexander kann die ihn quälenden Sorgen nicht für sich behalten. Nach und nach gewöhnt er sich daran, keine wichtigen Entscheidungen mehr zu treffen, ohne sich vorher mit seiner Geliebten darüber beraten zu haben. Ob es um diplomatische Verhandlungen, die Verwaltungsreform oder Auseinandersetzungen in der kaiserlichen Familie geht, um Hofintrigen oder Rivalitäten zwischen den Ministern, er erzählt ihr alles und bittet sie um ihre Meinung. Er vertraut ihr deshalb, weil sie von aller Welt abgeschnitten lebt und niemandes Interessen vertritt. Wenn er sich ihr gegenüber ausspricht, weiß er, daß seine Worte nicht weitererzählt werden. So entscheidet sich das Schicksal Rußlands mehr und mehr in einem Alkoven zwischen zwei Umarmungen. Am Hof halten sich die bösen Zungen nicht mehr zurück. Man beschuldigt den Zaren, sich wie ein verliebter Greis zu betragen.

Von dem Bedürfnis getrieben, Katharina immer an seiner Seite zu haben, nimmt er sie jetzt stets auf seine Reisen mit. Sie bewohnt in Bad Ems, wohin er jedes Jahr zur Kur fährt, eine Villa neben dem Hotel »Zu den Vier Türmen«, in dem der Zar und sein Gefolge untergebracht sind. Im Juni 1870 führt er dort Gespräche mit Wilhelm I., Gortschakow und Bismarck. Abends erklärt er seiner Geliebten detailgetreu die internationale Lage. Nach dem, was er erzählt, treibt Napoleon III. eine draufgängerische Politik, eine Konfrontation mit Preußen scheint unvermeidlich, und Rußland, das von jeher mit Berlin verbündet war, muß in dieser Angelegenheit Neutralität wahren. Einen Monat später, als ein Hohenzollernprinz Anspruch auf den spanischen Thron erhebt, beschränkt er sich darauf, Wilhelm zu bitten, auf diesen Anspruch zu verzichten. Als aber die Emser Depesche veröffentlicht wird, die Napoleon III. als Beleidigung betrachtet, sagt er zu General Fleury, dem französischen Botschafter: »Sie glauben wohl, Sie sind die einzigen, die Stolz besitzen!« Und Katharina sagt er: »Da siehst du, wie recht ich hatte. In dieser Sache ist allein Frankreich der Schuldige!« Der überwältigende Vormarsch der deutschen Armee überrascht ihn nicht. Sein Minister in Berlin, M. d'Oubril, sieht voraus, daß Paris unter dem Ansturm der Preußen fallen wird. »Und ich«, schreibt Alexander an Katharina, »bin der Meinung, daß, wenn sie dorthin (nach Paris) gelangen, Napoleon schon nicht mehr Kaiser der Franzosen ist und daß die Franzosen in Paris seinen Sturz bekanntgeben, und daß er nur das bekommt, was er für alle seine Ungerechtigkeiten an uns und so vielen anderen verdient. Verzeih mir, meine liebe Dussja, daß ich Dich heute abend so schnell verlassen habe, aber Du mußt verstehen, daß ich mich für alles, was geschieht, interessieren muß. Ich denke noch immer an Sewastopol, das der Grund für den Tod meines Vaters war, und Du weißt ja, wie sehr ich ihn bis heute verehre. Ich sehe in all diesen Ereignissen die Hand Gottes, welche die Ungerechtigkeit bestraft.«[2]

Die Niederlage von Sedan, der Sturz Napoleons III., die Ausrufung der Republik, all dies erscheint Alexander als gerechte Strafe für das überhebliche Verhalten Frankreichs gegenüber Rußland. Als Adolphe Thiers im September 1870 nach Sankt Petersburg kommt und Alexander darum bittet, der Eroberungslust Deutschlands einen Riegel vorzuschieben, stößt er auf höfliche Ablehnung. »Zeigen Sie mir ein Mittel, wie ich Ihnen helfen soll«, sagte Alexander zu Thiers, »ich werde es gerne anwenden. Ich habe bereits energisch eingegriffen, und ich werde es wieder tun. Aber schließlich kann ich weder einen Krieg anfangen, noch Drohungen aussprechen, die zum Krieg führen, ich bin in erster Linie meinem Land verpflichtet.« Thiers verabschiedet sich, ohne irgend etwas anderes als schöne Worte erhalten zu haben. »Haben Sie Mut zum Frieden«, sagte Alexander zum Abschied.

Einige Monate später kapituliert Paris, Thiers wird Regierungschef, Frankreich verliert das Elsaß und einen Teil Lothringens, das neue Reich wird im Spiegelsaal von Versailles ausgerufen und Wilhelm I. wird deutscher Kaiser.

Alexander ist sich der Gefahr, welche die Gründung eines vereinten Deutschlands für Rußland darstellt, zwar bewußt, aber im Moment will er nur die Früchte seiner Neutralitätspolitik ernten. Inmitten der Ereignisse, die Europa umtreiben, scheinen ihm alle Voraussetzungen erfüllt, um die Aufhebung der Pariser Verträge zu fordern, die allen russischen Interessen im Nahen Osten so sehr widersprechen. In einem Schreiben vom 29. Oktober 1870 erklärt Gortschakow, daß Rußland sich ab sofort nicht mehr an die ihm auferlegte Beschränkung im Schwarzen Meer gebunden fühle. Diese einseitige Entscheidung löst in den europäischen Regierungen Stürme der Entrüstung aus. Besonders England protestiert heftig gegen eine solche Verletzung eines internationalen Vertrages. Gortschakow gibt zur Antwort, daß der Zusammenbruch des französischen Kaiserreichs die Voraussetzungen geändert habe und die Pariser Verträge bereits durch andere Unterzeichner verletzt worden seien, was die Besetzung Roms durch italienische Truppen am Tag nach Sedan beweise.

Nach zahlreichen Verhandlungen wird in London am 13.

März 1871 ein neuer Vertrag unterzeichnet, der die bisherigen Abmachungen über die Begrenzung der russischen Flotte aufhebt. Dieser diplomatische Erfolg ruft in Rußland eine Welle der Begeisterung hevor. Die Provinzversammlungen senden dem Zaren Glückwunschadressen. Die Presse hebt Gortschakow in den Himmel. Alexander erkennt dem Minister den Titel »Altesse serenissima« zu, was ihn vor allen anderen Fürsten auszeichnet.

Inmitten dieses Lobkonzerts sagt sich Alexander, daß man in politischen Dingen nie sicher genug sein kann. Die deutsche Vereinigung hat zur Zerstörung mehrerer kleiner Fürstentümer geführt, so daß bestimmte Herrscher, die bislang von Gottes Gnaden regierten, gestürzt worden sind. Auch Napoleon III., der eben noch Kaiser der Franzosen war, stürzte ja; an seine Stelle trat eine republikanische Regierung. In beiden Fällen handelt es sich um eine Niederlage des monarchischen Prinzips. Ist es deshalb nicht dringend notwendig, daß sich die monarchisch regierten Länder wie zur Zeit Alexanders I. zusammentun? Diese heilige Allianz, welcher der Zar zu Beginn seiner Regierung so feindlich gegenüberstand, muß jetzt, so glaubt er, wieder ins Leben zurückgeholt werden. Wenn notwendig, ist er sogar bereit, die alten Querelen zwischen Rußland und Österreich zu vergessen.

Im September 1872 kommen in Berlin die Kaiser von Deutschland, Österreich und Rußland zusammen. Während eines Abendessens im kleinsten Kreis sprechen sie, wobei sie einander duzen, von der einzigen Gefahr, welche die Welt bedroht: dem Erfolg revolutionärer Ideen. Die Außenminister der drei Länder bereiten die Gründung einer neuen Heiligen Allianz, den Drei-Kaiser-Bund, vor, dessen Ziel die Aufrechterhaltung der monarchischen Ordnung in Europa sein soll. Ohne Wissen Gortschakows verspricht Bismarck Österreich einen territorialen Ausgleich auf dem Balkan für seine Verluste in Deutschland und Italien.

Als er nach Sankt Petersburg zurückkehrt, strahlt Alexander. Indessen ist nicht nur die Freundschaft mit Deutschland und Österreich Grund seiner Zufriedenheit. Vier Monate zuvor hat Katharina ihm einen Sohn namens Georg geschenkt.[3] Die Entbindung hat im Winterpalais in den ehemaligen Gemächern Nikolaus' I. stattgefunden. Ein eingeweihter Diener ist zu nächtlicher Stunde ausgeschickt worden, um Arzt und Hebamme herbeizuholen. Die Geburt war so schwierig und schmerzhaft, daß Alexander den Arzt angefleht hat: »Wenn es sein muß, opfern Sie das Kind, aber retten Sie sie um jeden Preis!« Erst am Morgen wird Katharina entbunden. Alexander ist verrückt vor Freude, hat jedoch nur noch Zeit, das Neugeborene anzuschauen und die Mutter zu umarmen. Es ist Sonntag, und der ganze Hof erwartet ihn zur Messe. Das uneheliche Kind wird General Rylejew anvertraut, dem Chef der Sicherheitstruppe. In einem unauffälligen Haus lebt Georg bei einer russischen Amme und einer französischen Gouvernante.

Katharina erholt sich bald von der Geburt. Alexander, der gefürchtet hatte, daß die Schwangerschaft ihren Körper verunstalten könnte, ist beruhigt. Sie hat die schlanke Figur von vorher wiedergewonnen. Er ist in die Reinheit ihrer Formen so verliebt, daß er sie nackt auf einem Diwan liegend zeichnet. Trotz aller Vorsichtsmaßnahmen verbreitet sich die Nachricht von der Geburt eines Sohnes bald am ganzen Hof. Die Umgebung des Zaren ist entsetzt: die beiden Lieblingsbrüder Alexanders, Konstantin und Nikolaus, seine liebe alte Tante, Großfürstin Helene, beunruhigt das Eindringen eines Bastards in die Linie der Romanows. Zarin Maria Alexandrowna erträgt die Schmach mit stoischer Gelassenheit, sie läßt sich zu keiner Klage herab, scheint jedoch den Kampf gegen die Krankheit, die an ihr nagt, aufzugeben. In den Kreisen des Adels beschuldigt man Alexander heimlich, seine verletzliche Gemahlin, deren Gesundheit immer mehr abnimmt, nicht mehr zu schonen. Man ist empört über die Leidenschaft eines vierundfünfzigjährigen Herrschers, der bereits Großvater ist, für ein junges Ding, und man fürchtet, daß diese »Odaliske« Einfluß auf das Denken des russischen Oberhaupts nehmen könnte. Im folgenden Jahr erreicht die Empörung ihren Höhepunkt, als man erfährt, daß die Favoritin ein zweites Kind zur Welt gebracht hat, ein Mädchen namens Olga.[4] Graf Peter Schuwalow, Chef der Geheimpolizei, »Dritte Sektion« genannt, wagt es, im Kreis von Freunden diesen neuerlichen Verfall kaiserlicher Würde zu beklagen. »Ich werde diese Göre zerbrechen!« sagt er. Dieser Plan wird dem Kaiser durch Spitzel hinterbracht, Schuwalow verliert sein Amt und wird als Botschafter nach London geschickt.

Im April 1873, als Alexander sein außereheliches Glück in vollen Zügen genießt, besucht ihn Wilhelm I. in Sankt Petersburg. Nach zwei Tagen voller Festlichkeiten, Truppenparaden, Bällen, Banketten, Konzerten und Schauspielen beginnt der ernste Teil des Besuchsprogramms. Der preußische General von Moltke und der russische Feldmarschall Graf Berg unterzeichnen einen Beistandspakt, nach dem eine Armee von zweihunderttausend Mann dem anderen Land zur Verfügung gestellt wird, falls es von einer europäischen Macht angegriffen wird. Einige Monate später, anläßlich eines Besuchs von Alexander in Wien, wird Österreich in diesen Pakt einbezogen.

Durch das russische Wohlwollen ermutigt, plant Deutschland seit 1875, einen neuen Krieg gegen Frankreich zu führen, das es des Revanchismus beschuldigt. Der wahre Grund ist Bismarcks Ansicht, daß Frankreich sich zu schnell von den Kriegsfolgen erholt habe und einen zweiten Stoß benötige, um seinen Nachbarn nicht gefährlich zu werden. Die deutsche Presse schlägt bereits einen kriegerischen Ton an. Rechtzeitig gewarnt, bittet Präsident Mac-Mahon um Alexanders Unterstützung. Gortschakow rät der Wilhelmstraße zu gemäßigtem Verhalten, jedoch vergeblich. Daraufhin beschließt der Zar, selbst nach Berlin zu reisen, um den germanischen Eifer zu dämpfen. Selbstverständlich begleitet Katharina ihn auf dieser Reise.

Der Zar erreicht Berlin in Begleitung Gortschakows und steigt in der Residenz der russischen Botschaft ab. Seine Geliebte bringt er im Nachbarpalais unter. Sein Onkel, Kaiser Wilhelm I., empfängt ihn sogleich, und Alexander erklärt ihm ohne Umschweife, daß er einen Angriff auf Frankreich nicht zulassen könne. Der alte Kaiser versichert ihm, daß er dies nicht beabsichtige, geht aber in groben Worten mit der französischen Regierung und Bevölkerung ins Gericht. Bismarck stößt in das gleiche Horn. Am Ende der Gespräche schickt Gortschakow eine Depesche nach Paris mit dem Inhalt, daß dank seines Souveräns der Frieden gesichert sei. Von dieser Erklärung höchst irritiert, beschuldigt Bismarck seinen russischen Verhandlungspartner, sich als Schiedsrichter Europas aufgespielt zu haben. Voller Ironie macht er ihm den Vorschlag, Fünf-Franc-Münzen mit seinem Konterfei und der Aufschrift »Gortschakow schütze Frankreich« prägen zu lassen. Und er fügt hinzu, daß Gortschakow sich nicht darüber freuen solle, um seiner persönlichen Eitelkeit willen Deutschland verärgert zu haben. »Ich bin der gute Freund meiner Freunde und der Feind meiner Feinde«, sagte er bissig. Die Atmosphäre zwischen den beiden Männern und somit zwischen den beiden Ländern ist plötzlich eisig. Graf Decazes[5] ist erleichtert und schreibt an den Vicomte von Gontaut-Biron[6]: »Wir sind einer schrecklichen Gefahr entronnen. Wir sollten entweder angegriffen werden oder abrüsten. Wir brauchten einen Halt von außen. Konnten wir darauf zählen? Endlich ist das alte Europa erwacht.«

Zufrieden mit seinem politischen Erfolg, kehrt Alexander nach Rußland zurück und läßt sich mit Katharina in Zarskoje Selo nieder. Da er sich mit Deutschland ein wenig zerstritten und Frankreich wieder beträchtlich genähert hat, sucht er nach anderen Freunden. Einen Augenblick lang war er versucht, sich den Vereinigten Staaten von Amerika zuzuwenden. Nach dem mißlungenen Attentat von Karakosow hat Washington eine Sonderdelegation nach Sankt Petersburg geschickt, die vom stellvertretenden Marinesekretär G. Fox geleitet wird und zur Aufgabe hat, den Zaren zu beglückwünschen. Sie werden wie die Abgesandten eines Brudervolkes herzlich empfangen, das auch die Leibeigenschaft abgeschafft hat, und sie werden mit begeisterten Reden bedacht, auf die sie mit dem gleichen Elan antworten. Alexander weiß jedoch genau, daß diese gegenseitigen Huldigungen rein formaler Natur sind. Die Vereinigten Staaten sind mit der Entwicklung ihres riesengroßen und jungen Landes vollauf beschäftigt und haben keinerlei Absicht, sich in europäische Angelegenheiten einzumischen. Das einzig spürbare Ergebnis dieser Begegnung ist der Verkauf des weit abgelegenen, wilden Alaska, mit dem man in Sankt Petersburg nichts anzufangen weiß, für die lächerliche Summe von sieben Millionen Dollar.

Es gibt jedoch ein anderes Land, dessen Sympathie Alexander gerne gewinnen würde. Es handelt sich um England. Es

5 Fürst Alexander Gortschakow,
Außenminister des Zaren.

17 Zar Alexander II.

6 Treffen zwischen Bismarck, Graf Andassy, dem österreichisch-ungarischen Außenminister, nd Fürst Alexander Gortschakow, bei dem das Drei-Kaiser-Bündnis geschlossen wurde.

18 Attentatsversuch gegen Alexander II. anläßlich eines offiziellen Besuchs in Frankreich zur Weltausstellung von 1867.

19 Der russische Revolutionär Beresowskij, der das Attentat ausführte.

20 Explosion des Zuges mit dem Gepäck des kaiserlichen Gefolges im Jahr 1879.

21 Attentatsversuch gegen den Zaren durch Solowjew im April 1879.

22 Zarin
Maria Alexandrowna
gegen Ende ihres Lebens.

23 Katharina Dolgorukij,
„Katja“, morganatische Ehefrau
Alexanders II.

Alexander II. Aquarell von Alfred Mouillard.

25 Attentat auf den Zaren und seine Familie im Winterpalais in Sankt Petersburg im Jahr 1880.

26 Ermordung Zar Alexanders II. am 1. März 1881.

27 Die Revolutionärin Sophia Perowskij.

28 Prozeß gegen die Mörder Alexanders II. Von links nach rechts, oben: Michailow, Jessija Helfmann. Mitte: Ryssakow und Jeljabow, der sich selbst verteidigt, und Kibaltschitsch. Unten: Senator Fuchs, Vorsitzender des Obersten Gerichtshofs, sowie die Beweisstücke.

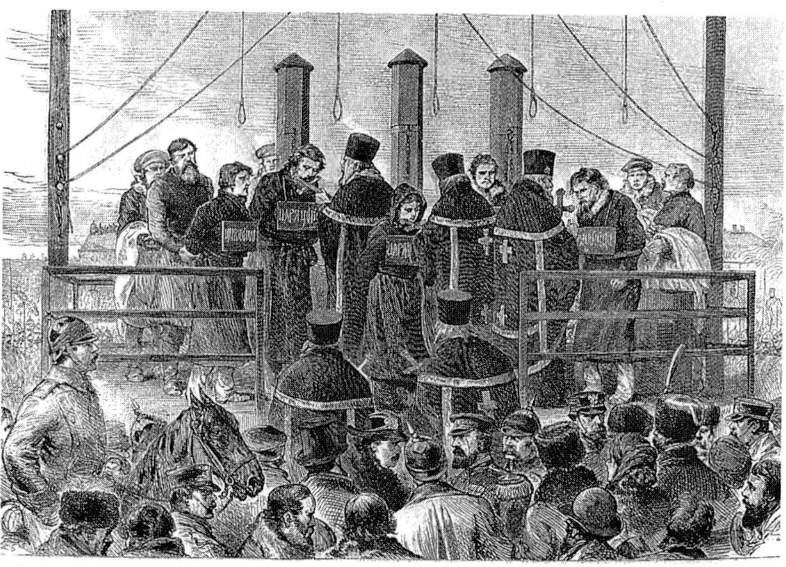

29 Hinrichtung der Zarenmörder.

30 Titelblatt der Zeitschrift „L'Illustration" vom 19. März 1881.

31 Beerdigung Alexanders II. in Sankt Petersburg. Der Leichenzug verläßt die Kirche der Peter-Paul-Festung.

scheint jedoch, als sei die Feindschaft zwischen beiden Ländern schon eine Art Tradition geworden. Im Nahen Osten sind die Engländer die Konkurrenten der Russen. Das schnelle Vorrücken der zaristischen Armeen in Mittelasien beunruhigt sie. Wo immer Alexander seine Hegemonie vergrößern will, stößt er auf den Protest der Diplomaten Königin Viktorias. 1871 allerdings zeichnet sich ein Hoffnungsschimmer auf ein Einvernehmen der beiden Länder ab. Großfürstin Maria, Tochter des Zaren, und der Herzog von Edingburgh, der jüngste Sohn Königin Viktorias, sind sich bei ihren hessischen Verwandten begegnet und haben sich verliebt. Trotz der Zurückhaltung Königin Viktorias, die keine russische Prinzessin in ihre Familie aufnehmen will, findet am 11. Januar 1874[7] mit dem üblichen Pomp die Vermählung statt. Zum Festprogramm gehören drei Bälle bei Hof, Abendessen mit dreitausend Gästen, eine Aufführung von »Romeo und Julia« in der Oper mit Adelina Patti als Solistin, eine Bärenjagd, Schlittschuhfahrten und ein Besuch in Moskau. Einige Monate später reist Alexander selbst nach London. Er wird mit der üblichen Pracht und oberflächlichen Freundlichkeit empfangen. Bei einem vom Lordmayor gegebenen Frühstück in Guildhall hält er eine Rede, in der er England dafür dankt, seine Tochter so freundlich empfangen zu haben, und bringt den Wunsch zum Ausdruck, diese Hochzeit möge dazu dienen, die Bindungen zwischen den beiden großen Völkern, die beide Garanten des Weltfriedens seien, zu festigen. Hinter seinen verbindlichen Worten verbirgt sich jedoch tiefe Ratlosigkeit. Beim Lesen der englischen Zeitungen hat er feststellen müssen, daß die englische öffentliche Meinung gegenüber Rußland weiterhin feindselig ist. Disraeli, der entschiedenste englische Imperialist, steht an der Spitze der Konservativen, die bei den letzten Wahlen die Mehrheit errungen haben. Ist es nicht absurd, daß die Königin, eine Gefangene der konstitutionellen Monarchie, gezwungen ist, die vom Parlament geäußerte Meinung zu respektieren? Wird auch er, der Zar, eines Tages auf die Stimme seines Volkes hören müssen? In seiner Jugend hat er davon geträumt. Aber heute ist er nicht mehr sicher, ob er es immer noch wünscht.

Anmerkungen

1 Nach dem Julianischen Kalender am 20. Mai.
2 Brief vom 4./16. August 1870.
3 Geboren am 30. April 1872.
4 Katharina Dolgorukij bringt 1876 einen zweiten Sohn mit Namen Boris zur Welt, der ein paar Tage später an einer Kinderkrankheit stirbt.
5 Damals Mac-Mahons Außenminister.
6 Damals französischer Botschafter in Berlin.
7 Nach dem Gregorianischen Kalender am 23. Januar.

Der Russisch-Türkische Krieg

Wie Alexander bereits vorausgesehen hatte, hat der Friede von Paris im Jahr 1856 die Orientfrage nicht wirklich gelöst. Zwar ist es in den folgenden Jahren zu keinen gravierenden Auseinandersetzungen gekommen. Selbst der Aufstand in Kreta im Jahr 1867 hat die europäischen Regierungen nur vorübergehend beunruhigt. Trotz aller offizieller Absprachen kann Rußland von seiner Tradition her nicht darauf verzichten, die orthodoxe Bevölkerung im Osmanischen Reich zu seinen Untertanen zu zählen. Fortwährend protestieren russische Diplomaten beim türkischen Sultan gegen die von den Türken vorgenommenen Erpressungen in den von Slawen bewohnten Gebieten. Diese Interventionen verärgern die Türkei, die von England gestützt wird, welches hier die russische Konkurrenz ebenso fürchtet wie in Mittelasien.

1875 spitzt sich die Situation auf dem Balkan wegen Aufständen in den türkischen Provinzen Bosnien und Herzegowina und in Bulgarien zu. Die Türkei reagiert darauf, indem sie den dort stationierten Truppen aus Banditen rekrutierte Sondereinheiten zur Seite stellt, »Bachi-Buzuks« genannt. Diese führen Massaker durch, über welche die Russen und selbst die türkenfreundlichen Engländer gleichermaßen entsetzt sind. Alle Großmächte versuchen, die kochenden Leidenschaften auf dem Balkan zu besänftigen. England fährt jedoch hinter vorgehaltener Hand fort, den Sultan in seinem Vorgehen zu bestärken. In seiner Rede von Aylesbury kritisiert Disraeli offen »jene Politiker, die sich ihrer schönen Gefühle bedienen, um der Regierung, welche für England lebenswichtige Interessen vertritt, im ganzen Land die Unterstützung zu nehmen«. Unter diesen Umständen können die internationalen Spannungen nur zunehmen. Aus Sympathie für ihre slawischen Brüder erklären Montenegro und Serbien der Türkei den Krieg.

Oberhaupt der serbischen Armee ist der russische General Tschernajew, der Taschkent erobert hatte. Er ist in die Türkei eingedrungen, es gelingt ihm jedoch nicht, die feindlichen Linien zu durchbrechen. Er zieht sich an die serbische Grenze zurück und läßt sich vor der Stadt Alexinas, die das Morava-Tal beherrscht, nieder. Am 31. Oktober 1876 fällt Alexinas, das serbische Gebiet wird besetzt, der Weg nach Belgrad ist frei. Alexander, der sich gerade in Liwadija auf der Krim befindet, fordert den Sultan ultimativ auf, innerhalb von achtundvierzig Stunden einem Waffenstillstand zuzustimmen. Der Sultan gibt nach, Serbien ist gerettet. Dem englischen Botschafter gibt der Zar sein Wort, daß er keinen Anspruch auf Konstantinopel erhebe und sich, falls es sich als notwendig erweisen sollte, mit der Besetzung Bulgariens zufriedengeben werde.

Diese weisen Vorhaben stehen in seltsamem Kontrast zu dem patriotischen Fieber, das die russische Gesellschaft ergriffen hat. »Slawische Komitees« werden im ganzen Land gegründet, um Propaganda zu machen und Geld für die Aufständischen zu sammeln. Zahlreiche Freiwillige schließen sich der serbischen Armee an. Aksakow, Katkow, Dostojewskij und hundert andere betonen die Notwendigkeit eines orthodoxen Kreuzzugs. In allen Bevölkerungsschichten, vom Adligen bis zum Muschik, von der Intelligenzija bis zu den Kaufleuten, erhitzen sich die Gemüter. Man träumt von der Unterwerfung Konstantinopels, von der Verwandlung der Hagia Sophia in eine christliche Kirche, von der lange vorherbestimmten Mission des russischen Volkes. Aksakow schreibt: »Die Geschichte Rußlands ist eine heilige Geschichte, sie muß wie eine heilige Schrift gelesen werden.« Niemals seit der Welle politischer Begeisterung angesichts des Polenaufstands hat Alexander um sich eine solche Übereinstimmung, einen solchen Aufschwung nationaler Mystik erlebt. Er ist auf Frieden bedacht, denn er fürchtet, daß ein Krieg die Grundfesten der neuen administrativen und sozialen Ordnung, die er mit so viel Mühe herbeigeführt hat, erschüttern könnte. Vor Vertretern des Adels und der Stadt Moskau erklärt er: »Ich weiß, daß ich ganz Rußland hinter mir habe, und ich teile das Leid unserer Brüder in Rasse und Religion. Über allem jedoch stehen Rußlands eigentliche Interessen, und ich möchte Blutvergießen vermeiden ... Ich hoffe, daß es zu einer Einigung aller Parteien kommt. Wenn wir jedoch nicht die notwendigen Garantien erhalten, bin ich fest entschlossen, allein zu handeln. Ich bin überzeugt, daß in diesem Fall ganz Rußland meinem Ruf folgen würde.«

Alexander treibt die Erinnerung an seinen Vater Nikolaus I., der bei dem unheilvollen Krimkrieg ganz Europa gegen sich hatte. Die Vorstellung eines türkischen Hinterhalts bereitet ihm schlaflose Nächte. Mit Tränen in den Augen berät er mit seinen Ministern darüber. Königin Viktoria läßt er durch ihre Tochter Alice von Hessen mitteilen: »Wir können und wollen uns nicht mit England entzweien. Man müßte verrückt sein, wollte man ein Auge auf Konstantinopel oder Indien werfen.« In der Hoffnung, gemeinsam Druck auf die Türkei ausüben zu können, erreicht er bei den anderen Mächten die Einberufung einer Botschafterkonferenz nach Konstantinopel. Diese tritt zu Beginn des Jahres 1877 zusammen und fordert vom Sultan, die Greueltaten seiner Truppen zu unterbinden und ohne Zögern in den slawischen Provinzen Reformen durchzuführen. Die Verhandlungen verlaufen im Sande. England treibt ein doppeltes Spiel. Alexander beschuldigt Elliot, den britischen Botschafter in Konstantinopel, »türkischer als die Türken« zu sein. Er ist überzeugt, daß Disraeli beabsichtigt, die Orientfrage in einen Zweikampf zwischen Rußland und England ausarten zu lassen, bei dem sich England der Türkei bedienen will, um Rußland eine schwerere Niederlage zuzufügen als im Krimkrieg. »Wir allein wünschen eine Verbesserung des Lebens der Christen, die anderen sind bereit, sich mit unbedeutenden Versprechungen des Sultans zufriedenzugeben«, schreibt er an seinen Sohn Wladimir.

Zum Ende des vergangenen Jahres sind bereits Teile der russischen Truppen in Alarmbereitschaft versetzt worden. Nach Geheiminformationen des Sultans sind die russischen Kriegsvorbereitungen ungenügend. Alles läßt darauf schließen, daß der Koloß bei der ersten Erschütterung zusammenbrechen wird. Warum also soll man sich zurückhalten? Am 31. März 1877 wird in London ein Protokoll unterzeichnet, das die vorausgegangenen Verhandlungen in verharmlosender Form zusammenfaßt. Durch die englische Diplomatie ermutigt, lehnt der Sultan das

Papier als Verletzung seiner Würde ab. Alexander hält sich zu diesem Zeitpunkt gerade in Kischinew, im Hauptquartier seiner Armee, auf. Von dort aus schreibt er seiner geliebten Katharina: »Ich sehe mit Freuden, daß alle Maßnahmen getroffen worden sind, damit sich die Gruppe in Bewegung setzen kann, sobald ein entsprechender Befehl ergeht. Gott möge uns zur Hilfe kommen und unsere Waffen segnen! Ich weiß, daß niemand besser als Du verstehst, was jetzt, zu Beginn eines Krieges, den ich so gerne vermeiden wollte, in mir vorgeht.« Inzwischen haben die russischen Truppen durch ein Geheimabkommen Erlaubnis erhalten, durch das Fürstentum Rumänien zu marschieren. Am 12. April 1877[1] läßt Alexander im ganzen Land folgende Erklärung verbreiten: »Zutiefst überzeugt von der Gerechtigkeit unserer Sache vertrauen wir demütig der Gnade und Hilfe Gottes, erflehen seinen Segen über unsere tapferen Armeen, denen wir Befehl erteilen, die Grenze zur Türkei zu überschreiten.«

Frohen Herzens hat Alexander diese Entscheidung nicht getroffen. Er hat den Eindruck, daß er nicht selbst entschieden hat, sondern von den Umständen dazu gedrängt worden ist, durch das Ungestüm seines Volkes, vielleicht sogar durch den postumen Willen seines Vaters. Die Freudenstürme, mit denen er auf dem Rückweg allerorten empfangen wird, bestärken und beunruhigen ihn. Er ist nahe daran zu glauben, daß die Massen immer unrecht haben. In Moskau, wo er am 22. April gegen zehn Uhr abends eintrifft, sind alle Straßen bis zum Kreml voll von Menschen, die im Regen ihren Wunsch nach Rache herausschreien. »Am nächsten Morgen«, schreibt Graf Dimitri Miljutin, »sahen wir in den Sälen des Schlosses und in den Kirchen ein unbeschreibliches Schauspiel. Nach der kurzen und würdigen Antwort des Zaren auf die Glückwünsche des Bürgermeisters und des Adelsmarschalls lief die Menge in wilder Begeisterung auf ihn zu. Nur mit Mühe konnte er sich befreien. Als er auf der Roten Treppe erschien, wurde er mit schier endlosem Applaus bedacht.« In Sankt Petersburg fällt der Empfang ein wenig zurückhaltender aus, aber niemand denkt daran, Kritik an dem neuen militärischen Abenteuer zu üben, auf das sich Rußland eingelassen hat.

Am 21. Mai verabschiedet sich der Zar höflich und ohne großen Aufwand von seiner Gemahlin. Von seiner geliebten Katharina trennt er sich in einem verzweifelten Abschied voller Tränen. Die Pflicht ruft ihn auf die Bühne des Geschehens. Schweren Herzens fährt er ab und schreibt gleich am nächsten Morgen aus dem kaiserlichen Zug an seine Geliebte: »Guten Tag, lieber Engel meiner Seele. Ich habe recht gut geschlafen, aber es war ein trauriges Erwachen nach all der glücklichen Zeit, die wir miteinander verbracht haben. Mein Herz ist wie zerbrochen, weil ich Dich verlassen mußte, und ich spüre, daß ich Dein Leben mitnehme und meines bei Dir geblieben ist.« Um vier Uhr nachmittags fügt er hinzu: »Ich habe den ganzen Vormittag gearbeitet und ruhe mich jetzt aus. Ich bin traurig, daß ich Dich nicht sehe, wenn ich aufwache, und auch unsere lieben Kinder nicht ... Auf immer Dein.«[2]

Der Mann, der so zu seinen Truppen reist, hat nichts von einem Kriegsherrn an sich. Er wird bald sechzig Jahre alt. Er ist müde und leidet unter Asthma. Seine Domäne sind sein Schreibtisch, Akten, Gespräche mit Ministern und Botschaftern, offizielle Empfänge und zurückgezogene Abende mit einer jungen Geliebten, die zärtlich zu ihm ist und ihn bezaubert. Er unternimmt diese Reise nicht um des Vergnügens willen, sich vor seinen Truppen zu zeigen. Er ist sich seiner Unfähigkeit in strategischen Fragen bewußt und hat es aufgegeben, militärische Operationen selbst zu leiten. Er ist jedoch der Meinung, daß er nicht das Recht hat, in seinem schönen, warmen Schloß zu bleiben, während die besten Söhne Rußlands auf dem Balkan kämpfen. Er möchte an den Entbehrungen und Gefahren teilnehmen, die das Vaterland zu bestehen hat. Er kann sich nicht vorstellen, daß seine Ankunft vor Ort mit seinem großen Gefolge die Weitergabe von Befehlen erschweren und in der Heeresleitung zu sinnlosen Rivalitäten führen könnte. Er wird von einem Generalstab begleitet, der aus mehreren hundert Mann besteht. Siebzehn Züge sind für ihren Transport erforderlich. Als die Offiziere aus den Waggons steigen, staunen die Zuschauer über die Pracht der Uniformen und der Equipagen. »Hinter ihnen«, schreibt ein englischer Kriegsberichterstatter,[3] »folgte eine lange Reihe prachtvoller Pferde, Troßwagen und

Kaleschen mit mehreren Abteilen, anscheinend dazu bestimmt, aus einem harten Feldzug eine Luxusreise zu machen. Man sah Kutscher, die Pfauenfedern trugen, englische Grooms, Lakaien, die herablassend von ihren Sitzen lächelten, Köche, welche die Natur bewunderten und auf den Bänken einer fahrenden Küche saßen. All das wirkte viel bedeutender als die Equipagen eines Kriegsgenerals. Es war die Suite des Zaren, der sich zum Kriegsschauplatz begab.«

Alle wichtigen Posten nehmen die Brüder des Zaren ein. Großfürst Konstantin befehligt als Großadmiral die Flotte, Großfürst Nikolaus die Donauarmee (zweihunderttausend Mann), Großfürst Michail die Kaukasusarmee (hunderttausend Mann). Der Thronfolger und sein Bruder Großfürst Wladimir befehligen ein Armeekorps, obwohl beiden die Fähigkeit dazu abgeht. Damit die Fürsten Nikolaus und Eugen von Leuchtenberg ihre militärische Führungskraft erproben können, werden eigens Kavalleriebrigaden geschaffen. Inmitten dieses Familien-Generalstabs könnte der Zar sich fühlen wie in seinem Zelt anläßlich der Manöver von Krasnoje Selo. Dabei handelt es sich keineswegs um ein Schauspiel, dessen Erfolg vom Zustand der Uniformen und der Exaktheit der Reihen abhängt. Der Krieg ist ausgebrochen, es wird ernst. Am 15. Juni überschreitet die russische Armee die Donau und befestigt nach einem heftigen Kampf den Brückenkopf am rechten Donauufer. Die russische Vorhut, die General Gurko befehligt, erreicht den Balkan und besetzt den Engpaß von Chipka, der nach Süden führt. Man sieht sich schon in Andrinopel, warum nicht auch in Konstantinopel? Alle Zeitungen preisen die russische Armee, die unter dem Zeichen des Kreuzes gegen die dem Halbmond huldigenden Barbaren kämpft.

Die schlecht organisierte Militärverwaltung kommt jedoch bald nicht mehr mit der Versorgung der Truppen nach. Man hat viel zuwenig Ärzte und Schwestern mitgenommen; sie können des Ansturms von Kranken und Verwundeten kaum Herr werden. Die jungen Offiziere, welche die neuen Militärschulen besucht haben, verdienen ihren guten Ruf, das Oberkommando jedoch leidet an Altersklerose. Der englische Kriegsberichterstatter Archibald Forbes schreibt: »Es sind sehr alte Männer.

Sie haben ihre Ausbildung vor vierzig oder fünfzig Jahren genossen. Die meisten haben nie ein Buch oder eine Zeitung aufgeschlagen, sondern ihr ganzes Leben mit Kartenspielen verbracht. Jetzt nehmen sie an einem modernen Krieg teil, dabei sind sie gerade erst aus einem halben Jahrhundert Schlaf erwacht.« Der Mut der russischen Soldaten beeindruckt denselben Augenzeugen: »Es ist schwer zu sagen, wann ich am meisten Achtung vor dem einfachen und braven russischen Soldaten habe: Wenn er ohne zu Murren einen endlosen Marsch zurücklegt mit einem Marschgepäck, das doppelt so schwer ist wie die Lasten, die unsere Bauern tragen, und er dabei immer noch fröhlich singt, oder wenn er mit erstaunlicher Lebhaftigkeit angreift, aus tiefster Überzeugung Hurra schreit, oder wenn er trotzig auf den Feind losgeht, auch wenn er weiß, daß er verlieren wird, und nicht daran denkt zu fliehen, oder wenn er verwundet daliegt, ohne zu klagen und seinem Nachbarn durch irgendeine Freundlichkeit hilft und mit geduldiger Ruhe, die wahres Heldentum verrät, darauf wartet, was Gott oder der Zar ihm schicken werden.«[4]

Dieses »wahre Heldentum« bewegt Alexander zutiefst. Der Anblick der Toten und Verwundeten, der Ruinen und Feuersbrünste macht ihn betroffen, als sei er selbst unmittelbar dafür verantwortlich. In seinen Briefen an Katharina beklagt er sich, daß er, um die Größe der Nation zu bewahren, so viele Männer opfern muß. Am 5. Juli 1877 schreibt er ihr: »Nach dem Abendessen sah ich zwei unglückliche Bulgaren, welche die Türken entsetzlich verstümmelt hatten. Man hatte sie gerade ins Rot-Kreuz-Lazarett gebracht, das sich in hundert Metern Entfernung zu meinem Haus befindet. Ich lud Wellesley[5], der mit seinem Gefolge gespeist hatte, ein, mir zu folgen, um das Werk seiner Schützlinge zu bewundern. Einer der Bulgaren war gerade gestorben, seine arme Frau war bei ihm. Sein Kopf war durch zwei Säbelhiebe gespalten, die das Zeichen des Kreuzes bildeten. Der andere hatte drei Verletzungen. Man hofft, daß man ihn retten kann. Seine schwangere Frau war ihm gefolgt.«

Die Tage, die der Zar hier verbringt, sind eintönig. Er steht im Morgengrauen auf, besucht einige Dorfkrankenhäuser, liest Telegramme und Zeitungen, studiert Akten, versieht Karten mit kleinen Fähnchen, beobachtet aus der Ferne die Truppenbewegungen, bespricht mit seinen Generälen die Operationsabläufe. Seine Stimmung ist düster. Nachdem sie zuerst zurückgeschlagen wurden, haben die Türken sich rasch erholt. In der Nähe von Plewna haben sie auf Befehl von Osman Pascha neben dem rechten Flügel der russischen Armee ein befestigtes Lager errichtet. Großfürst Nikolaus, der Oberbefehlshaber, gibt Anweisung, die Stadt zu erobern, da sonst der weitere Weg in den Balkan versperrt wäre. »Glücklicherweise haben die Türken die Reste unserer tapferen Leute nicht verfolgt«, schreibt Alexander an Katharina. »Sonst wären sie alle davongelaufen ... Ich fürchte, daß die Niederlage von Plewna die Türken noch überheblicher machen wird.«

Am Tag nach dem schrecklichen Blutbad ist von einer neuen Offensive nicht mehr die Rede. General Gurko muß sich hinter die Pässe zurückziehen, die er so erfolgreich erobert hatte. Die Nachrichten aus dem Kaukasus sind trostlos. Nach einem Feldzug, der sich zunächst glücklich anließ, mußten die Russen die Belagerung von Kars aufgeben und dann aus Armenien abziehen. Während ihres Rückzugs werden sie immer wieder von Muktar Pascha angegriffen. Plötzlich schlagen die englischen Diplomaten einen drohenden Ton an: Von Disraeli beraten, gibt Königin Viktoria zu verstehen, daß sie sich, falls der Krieg weitergeht, auf die Seite der Türken stellen wird. Alexander bittet Wellesley um eine Erklärung. Dieser redet sich nach seiner Rückkehr von einem Londonaufenthalt so heraus: »Die britische Regierung würde nichts gegen den Willen des englischen Volkes unternehmen, wenn es den Krieg mit Rußland wünscht.« Am nächsten Tag schreibt Alexander an Katharina: »Wenn Gott uns Erfolge schenkte und wir (gegen Andrinopel und Konstantinopel) marschieren würden, müßten wir damit rechnen, daß England uns noch in diesem Jahr den Krieg erklärt, trotz der angeblichen guten Wünsche für einen Erfolg unserer Waffen, die mir Wellesley im Auftrag der verrückten alten Königin überbracht hat. Er hat es nicht gewagt, das zu leugnen.«[6]

Am 30. August fügt Osman Pascha den Russen vor Plewna eine dritte Niederlage zu. Sechzehntausend Mann bleiben kampfunfähig auf dem Schlachtfeld zurück. Die drei Angriffe haben sechsundzwanzigtausend Tote gefordert. Verzweifelt schreibt Alexander an Katharina: »Gott, komm uns zur Hilfe und beende diesen Krieg, der dem Ruhm Rußlands und dem Mut der Christenheit solche Schande bringt. Diesen Schrei Deines Herzens[7] versteht niemand besser als Du, mein Idol, mein Schatz, mein Leben!«

Disraeli triumphiert. Berlin rät Alexander, sich zurückzuziehen und den Winter in Rumänien zu verbringen. Eilig wird ein Kriegsrat unter Vorsitz des Zaren zusammengerufen. Alle Teilnehmer zeigen besorgte Gesichter. Wofür sollen sie sich entscheiden? Sollen sie einen Winterfeldzug unternehmen? Es droht bittere Kälte. Auf den Balkan-Gebirgen ist bereits der erste Schnee gefallen. Wie sollen Verstärkung und Nachschub durch ein ödes Bergland ohne befahrbare Straßen transportiert werden? Soll man sich auf das linke Donau-Ufer zurückziehen? Die russische Öffentlichkeit wäre empört, gäbe man die durch das Blut so vieler heldenhafter Soldaten gewonnenen Vorteile feige auf. Ehre und Weisheit erfordern es, an Ort und Stelle zu verweilen, um Plewna immer wieder anzugreifen, nachdem alle Verbindungen zu Sofia unterbrochen sind. Als er diese Entscheidung trifft, fragt Alexander sich, wie viele Menschen er noch opfern muß und mit welchem Ergebnis. Polizeiberichte melden ihm, daß im Land große Unzufriedenheit herrscht. Überall bezichtige man die Regierung der Schwäche, die Beamten der Bestechlichkeit, die Generäle der Unfähigkeit, ob sie nun Großfürsten seien oder nicht. Auch den Zaren lasse man nicht ungeschoren und beklage seine erschütternde Unentschlossenheit. Anstatt zu befehlen, besuche er Krankenstationen, verleihe Sterbenden Orden, bete auf Gräbern und weine. Wenn er schon an der Front nichts tue, solle er besser gleich nach Sankt Petersburg zurückkehren. Alexander ist abgemagert, er atmet schwer, schläft kaum noch, und so raten seine Ärzte ihm, nach Hause zu fahren. Er aber bleibt stur: »Ich lasse meine Armee nicht im Stich, solange wir nicht Plewna erobert haben.« Sein einziger Trost besteht darin, jeden Abend an Katharina zu schreiben.

Glücklicherweise erfährt er Anfang November von türkischen Gefangenen, die beim Ansturm auf eine Bastion gemacht worden sind, daß die Belagerer keine Lebensmittel mehr haben. Sie haben Hunger, sind vollkommen mutlos, sterben an Darminfektionen, und ihre Lage scheint ausweglos. Mittlerweile haben die Russen Nachschub erhalten, die kaiserliche Garde und ein Grenadierkorps. Prinz Karl von Rumänien schickt fünfzigtausend Soldaten zur Verstärkung. Großfürst Nikolaus hat neuen Mut gefaßt und fordert Osman Pascha zur Kapitulation auf. Dieser lehnt ab und versucht am 28. November mit seiner achtunddreißigtausend Mann starken Garnison zu fliehen. Nach sechs Stunden erbitterten Kampfes geben die Türken auf. Osman Pascha wird verwundet und gefangengenommen. Als er zu Alexander geführt wird, übergibt er diesem sein Schwert. Alexander berührt es mit den Händen, und gibt es ihm mit den Worten zurück: »Behalten Sie es als Zeichen meiner Bewunderung und meiner Achtung.« In dem größten Festsaal der eroberten Stadt wird ein Te Deum gefeiert. Ein Orden-Regen geht auf die Soldaten nieder. Großfürst Nikolaus, dem Oberbefehlshaber, wird das Sankt-Georgs-Kreuz verliehen.

Einige Tage zuvor hat Alexander erfahren, daß an der asiatischen Front die Festung Kars endlich in die Hände seiner von General Loris-Melikow befehligten Truppen gefallen ist. Jetzt haben die Russen Gelegenheit, Erserum zu erobern. Damit haben sie Armenien in der Hand. Über den Balkan marschieren sie, nachdem sie den Riegel von Plewna aufgebrochen haben, nach Philippopolis, Andrinopel und Konstantinopel. Hinter sich lassen sie Hunderttausende Toter, Verwundeter, Kranker. Aber der Sieg ist gewiß. Zumindest auf dem Schlachtfeld. In den europäischen Regierungen läuft man Sturm, um die russischen Erfolge zu bremsen. Nachdem die nächsten militärischen Operationen festgelegt sind, erklärt sich Alexander einverstanden, in die Hauptstadt zurückzukehren, um an der diplomatischen Front aktiv zu werden.

Am 10. Dezember 1877 wird Alexander um zehn Uhr morgens von der kaiserlichen Familie, den Ministern, den Würdenträgern und dem Klerus am Nikolaus-Bahnhof empfangen. Eine riesige schweigende Menge drängt sich auf dem Newski-

Prospekt. Als der Zar erscheint, bricht sie in Freudesschreie aus. Aber diejenigen, die ihn aus der Nähe sehen, sind erschüttert über die Veränderung, die mit ihm vorgegangen ist: »Als der Zar in den Krieg zog, war er ein großer, schöner Soldat, hochaufgerichtet und ein wenig beleibt«, schreibt ein Augenzeuge. »Als er zurückkehrte, waren seine Muskeln erschlafft, seine Augen umschattet, sein Rücken gebeugt, und sein ganzer Körper war so mager, daß er wie Haut und Knochen aussah. In nur wenigen Monaten war er zum Greis geworden.«[8] Es folgen Reden, Gottesdienste, feierliche Gratulationen, eine endlose Bürde, die Alexander so schnell wie möglich hinter sich bringen will, um sich in Katharinas Armen wiederzufinden.

Sie bedauert und tröstet ihn und gibt ihm Mut. Zu General Le Flô, dem französischen Botschafter, sagt er: »Wir haben schon viel erreicht, aber leider ist das Ende noch nicht in Sicht.« Die Türken, deren Kräfte erschöpft sind, verlangen einen Waffenstillstand. Alexander läßt darauf seinen Bruder, den Oberbefehlshaber der Armee, wissen, daß davon keine Rede sein könne. »Solange nicht die Friedensbedingungen eingehalten werden, sind die Kämpfe mit äußerster Kraft fortzusetzen.« Die russische Armee ist nur noch drei Tagemärsche von Konstantinopel entfernt. Sollte es möglich sein, daß er, Alexander, den Traum Katharinas der Großen wahrmacht? Er wagt es nicht zu glauben. Es würde ihm schon genügen, die türkische Hauptstadt nur eine Zeitlang besetzt zu halten.

In England herrscht Panik. Ein britisches Geschwader dringt in die Dardanellen vor. Ohne sich von dieser Drohung einschüchtern zu lassen, befiehlt Alexander seinem Bruder, den Marsch auf Konstantinopel fortzusetzen, falls die türkischen Machthaber nicht innerhalb von drei Tagen die russischen Bedingungen annehmen. Die Türken beugen sich. Am 19. Februar 1878[9] wird in der kleinen Stadt San Stefano am Ufer des Marmara-Meers, unweit von Konstantinopel, der Friede unterzeichnet. Die Türkei erkennt die Unabhängigkeit Montenegros, Serbiens und Rumäniens an und erklärt sich bereit, in Bosnien und Herzegowina Reformen in die Wege zu leiten. Sie gibt Rußland das Donaudelta zurück, überläßt ihm Batum und Kars und garantiert in Kriegs- wie in Friedenszeiten den Handelsschiffen neutraler Staaten die Durchfahrt durch die Meerengen.

Kaum werden die Friedensbedingungen von San Stefano bekannt, brechen in Österreich und England Proteststürme los, denn diese beiden Länder wollen eine zu große Schwächung der Türkei nicht hinnehmen und selber aus der Lage Vorteile ziehen. Besonders England droht dem Zaren. In London spricht man offen von Mobilmachung. So steht Alexander vor einer tragischen Alternative: Entweder läßt er eine Veränderung des Friedensvertrags zu, oder er muß erneut Krieg führen. Seine erste Reaktion steht ganz im Zeichen des Patriotismus. »Der Bruch mit England scheint unvermeidlich«, schreibt er seinem Bruder, dem Großfürsten Nikolaus. »Wir müssen uns darauf vorbereiten, eventuell energisch durchzugreifen ... Vielleicht sollten wir nicht in Konstantinopel einmarschieren, sondern lieber ein paar Stützpunkte auf dem Bosporus besetzen, um mehrere Sperren anzulegen.« Bald aber siegt die Vernunft. Die Staatskassen sind leer, die Armee ist erschöpft, das Kriegsmaterial zur Hälfte zerstört. Man kann mit Krüppeln keine Kriege gewinnen. Die Großfürsten Nikolaus und Michail eilen nach Sankt Petersburg und bitten Dimitri Miljutin, zugunsten eines Friedens zu intervenieren. Peter Schuwalow, der aus London angereist ist, setzt sich für einen ehrenvollen Kompromiß ein. Alexander ist müde und gibt nach.

Durch die Vermittlung Deutschlands wird in Berlin ein Kongreß abgehalten. Der alte Kanzler Alexander Gortschakow vertritt Rußland. Da er nicht mehr ganz bei Verstand ist, läßt er sich von Bismarck manipulieren. Unter Druck aller europäischer Diplomaten wird Rußland gezwungen, die meisten Vertragsklauseln, die ihre Vorherrschaft auf der Balkanhalbinsel garantierten, zurückzunehmen. Sie erhalten jedoch Kars und Batum und Bessarabien, setzen die Unabhängigkeit Serbiens und Rumäniens sowie die Gründung eines neuen bulgarischen Staats unter türkischer Oberherrschaft durch. Bosnien und Herzegowina werden unter österreichisches Protektorat gestellt, und England eignet sich die Insel Zypern an.

Der Vertrag von Berlin, der am 13. Juli 1878 unterzeichnet wird, wirkt auf die russische Öffentlichkeit, als habe man dem

Vaterland ins Gesicht gespuckt. Warum hat man Österreich die slawischen Provinzen Bosnien und Herzegowina abgetreten? Warum ist Bulgarien zerstückelt worden? Warum hat man die russische Armee daran gehindert, in Konstantinopel einzumarschieren? Warum hat man in Berlin so viele Errungenschaften von San Stefano aufgegeben? Die Militärs beschuldigen die Diplomaten, sie um die Früchte ihres Sieges gebracht zu haben. Die Presse schleudert Blitze gegen Bismarck und Disraeli, die ihren Verhandlungspartnern Honig um den Bart geschmiert hätten. Deutschland, Österreich und England stecken unter einer Decke, Rußland hat keine Freunde mehr. Auch Alexander fragt sich, ob er sich nicht hat übers Ohr hauen lassen. Die drei Staatsmänner, welche die Verhandlungen geführt haben, sind in Verruf gebracht worden. Peter Schuwalow und Nikolaus Ignatiew müssen den diplomatischen Dienst quittieren, Alexander Gortschakow wird entlassen und zieht sich ins Ausland zurück.

Die vielfältigen Maßnahmen kommen zu spät. Unzufriedenheit breitet sich aus. Enttäuscht, daß ihre Träume von einer Hegemonie der Orthodoxen nicht wahr geworden sind, suchen einige böswillige Geister nach Verantwortlichen und machen dabei auch vor dem Thron nicht halt. Man flüstert, daß die Angehörigen des Kaiserhauses den Krieg mit der Türkei zum Anlaß genommen haben, um Kriegspielen zu üben, sich selber aber keinerlei Gefahr ausgesetzt haben. Alexander kommen diese Gerüchte zu Ohren. Sie betrüben ihn zutiefst. Er fürchtet, daß alle Reformen, die er für das materielle und geistige Wohl seiner Untertanen durchgesetzt hat, durch einen Krieg, den er gar nicht gewollt hat, in Mißkredit geraten. Niemand dankt ihm mehr, daß er die Leibeigenschaft aufgehoben, die meisten Körperstrafen verboten, Geschworenengerichte ins Leben gerufen, die Verwaltung und die Armee neu organisiert hat. Niemand erinnert sich, daß er alles getan hat, um die Auseinandersetzung, die man ihm vorwirft, zu vermeiden, und daß ihn der Wille seines Volkes zum Handeln getrieben hat. Niemand ist sich darüber im klaren, daß er durch zweitrangige Zugeständnisse einen neuen Krieg vermieden hat, der Rußland vernichtet hätte.

In seiner Verzweiflung findet er nur in Katharinas Armen Trost. Sie hat jegliches Leben in der Öffentlichkeit aufgegeben, um sich ihm ganz zu widmen. Sie lebt zurückgezogen und nimmt ihre seltsame Existenz als eine notwendige Bedingung ihrer Liebe hin. Vielleicht ist sie sogar froh, daß sie wegen ihres Standes nicht zur Repräsentation verpflichtet ist. Alexanders Besuche bei ihr und den Kindern genügen ihr, um glücklich zu sein. Er spürt immer mehr das Bedürfnis, sie zu jeder Zeit an seinem Leben teilnehmen zu lassen. Allem Gerede zum Trotz bringt er sie im Winterpalais unter. So lebt sie unter demselben Dach wie Zarin Maria Alexandrowna. Sie bewohnt drei große Zimmer in der zweiten Etage, gleich unter den Räumen des Zaren. Mit einem Fahrstuhl kann man von einer Wohnung in die andere gelangen. Die Gemächer der Zarin liegen neben denen ihres Gemahls. Sie nimmt die neue Schmach, die er ihr zufügt, widerspruchslos hin. Sie ist von der Schwindsucht geschwächt und urteilt über die Liebesabenteuer des Zaren mit herablassendem Mitleid. Ihrer Freundin, der Gräfin Alexandrina Tolstoj, vertraut sie an: »Ich verzeihe ihm die Fehler gegenüber der Zarin, aber ich kann es nicht auf mich nehmen, die Qualen, die er seiner Frau antut, zu vergeben.«

Da er seine Favoritin an den Hof gebracht hat, genügt Alexander seinem Wunsch, seiner angebeteten Geliebten immer nahe zu sein, zugleich aber bringt er alle Höflinge gegen sie auf. Mag das Leben Katharinas in ihren Gemächern noch so zurückgezogen sein, ständig ist sie mit der kaiserlichen Dienerschaft in Kontakt, Kammerfräuleins, Leibdienern, Köchen, Kutschern, Haushofmeistern und sogar auserwählten Würdenträgern. So spielt sie in den Gemächern der Romanows die Rolle einer zweiten Zarin. Aus der heimlichen Liaison ist offener Ehebruch geworden. Manche Höflinge wenden sich an die neue Herrscherin, um ihren Einfluß beim Zaren zu ihren Gunsten geltend zu machen. Man bittet um ihre Unterstützung in Wirtschaftsdingen. Man fragt, ob sie den einen oder anderen Minister beeinflussen könne. Aber dieselben Leute, die sie um ihre Protektion bitten, verachten sie. Sie gilt allenthalben als Skandal. Die grimmigsten unter ihnen machen sie für die politische Ungeschicklichkeit Alexanders verantwortlich. Ihretwegen, sagen sie, habe der alternde Monarch den Kopf verloren. Durch Liebesabenteuer, für die er eigentlich zu alt sei, habe er weder den Willen noch die Geistesstärke, die man zum Regieren brauche. Seine einzige Sorge sei es, eine Frau, deren Jugend ihm schmeichele, im Bett nicht zu enttäuschen. Man brauche ihn ja nur anzusehen, und gleich wisse man, wie es mit ihm bergab gehe. Er sei abgemagert, grau, seine Bewegungen seien schlaff, sein Blick leer, er sei kurzatmig und biete den Anblick eines Mannes, der am Ende sei, von Müdigkeit und Sorgen erschöpft.

Dennoch erwartet ihn eine große Freude: Am 9. September 1878 bringt Katharina ein drittes Kind zur Welt, eine Tochter, die denselben Vornamen erhält wie ihre Mutter. Das Ereignis ruft bei Hofe entrüstetes Staunen hervor. In den Salons von Sankt Petersburg betrachtet man diese Geburt eines neuen Bastards als Beweis dafür, daß der Zar weder Moral noch Autorität besitzt und das russische Reich dem Untergang nahe ist.

Anmerkungen

1 Nach dem Gregorianischen Kalender am 24. April 1877.
2 Vgl. Constantin de Grunwald, Le Tsar Alexandre II.
3 Archibald Forbes (u. a.) The War Correspondence of the Daily News, 1877, London 1878; Constantin de Grunwald, Le Tsar Alexandre II.
4 Archibald Forbes, The War Correspondence.
5 Colonel Wellesley, britischer Militärattaché im russischen Hauptquartier.
6 Vgl. Maurice Paléologue, Le Roman tragique.
7 Er will damit sagen: »dieses Herz, das Dir gehört« (hervorgehoben vom Autor).
8 Vgl. Maurice Paléologue, Le Roman tragique.
9 Nach dem Gregorianischen Kalender am 3. März.

Die Terroristen

Die Unterdrückungsmaßnahmen der Polizei in ganz Rußland nach dem verfehlten Attentat von Karakosow (1866) haben die Reihen der Verschwörer erheblich gelichtet. Die einen sind verhaftet worden, andere haben sich in den Untergrund begeben, wieder andere sind ins Ausland geflohen. Der ideale Versammlungsort für Emigranten ist die Schweiz. Hier arbeiten sie die verschiedenen Aktionsprogramme aus, die ihr Land von der Monarchie befreien sollen. Der gefährlichste von ihnen ist zweifellos Sergej Netschajew. Er ist der Sohn eines Muschik, war ehemals Dorfschullehrer, besitzt einen eisernen Willen und ist frei von Skrupeln. Als Schüler des alten Bakunin verkündet er die Zerstörung des Staates und die Abschaffung aller Klassen außer der Bauernschaft. Das System zur Einschüchterung von Intellektuellen, das er gegenüber den Mitgliedern seiner Gruppe anwendet, bringt ihn bei Karl Marx und den Chefs der 1864 in London gegründeten Internationale in Verruf. Er ist von solch doktrinärem Fanatismus, daß er in Moskau einen seiner Getreuen, Iwanow, der seinen Befehlen nicht gehorcht hat, ermorden läßt.[1]

Seine Mittäter werden gefaßt und zu Gefängnis oder lebenslangem Arbeitslager verurteilt. Ihm selbst gelingt es, erneut in die Schweiz zu fliehen, wo er seinen revolutionären Katechismus verfaßt. Hierin erklärt er, der Revolutionär sei ein Mensch, der freiwillig alle Bindungen zur Gesellschaft und auch jede menschliche Bindung aufgegeben habe, keinerlei persönliche Interessen mehr verfolge und von dem Wunsch zu zerstören beseelt sei. Von allen bourgeoisen Zwängen wie Verwandtschaft, Liebe, Freundschaft, Ehrgeiz befreit, wisse er im voraus, daß er verloren sei. Das einzige Ziel seiner Existenz sei es, soviel Feinde des Volkes umzubringen wie möglich, bevor er selbst sterben müsse. Netschajew hat diese Ansammlung von

Zündstoff für die Jugend an den Universitäten verfaßt. Er wird jedoch von Schweizer Behörden verhaftet, der russischen Polizei ausgeliefert und in der Peter-Paul-Festung in den Kerker geworfen.

Andere russische Emigranten, die der Verfolgung entgangen sind, setzen sein Werk fort. Herzen stirbt im Januar 1870. Im März desselben Jahres kommt Peter Lawrow nach Paris. Er besitzt einen ausgewogenen Charakter, ist von außerordentlich hoher Bildung, hat früher an der Militärakademie unterrichtet und betrachtet sich als Schüler von Karl Marx. Seine »Historischen Briefe« begeistern die junge Generation. Im Gegensatz zu den Nihilisten der sechziger Jahre, welche die Vervollkommnung des einzelnen als Grundlage für alles andere betrachteten, lehrt er, daß der einzelne sich dem Wohl des Volkes zum Geschenk machen solle, das Individuum mit der Masse verschmelzen müsse. Einige begeisterungsfähige Leute fragen sich, ob es nicht besser sei, das Studium abzubrechen und nach Rußland zurückzukehren, um Muschiks zu unterrichten. Die meisten Diskussionen dieser Art werden in Zürich geführt. Hier leben zahlreiche russische Studenten, die ihre Kenntnisse bei ausländischen Professoren vertiefen wollen. Lawrow und Bakunin kommen 1872 dorthin. Ihr Erscheinen erregt die Gemüter, und jeder der beiden Revolutionspäpste hat seine eigene Theorie und seine Schar von Anhängern. Bakunin fordert die jungen Leute auf, sich ohne Zögern dem Volk zuzuwenden, nicht um ihm zusammen mit dem Alphabet den Sozialismus beizubringen, sondern um sie zu einem sofortigen Aufstand zu bewegen, der sich auf alle Bereiche erstrecken soll. Er ermahnt seine Anhänger, »ein für allemal im Herzen der Nation die Überreste des unseligen Glaubens an den Zaren zu zerstören, der sie jahrhundertelang zu einem schrecklichen Sklaventum verurteilt« habe. Den russischen Staat möchte er durch ein »freies Bündnis« von Vereinigungen der Arbeiter, Bauern und des Industrieproletariats ersetzen. Diese Doktrin, die zum unmittelbaren Handeln aufruft, findet mehr Anhänger unter den Jungrevolutionären als die gemäßigte Lehre Lawrows, der sie beschwört, ihr Studium fortzusetzen, um, wenn der Augenblick gekommen ist, besser dafür gewappnet zu sein, die Massen zu unterrichten. So spaltet sich die Jugend in Bakunisten, die begierig sind, sogleich zur Tat zu schreiten, um die Menschheit zu verbessern, und Lawristen, die in der Minderzahl sind und in Ruhe und Vernunft den Sozialismus von morgen planen wollen.

Ein dritter revolutionärer Führer taucht 1873 in Zürich auf: Peter Tkatschew. Er ist ein Schüler Tschernyschewskijs und der Auffassung, daß die ungebildeten, engstirnigen, kleinmütigen Muschiks nicht aktiv an der Revolution teilnehmen können. Die Macht muß seiner Meinung nach von einer Gruppe geübter und zentral gesteuerter Verschwörer übernommen werden. Um das Regime zu stürzen, ist eine Handvoll entschlossener Spezialisten geeigneter als eine amorphe Masse, deren Reaktionen unvorhersehbar sind.[2] Die meisten Zuhörer Tkatschews jedoch sind zu sehr Idealisten, um diesem harten Realismus etwas abzugewinnen. Das Glück des Proletariats herbeizuführen, ohne daß dieses daran teilnimmt, scheint ihnen ein ungerechtfertigter Dünkel gegenüber der Klasse der Bauern. So schart Tkatschew weniger Anhänger um sich als Bakunin und Lawrow.

Bakunisten, Lawristen und Tkatschewisten sind sich jedoch in einem Punkt einig: Man muß sich dem Volk zuwenden. Die einen träumen davon, es zu erziehen und zu formen, die anderen davon, ihm den wahren Sinn des Lebens beizubringen, andere wieder, es zum Aufstand gegen die Regierung zu ermuntern. Alle aber sind von einem fast körperlichen Verlangen geleitet, sich in allernächster Nähe der Muschiks aufzuhalten, ihren Geruch wahrzunehmen, ihr Leid zu teilen. Die Intelligenzija, sagen sie, hat eine Schuld an den unterdrückten Brüdern zu begleichen. Es ist ihre Pflicht, die Bücher hinzulegen und auf die Felder zu gehen. 1873 werden durch einen Erlaß des Zaren alle jungen Russen, die in der Schweiz studieren, aufgefordert, in ihre Heimat zurückzukehren. So soll vermieden werden, daß die schädlichen westlichen Ideen leichtgläubige Geister verwirren. Die Regierung erreicht damit das genaue Gegenteil dessen, was sie wollte. Glühende Vertreter revolutionärer Ideen kehren in ihr Heimatland zurück. Jungen und Mädchen beleben die progressiven Zirkel, die seit Jahren darniederlagen, mit neuem Blut. Unter dem Einfluß des Idealisten Nikolaus Tschaikowskij, der auch Schüler Tschernyschewskijs und Dobroljubows ist, bilden viele Studenten kleine Gruppen, leben gemeinsam, teilen ihre Habe und ihre Ideen. Durch diese Lebensgemeinschaft wachsen sie näher zusammen und stärken ihren Kampfgeist. So bilden und vermehren sich in ganz Rußland kleine Geheimzirkel, die einen »Kreuzzug zum Volk« vorbereiten wollen. Bald gibt es sie nicht nur in den kleinen Behausungen der Studenten, sondern auch in den besseren Vierteln. Der Virus der Freigebigkeit ergreift Leute, die schon etabliert sind, Honoratioren, Richter, Ärzte, Offiziere. Immer mehr Menschen plagt ihr soziales Gewissen, und sie hegen deshalb große Sympathie für die erregten Neubekehrten der Revolution, deren – ach so lobenswertes – Ziel darin besteht, sich mit den Muschiks zu verbrüdern.

Im Frühjahr 1874 geht eine Welle der Aufregung durch die Jugend. Der Augenblick des Handelns ist gekommen. Um dem Volk näherzukommen, muß man seine Kleidung tragen. Es werden Kittel aus grobem Stoff genäht, man besorgt sich Mützen und Stiefel. Die »Missionare« verabschieden sich mit Pathos von ihren Eltern und Freunden. Sie erklären, daß sie in den Ural, an die Wolga oder den Don gehen, um ihr Leben als Bauern, Waldarbeiter oder Fährleute zu verdienen, daß sie tief in das Geflecht der russischen Bevölkerung eindringen wollen. Man beglückwünscht sie. Man wünscht ihnen gute Reise und gibt ihnen den Namen »Narodniki«. Tausende strömen in alle Teile des Landes. Die Bauern sind überrascht über die jungen Herren und Damen mit den weißen Händen, die sich als Arme verkleidet haben und ihnen unverständliche Vorträge halten. Solange die Neuankömmlinge gegen den Geiz der Großgrundbesitzer zu Felde ziehen, nicken sie zustimmend. Sobald sie aber beginnen, die Tugenden des Sozialismus und die Vorteile kollektiver Landwirtschaft zu preisen, stoßen sie auf taube Ohren. Die Muschiks sind mißtrauisch und verstockt und sehen die geschwätzigen Tölpel, die behaupten, sie gehörten zu ihnen, höchst ungern. Sie sind in der Verehrung des Zaren aufgewachsen, von jahrhundertelanger Knechtschaft geprägt und fürchten sich vor den Änderungen, die ihnen die Fremden aus der Stadt vorschlagen. Wenn das keine Falle ist, mit der man ihre Loyalität auf die Probe stellen will! Oft nehmen die Bauern die Agitatoren einfach fest und liefern sie den örtlichen Behörden aus. Die Polizei sucht nämlich überall nach Narodniki. Ihre Namen sind bekannt. Die Regierung weiß nur noch nicht, wie sie gegen diese Art Delikt vorgehen soll. Schließlich werden viertausend Propagandisten verhaftet und siebenhundertsiebzig der Justiz überstellt. Darunter befinden sich hundertachtundfünfzig junge Mädchen, die zumeist aus angesehenen Familien stammen. Die Maskerade endet in Verzweiflung.

Im Spätherbst des Jahres 1874 erklärt Graf Pahlen, der Justizminister, öffentlich, der »verrückte Sommer« sei nun vorbei. Er beschließt, politische Prozesse anzustrengen, um der ganzen Nation vor Augen zu führen, welche Gefahr sie bedroht. In seinem Bericht schreibt er: »Viele reife Männer, die eine angesehene Stellung innehaben, stehen der Regierung nicht nur feindlich gegenüber, sondern leisten den Revolutionären auch noch aktive Hilfe, als begriffen sie nicht, daß sie damit ihren eigenen Untergang und den der Gesellschaft einleiten.« Die politischen Prozesse werden zur Waffe gegen jene, die sie angestrengt haben. Einerseits erfährt alle Öffentlichkeit, daß es aktive Geheimorganisationen gibt. Andererseits ermöglichen sie es den Beschuldigten, die das Recht freier Meinungsäußerung in Anspruch nehmen, die Regierung anzugreifen und die Vorteile der von ihnen vertretenen radikalen Lösung zu erläutern. Die Presse druckt ihre flammenden Reden in Auszügen ab. Druckereien, die im Untergrund arbeiten, bringen sie in ungekürzter Form heraus. In der Absicht, die Narodniki an den Pranger zu stellen, hat die Regierung ihnen eine Rednertribüne verschafft. Ganz Rußland weiß jetzt, was die intellektuelle Jugend der Regierung zum Vorwurf macht.

Das Scheitern ihres »Weges zum Volk« hat die Revolutionäre davon überzeugt, daß es unmöglich ist, die Massen zum Aufstand aufzuwiegeln. Wenn sie das Zarenreich erschüttern wollen, dann müssen sie sich auf sich selbst verlassen. Deshalb bilden sie 1874 eine Geheimorganisation, deren Einfluß entschieden größer ist als jener der bisherigen, getrennt voneinander operierenden Gruppen. Sie nimmt den Namen »Land und Freiheit« wieder auf, den bereits die Organisation aus den sechziger Jahren getragen hatte. Sie besteht aus einer zentralen Leitung (später Zentralkomitee genannt), die in mehrere Abteilungen gegliedert ist: eine für Intellektuelle, eine für Arbeiter, eine für Bauern ... Tochterzellen von »Land und Freiheit« bilden sich im ganzen Land. Hier und da kommt es zu Streiks, die jedoch schnell niedergeschlagen werden. Am 6. Dezember 1876 versammeln sich Hunderte von Bauern und Arbeitern vor der Kathedrale der Gottesmutter von Kasan zu einer Demonstration. Die Polizei löst die Versammlung auf und verhaftet die Anführer, die ins Gefängnis geworfen oder deportiert werden. Einige Monate später weigert sich einer der jungen Männer, die bei dieser Gelegenheit eingesperrt wurden, der Student Bogoljubow, vor dem Polizeichef General Trepow die Mütze abzunehmen, als dieser das Gefängnis besucht. Vor Wut von Sinnen, schlägt Trepow ihn und läßt ihm hundert Rutenschläge verabreichen, obwohl politische Gefangene nicht körperlich gezüchtigt werden dürfen. Hunderte von Werst von Sankt Petersburg entfernt, erfährt eine achtundzwanzigjährige Frau namens Wera Zassulitsch von dem Vorfall, vermutlich über geheime Zeitschriften. Obwohl sie das Opfer nicht kennt, kann sie das Unrecht, das man ihm angetan hat, nicht ertragen. Sie war früher mit Netschajew befreundet und hat wegen revolutionärer Propaganda zwei Jahre im Gefängnis verbracht. Immer war sie von dem Wunsch beseelt, das ihren Genossen angetane Leid zu rächen. Jetzt hat sie endlich Gelegenheit, sich zu opfern und so vor der Geschichte darüber Zeugnis abzulegen.

Am 24. Januar 1878 spricht sie als Bittstellerin bei Trepow vor und feuert zwei Pistolenschüsse auf ihn ab, die ihn schwer verletzen. Sie wird sogleich verhaftet und ins Gefängnis geworfen, wo sie drei Monate warten muß, bis sie vor Gericht erscheinen kann. Der Prozeß findet vor einer der Geschworenenkammern statt, die im Zuge der liberalen Reformen Alexanders gebildet wurden. An einer Bestrafung kann kein Zweifel bestehen, zumal die Beschuldigte sich zu dem am hellichten Tag begangenen Verbrechen mit allem Stolz bekennt. Schon bei Anhörung der ersten Zeugen spüren die Schöffen eine seltsame Sympathie gegenüber der Revolutionärin. Trepows Grausamkeit scheint verurteilungswürdiger als der Tötungsversuch Wera Zassulitschs. Plötzlich wird er zum Angeklagten und sie zur Anklägerin. Dabei gehören die Geschworenen alle der höheren Gesellschaft an, und die sorgfältig verlesenen Zuschauer sind alle unverdächtige Leute. Jede Aussage von Wera Zassulitsch wird wie ein Weisheitsspruch aufgenommen. Im Saal steigt die Erregung. Anstatt seine Mandantin zu verteidigen, hält ihr Anwalt Alexandrow eine Anklagerede gegen Trepow und die Regierung, die er repräsentiert. Das Auditorium lauscht erstaunt seinen Worten. Dann zieht sich das Gericht zur Beratung zurück. Schon nach wenigen Minuten kehrt es zurück und gibt den Freispruch bekannt.

Das Publikum, das auf eine solche Entscheidung nicht zu hoffen wagte, applaudiert heftig, entgegen aller Gepflogenheit. Wera Zassulitsch verläßt den Saal unter Ovationen. Die Menge, die vor dem Justizpalast wartet, feiert sie wie eine Heldin. In dem allgemeinen freudigen Gedränge bildet sich ein Zug. Man will die Frau im Triumph bis zu Trepows Haus tragen. Aber eine Abteilung von Gendarmen und Kosaken hält die Prozession auf. Ein Infanterieregiment eröffnet das Feuer. Die Menge zerstreut sich, und auf der Straße bleiben Tote und Verwundete zurück. Wera Zassulitsch gelingt es, bei dem allgemeinen Durcheinander mit Hilfe von Freunden zu fliehen. Sie geht ins Schweizer Exil.[4]

Der Skandal, den der Freispruch bewirkt, und die Vorkommnisse auf der Straße sind bald in ganz Rußland bekannt. Ausländische Zeitungen kommentieren den Prozeß und untersuchen in seinem Licht die Schwächen der russischen Monarchie. Die in Sankt Petersburg akkreditierten Diplomaten betonen in ihren Depeschen immer wieder, wie sehr sich doch Thron und Volk voneinander entfernt haben. Der französische Bevollmächtigte M. de Viel-Castel meldet seinem Minister: »Bis auf die eng mit dem Hof verbundenen Gesellschaftskreise finden sich in allen Schichten und besonders im Bürgertum immer mehr gemäßigte Geister, welche die Entscheidung der Geschworenen begrüßen und sie zumindest als notwendigen Protest gegen unerträglichen Machtmißbrauch ansehen.«[5]

Alexander ist verblüfft. Wie ist es nur möglich, daß so viele vernünftige und im Wohlstand lebende Leute mit diesem Lumpenpack gemeinsame Sache machen? Begreifen sie nicht, daß sie sich durch ihre Nachsicht gegenüber Terroristen über kurz oder lang selbst in Gefahr bringen? Entschlossen, der Gewalt mit Härte zu begegnen, befiehlt er, die Strafen, mit denen kurz zuvor hundertdreiundneunzig Revolutionäre belegt worden sind, zu erhöhen; er ermächtigt die Polizei, durch einen einfachen Verwaltungsakt Verdächtige nach Sibirien zu verbannen, und droht, den Geschworenenkammern die Zuständigkeit für politische Prozesse zu entziehen und sie den Militärgerichten zu übertragen.

Wera Zassulitschs Tat findet eifrige Nachahmer bei den anderen Revolutionären. Die Zeit der Parolen ist vorbei, die Ära des Terrorismus hat begonnen. Am 24. Mai 1878 stirbt Baron Heyking, ein Kiewer Gendarmeriehauptmann, durch das Messer eines Fanatikers. In derselben Stadt wird ein Attentat auf den Staatsanwalt Kotljarewskij verübt. In Moskau, Kiew, Charkow und Odessa folgt eine Demonstration auf die andere, alle werden von der Polizei gewaltsam zerstreut. Der Organisator einer Protestversammlung in Odessa, Kowalskij, wird verhaftet, zum Tod verurteilt und hingerichtet. Die Antwort darauf erfolgt vierundzwanzig Stunden später. Am 4. August 1878 wird General Mezenzow, der neue Chef der Staatspolizei, am hellichten Tag in einer der belebtesten Straßen Sankt Petersburgs, der Italienischen Straße, erstochen. Den Attentätern gelingt die Flucht.[6] Gegen Ende des Jahres berichtet M. de Viel-Castel in einer Depesche: »Obwohl die Regierung durch verschiedene Anzeichen ihre Absicht bekundet, härtere Maßnahmen zu ergreifen, scheinen die Nihilisten keineswegs bereit, den Kampf aufzugeben. Selbst wenn es der Regierung gelingt, der Sekte von Kriminellen, die sie in Schach hält, Herr zu werden, so steht ihr doch noch ein großer Teil des Landes gegenüber, der zwar nicht gemeinsames Spiel mit den Mördern treibt, aber von den Grundfehlern der herrschenden Ordnung durchaus überzeugt ist. Alles, was keine Waffen trägt, steht der Regierung entweder feindlich gegenüber oder ist mir ihr unzufrieden.« In einer weiteren Depesche heißt es: »Die russische Regierung scheint immer mehr entschlossen, dem heute in allen Bevölkerungsschichten bestehenden Wunsch nach Reformen auch nicht im geringsten zu entsprechen ... Der Zar, der mit der öffentlichen Meinung so gut wie nie in Berührung kommt, hat nur ein sehr unklares Bild von der Lage.« In dieser Hinsicht irrt der Diplomat. Alexander ist sich der Gefahr bewußt, die dem überalterten Regime droht. Aber er weiß aus Erfahrung, daß im einen oder anderen Punkt nachzugeben bedeutet, die Opposition zu weiteren Forderungen zu ermutigen. Revolutionäre sind unersättlich, sagt er sich. Schließlich ist es ihm gelungen, sie nach dem Attentat von Karakosow zu bändigen. Vielleicht wird man durch die Beschattung und Verfolgung der Polizei eines Tages doch Herr über die Mörder, die im dunklen agieren.

Bis dahin ist es besser, am Leben bei Hofe nichts zu ändern. Feste, Militärparaden, Empfänge und Galaschauspiele finden statt wie zuvor, als ob das Land nicht von einem inneren Krieg geschüttelt würde. Vicomte Melchior de Vogüé, französischer Botschaftssekretär, schreibt unter dem Datum vom 26. Januar 1879 in sein Tagebuch: »Das Galaschauspiel war das zauberhafteste Erlebnis, das ich je hatte. Es war eine Mischung aus dem Jahrhundert Ludwigs XIV. und dem Harun al Raschids. Als die Zarenfamilie die Loge betrat, standen alle Frauen in den Logen mit Diamanten geschmückt, im Parterre die Generäle mit Epauletten und Schnüren im Schein des elektrischen Lichts. Bei den ersten Takten der Zarenhymne brachen sie in lautes Hurra aus. Bis auf den amerikanischen Minister trug niemand Schwarz, überall sah man sämtliche Farben des Regenbogens, Chinesen, Türken usw. Leben, Macht, Luxus, Elite und das Gold von achtzig Millionen Menschen, die in diesem leuchtenden Saal zusammenstanden. Dies ist so schön, so märchenhaft, daß man danach nur noch die Sterne und die reinen Ideen betrachten kann, weil man alle Herrlichkeit auf Erden gesehen hat.«[7]

Alexander nimmt an den verschiedenen Feierlichkeiten pflichtbewußt teil, tatsächlich aber ist er müde und tieftraurig. Selbst inmitten der ihm ergebenen Höflinge spürt er die Vorwürfe seiner Untertanen wie einen Schauder im Rücken. In der Hoffnung, alle Menschen guten Willens um sich zu versammeln, läßt er in der Zeitung »Bote der Regierung« einen Appell an das Volk richten: »Wie hart die Maßnahmen der Regierung auch seien, mit welcher Strenge und welchem Eifer die Beamten, die diese Maßnahmen anwenden, auch vorgehen mögen, wie groß die Mißachtung des Souveräns für die wiederholten Drohungen einer Verbrecherbande auch sein mag, die Regierung muß auf die Unterstützung der Gesellschaft zählen können und ruft deshalb alle Schichten der russischen Gesellschaft dazu auf, sie in ihren Bemühungen, das Übel mit der Wurzel auszureißen, zu bestärken ... Das russische Volk muß durch seine Haltung zum Ausdruck bringen, daß es bei ihm keinen Platz für solche Verbrecher gibt, daß es sie verachtet und daß jeder dem Zaren treue Untertan bereit ist, sein Möglichstes zu tun, um der Regierung bei der Ausrottung des gemeinsamen Feindes, der uns im Inneren zu sprengen droht, zur Seite zu stehen.«

Diese pathetische Beschwörung findet nur bei den Anhängern der Monarchie Anerkennung, die ohnehin keine Belehrung nötig haben. Die politischen Morde greifen überall im russichen Volk wie eine Epidemie um sich. Im ganzen Land werden Staatsanwälte, Richter, Polizeichefs, Gendarmerieoffiziere und Gefängnisdirektoren umgebracht. Am 9. Februar 1879 tötet Gregor Goldenberg den Gouverneur von Charkow, Fürst Kropotkin,[8] mit Revolverschüssen. Am 1. März desselben Jahres entgeht General Drenteln, Nachfolger General Mezenzows an der Spitze der Staatspolizei, der im Jahr zuvor ermordet wurde, nur knapp einem Attentat. Er fährt in einer Kutsche am Newa-Kai entlang, als ein Reiter ihn im Galopp überholt und auf ihn schießt, allerdings ohne zu treffen. Der Reiter wird von der Polizei verfolgt, entkommt aber ohne Mühe. Zu diesem Anlaß schreibt »Listok« (»Das Blättchen«), die Zeitschrift der Untergrundorganisation »Land und Freiheit«, daß der Terror »die Regierung zwingt, die Ohnmacht des Systems angesichts einer Gefahr zu offenbaren, deren Quelle unauffindbar und unbekannt ist«.

Einige Wochen später, am 2. April 1879, geht Alexander in der Umgebung des Schlosses spazieren und sieht einen jungen hochgewachsenen Mann, der die mit Tressen verzierte Mütze eines Beamten trägt, schnellen Schrittes auf sich zukommen.

Alexander ist beunruhigt und sieht sich um. Der Polizeioffizier in seinem Gefolge steht fünfundzwanzig Schritte hinter ihm. Auf der anderen Seite des Generalstabsplatzes steht ein Gendarmeriehauptmann. Bevor Alexander sie aufmerksam machen kann, gibt der Mann einen Revolverschuß auf ihn ab. Der Zar springt nach rechts. Ein zweiter Schuß ertönt. Trotz seiner einundsechzig Jahre noch sehr beweglich, springt der Zar auf die linke Seite. Eine dritte Kugel zischt an seinem Ohr vorbei. Er läuft jetzt im Zickzack, die vierte und fünfte Kugel verfehlen ihn nur knapp. Die Polizisten, die durch die Schüsse herbeigerufen wurden, nehmen den Gewalttäter fest. Während er aufs Revier gebracht wird, versucht er, sich umzubringen, indem er auf eine mit Gift gefüllte Nuß beißt, die er sich schnell in den Mund geschoben hat. Bald stellt sich heraus, daß er Alexander Solowjew heißt, dreißig Jahre alt und Lehrer ist. Der Untersuchungsrichter bedrängt ihn mit Fragen, er weigert sich aber, über die Vorbereitungen seiner Tat Auskunft zu geben, und erklärt stolz: »Ich wurde in der orthodoxen Religion getauft, aber ich erkenne keine Religion an ... Auf die Idee, Seine Majestät zu töten, bin ich durch sozialrevolutionäre Lehren gekommen. Ich gehöre der russischen Sektion der Partei an, die es für ungerecht hält, daß die Mehrheit des Landes sich abmühen muß, damit eine Minderheit die Früchte der Arbeit des Volkes und alle Wohltaten genießt, die den meisten vorenthalten werden.«[9] Er fügt hinzu: »Mehr werden Sie über mich nicht erfahren. Ich habe mein Leben schon vor langer Zeit geopfert. Im übrigen würden meine Komplizen mich sofort töten, wenn ich etwas preisgäbe, und zwar noch hier in diesem Gefängnis.«[10] Am 29. Mai 1879 stirbt er durch den Strang.

Nachdem er erneut mit dem Leben davongekommen ist, nimmt Alexander, wie inzwischen schon üblich, an einem Dankgottesdienst teil und die Glückwünsche des Hofes entgegen. Solowjews Tat ist zwar gescheitert, hat aber die Öffentlichkeit aufgerüttelt. Am Tag nach dem Attentat greift überall ein Gefühl der Unsicherheit um sich. In Kreisen des Hofes und im Großbürgertum hat man von der Jugend keine gute Meinung mehr. Man sieht in den jungen Leuten nicht mehr die Idealisten, die sich dem Volk annähern wollen, sondern Leute, die

Mördern nacheifern. Als wollten sie alle Welt herausfordern, laufen sie schlampig herum. Sie tragen die Uniform des Protests: Studenten mit stoppeligen Bärten und langen Haaren, die rote Hemden tragen und einen Überwurf aus Schottenstoff über der Schulter; Studentinnen in kurzen Röcken, kurzgeschnittenen Haaren, eine Zigarette im Mundwinkel. Der bekannte Satiriker Saltykow-Schtschedrin schreibt über sie: »Diese Leute haben angefangen zu lesen, ohne das Alphabet zu kennen, und zu laufen begonnen, als sie noch nicht aufrecht stehen konnten.«[11] Selbst wenn sie nicht dem Untergrund angehören, so haben sie doch große Sympathien für die Berufsagitatoren. Sie machen ihren Eltern zum Vorwurf, sich an die alte Ordnung zu klammern. Dabei rechnen auch diese mit einer Änderung der Verhältnisse, fürchten allerdings eine blutige Revolution. Wie soll die Veränderung aussehen? Sie wissen es nicht genau. Aber sie sind davon überzeugt, daß das jetzige Regime überholt ist. Die Zukunft, so meinen sie, kann nicht der Vergangenheit gleichen. Wie ein Schläfer, der eine bequemere Schlafstellung sucht, drehen sie sich von einer Seite auf die andere. Ihrer Ansicht nach muß man einen Unterschied zwischen nihilistischen Verschwörern und vernünftigen Liberalen machen. Diese, zu denen Wissenschaftler, höhere Beamte, Schriftsteller, Ingenieure und Ärzte gehören, träumen von einer Verfassung. Warum sollte man auf ihre Wünsche nicht eingehen? Die Zeit ist reif.

Alexander fürchtet, daß sich sein Reich mit jedem Zugeständnis, das er macht, weiter auflöst. Zwar ist er absoluter Monarch, hat jedoch nicht die Freiheit, über Rußland so zu verfügen, wie er will. Er ist seinen Vorfahren verpflichtet. Sein Vater hat ihm einen Schatz anvertraut. Er muß ihn unbeschadet an seinen Erben weitergeben. Seine Minister, seine Berater, seine Frau und seine Geliebte bitten ihn, Vernunft walten zu lassen. Widerwillig gibt er seine täglichen Spaziergänge auf und verläßt das Schloß nur noch im geschlossenen Wagen in Begleitung von Kosaken. Um die Revolutionäre einzuschüchtern, ernennt er sechs Generalgouverneure, die in Petersburg, Moskau, Warschau, Kiew, Charkow und Odessa die Oberhoheit ausüben, und stattet sie mit Sonderbefugnissen aus: Sie erhalten das Recht, alle verdächtigen Personen festzunehmen oder auszuweisen; das Recht, Zeitungen zu verbieten, das Recht, jede notwendige Maßnahme zur Aufrechterhaltung der Ordnung zu ergreifen und zwar ohne Begnadigungsverfahren. Zu diesen sechs Machthabern gehören drei Generäle, die sich im letzten Krieg ausgezeichnet haben: General Todleben, General Gurko und General Loris-Melikow. In ganz Rußland herrscht jetzt der Ausnahmezustand. Der Erlaß vom 5. August 1879 weist ausdrücklich darauf hin, daß jeder, der eines politischen Vergehens beschuldigt wird, ohne vorhergehende Ermittlungen abgeurteilt, ohne Anhörung von Zeugen zum Tod verurteilt werden kann und keine Möglichkeit hat, in die Berufung zu gehen.

Je mehr die Regierung ihre Repressalien verstärkt, desto entschlossener werden die Revolutionäre. Die Mitglieder von »Land und Freiheit« jedoch sind seit einiger Zeit gespalten. Die einen wollen wie der junge Plechanow auf dem Land Propaganda treiben, die anderen sind für die Ausweitung des Terrors. Als sich der Konflikt zwischen beiden Gruppierungen zuspitzt, versammeln sich die Führer auf einem Geheimkongreß, der zwischen dem 17. und dem 21. Juni 1879 in Lipetsk stattfindet, einem kleinen Badeort in der Provinz Tambow, um über das Problem des Zarenmords zu beraten. Das Wetter ist schön, die Landschaft idyllisch. Man liegt ausgestreckt im Gras im Schatten der Bäume. Hier lauschen die Verschwörer Alexander Michailow, der heftig den Kopf des Zaren fordert. »Der Zar«, sagt er, »hat in der zweiten Hälfte seiner Herrschaft fast alles Positive, das fortschrittliche Kräfte ihm nach der Niederlage von Sewastopol zu tun ermöglichten, zunichte gemacht: die Aufhebung der Leibeigenschaft, die Rechtsreform. Müssen wir wegen zweiter guter Taten, die er am Anfang geleistet hat, alles Übel vergessen, das er in der Folge angerichtet hat?« Als Antwort erfolgt ein einstimmiges Nein. Der Revolutionär Jeljabow unterstreicht, daß der Terrorismus keine Waffe »legitimer Verteidigung und Rache« sei, sondern eine Tat, die im Zusammenhang mit dem »aktiven Kampf für die Freiheit aller und ein parlamentarisches System, welches sie garantiert«, stehe.

Die Anhänger dieser Überlegungen, die Kongressisten, begeben sich nach Woroneje, wo sie mit den Gegnern des Terrors, deren Anführer Plechanow ist, zusammentreffen. Dieser führt den endgültigen Bruch mit den Terroristen herbei. Die Spaltung der Partei ist beschlossen. Keine der beiden Nachfolgeorganisationen behält den Namen »Land und Freiheit«. Die Anhänger des Terrors bilden nach ihrer Rückkehr nach Sankt Petersburg eine neue Gesellschaft mit dem Namen »Wille des Volkes« (Narodnaja Wolja). Ihre Gegner, die das Heil in sozialer Propaganda und einer Agrarrevolution sehen, nennen sich »Die schwarze Teilung« (Tscherny Peredjel). Der »Wille des Volkes« ist die größere und aktivere der beiden Organisationen. Plechanow und seine Kameraden gehen ins Ausland und gründen dort die russische Sozialdemokratie, die vom Marxismus beeinflußt wird. Aus dem »Willen des Volkes« hingegen wird später die Sozialistisch-revolutionäre Partei Rußlands (die Narodniki).

Am 26. August 1879 beschließt das zentrale Exekutivkomitee von »Wille des Volkes« die Verurteilung Alexanders zum Tode, wenn er den wichtigsten Forderungen nicht Folge leistet. Eine kleine Gruppe ist bereit, ihr Leben zur Erfüllung dieser Aufgabe im Dienst der Gerechtigkeit hinzugeben. Sie reisen von einem Ende Rußlands zum anderen, haben falsche Pässe, ändern ständig den Namen, die Verkleidung, den Beruf. Sie sind die Gaukler des politischen Verbrechens. Sie sind Arbeiter, Bergleute, Schreiner, Kaufleute oder Schriftsetzer und suchen in allen Schichten der Gesellschaft Sympathisanten zu gewinnen. Ein Funktionär der »Dritten Abteilung«, der für ihre Sache gewonnen werden konnte, warnt sie rechtzeitig vor Hausdurchsuchungen oder Verhaftungen. Mit der Beweglichkeit von Aalen schlüpfen sie durch die Maschen der schweren Fischreuse, die sie einzufangen sucht. Der Zar tut keinen Schritt, von dem sie nicht unterrichtet wären.

Den Monat Mai 1879 hat er zusammen mit der Zarin, deren Gesundheitszustand immer schlechter wird, im Schloß von Liwadija auf der Krim verbracht. Katharina Dolgorukij war ebenfalls dort und wohnte in einer nahe gelegenen Villa, wo sie ihren Liebhaber Tag und Nacht empfing. Nach einem Aufenthalt in Petersburg, wohin ihn Regierungsgeschäfte gerufen haben, kehrt er im September wieder auf die Krim zurück, um dort bis zum Winter zu bleiben. Die Zarin, die abgemagert ist und schwer nach Atem ringt, hat sich inzwischen in Bad Kissingen niedergelassen, wo sie hofft, wieder ein wenig zu Kräften zu kommen. Von dort aus reist sie nach Cannes, dessen Klima so günstig sein soll.

Nach der Abreise seiner Frau widmet sich Alexander ganz Katharina. Er besucht sie zu Pferd in Begleitung eines Kosaken. Sie erwartet ihn im Kreise ihrer Kinder. Er spielt mit ihnen. Danach bleibt er allein bei seiner Geliebten auf einer blühenden Veranda, im Anblick der blauen und dunstigen Weite des Schwarzen Meeres. Er berichtet detailgetreu über die Ereignisse des Tages, erzählt von seinen Sorgen und Plänen. Wenn er abends ins Schloß zurückkehrt, schreibt er ihr, um sie seiner Liebe und Dankbarkeit zu versichern. Er wünscht sich, daß dieses friedvolle Leben weitab vom Hof kein Ende nimmt. In den letzten Novembertagen jedoch peitscht ein eisiger Nordwind das Land. Plötzlich ist das Klima so kalt und feucht, daß der Zar bereit ist, nach Sankt Petersburg zurückzukehren, wo die überheizten Räume des Winterpalais das Paar erwarten.

Die Terroristen, die über die Absicht des Monarchen unterrichtet sind, haben beschlossen, bei Durchfahrt des Zuges eine Bombe explodieren zu lassen, entweder in Odessa, in Alexandrowsk (einem kleinen Ort in der Nähe von Charkow) oder kurz vor Moskau. Die Lieferung des Dynamits verläuft reibungslos. Durch einen Wechsel der Reiseroute fährt der Zug nicht über Odessa. In Alexandrowsk kommt es aus unerfindlichen Gründen nicht zur Explosion. Jetzt können die Terroristen ihr Glück nur noch vierzehn Kilometer vor Moskau versuchen. Einer von ihnen, ein angeblicher Ingenieur namens Sukorokow[11], hat in der Nähe des Bahndammes ein Haus gemietet. Seine Genossen haben einen unterirdischen Gang gegraben, der bis unter die Gleise führt, und dort eine große Menge explosiven Materials untergebracht. Sie wissen genau, wie die Reise verläuft.

Am 19. November warten sie seit dem frühen Morgen am Ende des Ganges auf den Augenblick, in dem der Zündmechanismus ausgelöst werden muß. Üblicherweise fährt der Zug mit dem Gepäck des Zaren und dem Personal der Zarenkanzlei dem Zug seiner Majestät um eine halbe Stunde voraus. Die Terroristen lassen deshalb den ersten Zug vorbeifahren; die Bombe explodiert unter dem zweiten. Die Lokomotive stürzt um, und einige Waggons entgleisen unter dem splitternden Krachen der Fenster. Aber es ist nicht der richtige Zug. Wegen eines Lokomotivenschadens in der Nähe von Charkow wurde in letzter Minute entschieden, den Zug Seiner Majestät zuerst fahren zu lassen. So ist der Zug, in dem das Gefolge des Zaren reist, explodiert. Todesopfer hat es nicht gegeben, aber die Kühnheit der Verschwörer versetzt die Regierung in Erstaunen.

Als Alexander in Moskau erfährt, welcher Gefahr er diesmal entronnen ist, ruft er aus: »Aber was haben diese Elenden nur gegen mich? Warum behandeln sie mich wie ein wildes Tier? Ich habe immer nur das Gute für mein Volk im Auge gehabt!« Er verbringt zwei Tage in Moskau und kehrt dann mit Katharina nach Sankt Petersburg zurück. Unterwegs hat er ein Telegramm von der Zarin aus Cannes erhalten. Seit einiger Zeit lebt sie in einem Zustand schrecklicher Angst und Atemnot. Alexander telegrafiert zurück: »Habe Deine Nachricht in Tula erhalten. Bedauere, daß Du in diesem Zustand bist. Mir geht es gut, ich bin ausgeruht. Ein zarter Kuß, Alexander.«

Trotz allen Respekts gegenüber seiner kranken, weit entfernt weilenden Gattin kann er nicht umhin, ihrem Ende mit Gelassenheit entgegenzusehen. Ihre Gegenwart, und sei sie noch so peripher, beeinträchtigt sein Glück mit Katharina. Unselige Wünsche befallen ihn, die er weit von sich weist. Das letzte mißglückte Attentat hat ihn dieser Frau noch nähergebracht. Sie gibt ihm Willenskraft und berät ihn, ist sein Zufluchtsort und Talisman. Solange sie über ihn wacht, müssen die Revolutionäre – so denkt er – scheitern.

Wenn ihn Zweifel überkommen – und das geschieht sehr oft –, sagt Alexander sich, daß über jedem Staatsoberhaupt, das in Rußland Reformen einführen will, ein unversöhnlicher Fluch liegt. Dieses Riesenreich ist, so meint er, schwer zu bewegen, so daß man sich bei jeder Entscheidung, die man trifft, in beiden Lagern Feinde schafft. Die Konservativen halten auch die geringste Neuerung für einen Frevel und verteidigen mit Klauen und Zähnen die Privilegien, die sie von ihren Vätern ererbt haben. Sie möchten im Rußland von früher leben und sterben. Auf der anderen Seite stehen die weniger Begüterten, die der Meinung sind, daß der Zar trotz seiner schönen Worte zu lange zögert, um ihren Durst nach Freiheit, Gleichheit und Gerechtigkeit zu stillen. Früher haben sie ihn beweihräuchert, jetzt aber beschuldigen sie ihn der Falschheit und des Verrats. Manche spielen sogar mit dem Gedanken, ihn zu stürzen, um sich für ihre Enttäuschung zu rächen. Alexander bewegt sich zwischen der Furcht der einen und der Ungeduld der anderen stolpernd vorwärts. Sein Werk, das beispielhaft hatte sein sollen, erscheint ihm heute als Mischung von Halbheiten, nie zu Ende geführten Vorhaben und Ausweichen vor Entscheidungen. Ein Schritt nach rechts, ein Schritt nach links und dann von Zeit zu Zeit wieder ein Schritt zurück. O Gott, wie ist es schwierig, dieses Volk zu regieren, das zugleich so ergeben und fordernd ist, das sich einerseits so großherzig zeigt und andererseits sich so an seine Forderungen klammert, das fromm ist bis zum Aberglauben und sich zugleich mit fast barbarischer Härte auflehnt! Manchmal stellt Alexander sich vor, daß er seine politischen Ziele besser erreichen könnte, wenn er es mit Franzosen oder Deutschen zu tun hätte. Sie würden ihn verstehen und ihm vielleicht sogar helfen. Dennoch würde er sein undankbares, verrücktes Rußland um nichts in der Welt gegen ein anderes Land tauschen, in dem Harmonie und Vernunft regieren.

Die Terroristen haben den Kampf inzwischen keineswegs aufgegeben. Kurz nach dem Attentat auf den Zug läßt sich ein achtundzwanzigjähriger Mann im Winterpalais als Schreiner anstellen. Er heißt eigentlich Iwan Kalturin und gehört zu einer Kampfgruppe der Vereinigung »Wille des Volkes«. Seit etwa einem Jahr arbeitet er bei einem Bauunternehmer und hat sich durch seinen Eifer, seine Geschicklichkeit und sein freundliches Wesen hervorgetan. Als sein Meister beauftragt wird, im Untergeschoß des Palais Deckenarbeiten zu erledigen, beschäftigt er auch diesen vorbildlichen Arbeiter. Zu Beginn hat man die Schreiner durchsucht, bevor sie die Baustelle betraten, inzwischen aber kennen die Gendarmen jeden von ihnen und untersuchen ihre Werkzeugtaschen nicht mehr. Kalturin kann auf diese Weise problemlos jeden Tag ein Paket Dynamit ins Haus tragen, das er unter Bodendielen versteckt. Jeljabow, einer der Chefs von »Wille des Volkes«, besorgt ihm den Sprengstoff. Nachdem er fünfzig Kilo beisammen hat, steckt er das Material in eine Aushöhlung und legt eine lange Zündschnur. Er hat allerdings den Eindruck, daß die Menge nicht ausreicht. Trotz Jeljabows Drängen verschiebt er den Anschlag. Eines Tages wird er in Alexanders Büro gerufen, um eine Reparatur auszuführen, und ist mit dem Zaren allein im Raum. Ohne entdeckt zu werden, könnte er ihn mit einem Hammerschlag töten. Aber er tut nichts dergleichen.

Olga Lubatowitsch[13] schreibt in ihren Erinnerungen: »Für Kalturin war Alexander II. der größte Verbrecher am Volk, zugleich aber ließ er sich unfreiwillig durch die guten Beziehungen des Zaren zu den Arbeitern fesseln. Einmal war er sogar mit dem Zaren in seinem Arbeitszimmer allein und hatte ein kleines Souvenir vom Schreibtisch mitgenommen. Seine Genossen zwangen ihn, es sogleich zurückzustellen. Nur das Leben ist in der Lage, solche Widersprüche zu erfinden, das Leben, welches das Wesentliche und Flüchtige, das Große und das Kleine hervorbringt.«[15]

Am Abend des 5. Februar 1880 verläßt Kalturin die Baustelle leichten Herzens und berichtet Jeljabow, der auf der Straße auf ihn wartet, daß alles bereit sei. Im selben Augenblick wird der Erdboden von einer riesigen Explosion erschüttert, und dicker Rauch steigt über dem Winterpalais auf. Es heißt, der Speisesaal der kaiserlichen Gemächer sei explodiert, der Zar jedoch unversehrt geblieben. Die Leute bekreuzigen sich und sprechen von einem Wunder.

Es ist tatsächlich eins. An diesem Abend hatte Alexander Großherzog Alexander von Hessen und seinen Sohn, den neuen Prinzen von Bulgarien, zum Essen geladen. Der Zug, in dem sie reisten, kam aber zu spät an, so daß der Zar sich nicht zur vorgesehenen Zeit mit den Gästen im Speisesaal aufhielt, sondern im Zimmer nebenan. Wenige Minuten später wären sie alle durch die Explosion umgekommen. Das Attentat hat jedoch zahlreiche Opfer gefordert. Da der Zündstoff im Keller lag, hat er das gesamte Gardekorps, das im Erdgeschoß, gleich unterhalb des Speisesaals, untergebracht war, vernichtet. Siebzig Soldaten, die dem Finnland-Regiment angehören, werden aus den Trümmern getragen, elf Tote und sechsundfünfzig Verletzte. Die Gemächer der Zarin, die an den Speisesaal grenzen, sind mächtig erschüttert worden. Sie war gegen den Rat ihrer Ärzte vor kurzem nach Sankt Petersburg zurückgekehrt, um, wie sie sagte, in Rußland im Kreise ihrer Familie zu sterben. An diesem Tag ist sie zu schwach, um am Essen teilzunehmen. Nach einem schweren Erstickungsanfall ist sie so erschöpft, daß sie in einer tiefen Ohnmacht liegt. Sie bekommt von dem Ereignis nichts mit und erfährt erst am nächsten Tag davon, als sie wieder bei Bewußtsein ist. Katharina Dolgorukij hat in der darüber gelegenen Etage, von dem höllischen Krach der Explosion wie taub, ihre Kinder um sich geschart. Ihr erster Gedanke ist das Wohlergehen des Zaren. Ist er auch diesmal verschont geblieben? Gleich darauf steht er neben ihr, ernst und ruhig. Sie wirft sich ihm an die Brust. Im Schloß wird Alarm geläutet. Gendarmen laufen in alle Richtungen. Eisiger Wind dringt durch die Fenster, deren Scheiben zerbrochen sind. Überall ist das Licht ausgegangen. Im Halbdunkel bahnen sich die Feuerwehrleute ihren Weg. Es wird wieder hell. Die Verwundeten stöhnen. Die Überlebenden der Garde kehren blutend und staubbedeckt an ihre Posten zurück. »Es war ein glücklicher Umstand, daß die Dynamitmenge nicht groß genug war, um die massiven Säulen, unter denen es lag, zu zerstören. Sie tragen diesen Teil des Gebäudes«, schreibt Lord Dufferin, der britische Botschafter, an den Marquis von Salisbury. »Sonst wären sie eingestürzt und hätten Seine Majestät und einen großen Teil der Zarenfamilie und des Gefolges unter den Trümmern begraben.«[15]

Drei Tage später nimmt Alexander an der Beerdigung der in seinem Schloß getöteten Soldaten teil. Erhobenen Hauptes und mit langen Schritten betritt er die Kirche. Sein Gesicht ist bleich, verhärmt, seine Augen rot. Als er die Reihe der Särge erblickt, sagt er mit tränenerstickter Stimme: »Man glaubt, man wäre noch dort, im Graben von Plewna!«

Der Terroranschlag ruft im Land Entrüstung und Schrecken

hervor. Wenn die Terroristen den Zaren sogar in seinem Schloß angreifen, muß ihre Macht grenzenlos sein. Wie konnten sie eine solche Tat planen, vorbereiten und ausführen, deren wahnsinnige Kühnheit in der russischen Geschichte ohne Beispiel ist? Welchen Beistand haben ihnen die Diener bei Hofe geleistet, haben sie vielleicht Komplizen unter den Sicherheitsbeamten? Warum hat die Polizei, die doch überall präsent ist, dieses seit Monaten vorbereitete Attentat nicht rechtzeitig aufgedeckt? Wen muß man zur Verantwortung ziehen? Muß man mit weiterer Zunahme von Gewalttaten rechnen? Die Minister beschuldigen sich in ihrer Erregung gegenseitig und wissen nicht, welche Maßnahmen man gegen die steigende Gefahrenflut ergreifen soll. Kalturin ist es gelungen zu fliehen. Sicher werden seine Komplizen, enttäuscht über das Scheitern ihres Unternehmens, bald einen neuen Schlag ausführen, der noch schlimmer sein wird. Beängstigende Gerüchte zirkulieren in der Öffentlichkeit. »Der Wille des Volkes« erscheint allen wie der Inbegriff der Revolution. Jetzt weiß jeder, daß sein zentrales Exekutivkomitee vor nichts zurückschreckt, um sein Ziel zu erreichen. Ein Aufstand der Massen scheint ebenso unausweichlich wie ein Vulkanausbruch nach vorhergehendem Rumoren. Eine von den Terroristen verbreitete Erklärung kündigt außerdem die Fortsetzung des Kampfes an, »solange der Zar die Organisation des öffentlichen Lebens nicht einer frei gewählten verfassunggebenden Versammlung überläßt«. Außerdem heißt es darin, daß die Regierung »die freie Entfaltung des Lebens der Nation behindert«. Manche Leute, die in der Nähe von Regierungsbeamten wohnen, ziehen aus Furcht, Opfer eines gegen ihre Nachbarn gerichteten Attentats zu werden, fort. Trotz eisiger Kälte begeben sich immer mehr große Familien auf ihre Landsitze. Lord Dufferin berichtet: »Die Einwohner von Petersburg stehen im Bann des Terrors, tatsächlich zirkulieren die schlimmsten Gerüchte über die nächsten Vorhaben der Nihilisten.« General Chanzy, der neue französische Botschafter, schreibt: »Seit dem Attentat beschäftigt man sich mit nichts anderem mehr. Es ist Gegenstand jeden Gesprächs, findet die widersprüchlichsten Beurteilungen und nimmt in den Zeitungen, welche die Schande dieser Tat hervorheben, allergrößten Raum ein ... In der Umgebung des Zaren herrscht ergebnislose Geschäftigkeit. Aufgeklärte Leute, denen bewußt ist, daß Reformen notwendig sind, wissen genau, daß es zwischen dem Ziel, das die Nihilisten verfolgen, und den legitimen Forderungen der Nation, denen zu entsprechen notwendig erscheint, keine Gemeinsamkeit besteht. Sie haben jedoch unrecht, wenn sie in ihren Gesprächen immer beides miteinander vermischen. So entsteht beim Volk nur eine gefährliche Verwirrung, weil es sich dazu hinreißen lassen kann zu glauben, daß die Taten, die es ablehnt, in seinem Interesse geschehen.«[16] Vicomte Melchior de Vogüé, Sekretär an der französischen Botschaft, schreibt seine Eindrücke folgendermaßen nieder: »Wer diese Tage erlebt hat, kann bezeugen, daß es keine Worte gibt, um das Entsetzen und die Niedergeschlagenheit aller Gesellschaftsschichten zu beschreiben. Für den 19. Februar[17], den Gedenktag der Aufhebung der Leibeigenschaft, waren mehrere Bombenanschläge in verschiedenen Vierteln der Hauptstadt angesagt. Man nannte Straßen, die besonders bedroht seien ... Von ihrer Ohnmacht überzeugt, verlor die Polizei den Kopf: Der Regierungsapparat reagierte reflexhaft, die Öffentlichkeit merkte dies und forderte ein neues System, einen Retter.« Großfürst Konstantin junior, der Neffe des Zaren, erklärt in einer Zeitung: »Wir durchleben jetzt unseren Terror, mit dem Unterschied, daß die Pariser ihren Feinden ins Auge sehen konnten, während wir sie nicht sehen, nicht kennen und nicht die geringste Vorstellung von ihrer Zahl haben ... Überall herrscht Panik; die Leute haben den Kopf verloren und glauben den absurdesten Gerüchten.«

Alexander ist sich bewußt, daß alle Regierungsstellen vom Zerfall bedroht sind. Seit einigen Jahren geht er auf Treibsand; seine Berater sind nur noch Schatten. Sie zittern, stottern und treten von einem Bein auf das andere, wenn sie mit ihm sprechen. Mit diesen willfährigen Hampelmännern ist nichts anzufangen. Der Feind ist überall: auf den Straßen, an den Bahnlinien, in den Alleen des Parks, den Kellern des Schlosses und vielleicht sogar im Schlafgemach des Zaren. An allen Orten und zu jeder Zeit muß Alexander mit dem Tod rechnen. Zwar hat er keine Angst, vor dem ewigen Richter zu erscheinen. Da ihn die Terroristen jagen, hat er bereits genau wie sie sein Leben preisgegeben. Auf beiden Seiten die gleiche Selbstverleugnung, nur die Gründe sind andere. Was er indessen nicht zulassen kann, ist, daß eine Schar zusammengewürfelter Individuen die beste Polizei der Welt zum Narren hält.

Wie Vicomte Melchior de Vogüé träumt auch er von einem Retter, der mit fester Hand das Ruder ergreift und das Staatsschiff, das vom Sturm geschüttelt und dessen Mast gebrochen ist, wieder instandsetzt. Aber ist es zum Handeln nicht zu spät? Wo soll man den Mann finden, der den Schiffbruch der Monarchie verhindert?

Anmerkungen

1 Dostojewskij ließ sich von diesem finsteren Ereignis inspirieren und schrieb »Die Besessenen«. Darin schildert er Netschajew in der Figur des Terroristen Werkowenskij.
2 Später wurde diese Theorie von Lenin aufgegriffen.
3 Von nun an reiste sie immer zwischen der Schweiz und Rußland hin und her. Sie nahm an zahlreichen revolutionären Aktionen teil, wurde überzeugte Menschewikin, kam 1905 endgültig nach Rußland zurück, verurteilte die Revolution von 1917 und starb 1919.
4 M. de Viel-Castel an den Duc Decazes, am 21. April 1878. Zit. nach: Constantin de Grunwald, Le Tsar Alexandre II.
5 Später erfuhr man, daß der Mörder Sergej Krawtschinskij war und daß es ihm gelungen war, nach London zu fliehen.
6 Vgl. Constantin de Grunwald, Le Tsar Alexandre II.
7 E. M. de Vogüé, Tagebücher.
8 Vetter des gleichnamigen berühmten Anarchisten.
9 Vgl. G. Tschulkow, Les derniers Tsars autocrates.
10 Vgl. Maurice Paléologue, Le roman tragique.
11 Vgl. Constantin de Grunwald, Société et civilisation russes au XIX siècle.
12 Sein eigentlicher Name war Leo Hartmann. Nach dem Attentat floh er nach Paris, wo er bis zu seinem Tod lebte.
13 Mitglied des Exekutivkomitees von »Wille des Volkes«.
14 Christine Fauré (Hg.), Quatre femmes terroristes contre le tsar.
15 Vgl. Constantin de Grunwald, Alexandre II et son temps.
16 Constantin de Grunwald, Alexandre II et son temps.
17 Nach dem Gregorianischen Kalender am 2. März.

Der Retter

Mit jedem Tag wird die Angst der Bevölkerung größer. Alexander hält den Augenblick für gekommen, eine wichtige Entscheidung zu treffen. Da selbst die rigorosesten Maßnahmen keinen Erfolg gezeitigt haben, warum soll man nicht versuchen, durch eine Reihe von Kompromissen wenn schon nicht die Revolutionäre, dann doch wenigstens die Liberalen umzustimmen, deren Sympathie zum Erfolg ihrer subversiben Aktionen beiträgt? Sein Bruder Konstantin rät ihm zu diesem Schritt. Auch Minister Walujew begrüßt ihn. Nur der Thronfolger lehnt jegliches Vorgehen ab, das als Nachgeben des Zaren verstanden werden könnte. Am 8. Februar 1880 ruft Alexander im Winterpalais eine außerordentliche Versammlung ein, an der neben seinem Bruder Konstantin auch sein ältester Sohn und einige enge Mitarbeiter teilnehmen. Der Thronfolger erklärt, daß die Wurzel des Übels in dem fehlenden Zusammenhalt der zentralen Verwaltung liege, und schlägt die Bildung einer Obersten Kommission vor, die mit reichen Vollmachten ausgestattet ist und von einer Art Diktator geleitet wird. Er greift hierbei eine Idee des Publizisten Katkow auf. Alexander ist von der Idee einer neuen Kommission alles andere als begeistert. Er glaubt, daß wieder nur Papier vergeudet und unnützes Zeug geredet wird. Die Sitzung wird bis zum folgenden Tag unterbrochen.

Am 9. Februar wird der Rat erneut einberufen, und diesmal nehmen außer einigen Würdenträgern auch die drei Generalgouverneure von Petersburg, Odessa und Charkow teil. Alexander eröffnet die Sitzung. Er macht einen matten Eindruck, hält sich kaum aufrecht, seine Gesichtszüge sind fahl, sein Blick abwesend, seine Stimme heiser. Um sich herum hört er nur leeres Geschwätz. Bei all diesem Durcheinander gegensätzlicher Meinungen, Kritik, Gegenkritik und Klagen über Fehler in der

Vergangenheit erkennt er erneut, daß seine Berater nicht in der Lage sind, Herr der Situation zu werden. Ein einziger Mann schweigt, Graf Loris-Melikow, Generalgouverneur von Charkow. Als der Zar ihn schließlich nach seiner Meinung fragt, legt er selbstsicher und in aller Deutlichkeit einen Plan vor, in dem Härte und Milde, Autorität und Liberalismus in verführerischen Floskeln ineinanderfließen. Seiner Meinung nach müssen die Überwachung durch die Polizei verstärkt, zugleich aber einige vorsichtige Zugeständnisse gemacht werden. Dies alles sollte unter Leitung eines unbeugsamen Mannes geschehen. »Das Wichtigste von allem ist«, sagt er, »daß im ganzen Land eine einheitliche Befehlsgewalt herrscht. Zu diesem Zweck muß alle Macht in die Hände eines Mannes gelegt werden, der das volle Vertrauen Eurer Majestät genießt.« Bei diesen Worten richtet sich der Zar gerade auf. Seine Augen leuchten, als sei ihm eine Eingebung zuteil geworden. Er unterbricht den Redner und sagt: »Du wirst dieser Mann sein.« Damit hebt er die Sitzung auf.

Durch ein Dekret vom 12. Februar 1880 wird eine »Kommission zur Verteidigung der sozialen Ordnung« gegründet, deren Vorsitz Alexander Loris-Melikow übertragen wird. Die Aufgaben dieser Kommission sind nicht klar umgrenzt, die Macht ihres Präsidenten jedoch entspricht der eines echten Diktators: Er ist für alle Regierungsstellen des Landes weisungsberechtigt, hat sämtliche öffentlichen Ordnungskräfte zu seiner Verfügung und erhält seine Anweisungen unmittelbar vom Zaren. Kein Zar hat bisher einem seiner Untertanen soviel Macht übertragen.

Einige Tage später ruft Loris-Melikow die Abgeordneten der Stadt Sankt Petersburg zusammen, um zu erfahren, was ihrer Meinung nach die eigentlichen Ursachen des Terrorismus sind. Den Herausgebern der großen Zeitungen der Hauptstadt kündigt er an, daß er eine »Diktatur des Herzens« errichten wolle. Im »Boten der Regierung« läßt er eine Erklärung an die Bevölkerung abdrucken, in der er verspricht, »all seine Kraft und all sein Wissen« einzusetzen, um die Achtung vor dem Gesetz wiederherzustellen.

Einige Leute bei Hofe sind überrascht, daß Alexander nicht

einen seiner Mitarbeiter ernannt hat, um die Aufgabe des Diktators zu übernehmen. Loris-Melikow genießt allerdings beim Volk den Ruf eines Nationalhelden. Er stammt aus einer armenischen Adelsfamilie. Während des Krieges von 1877 hat er die Festung von Kars erobert und somit der russischen Armee, die auf dem Balkan eine Demütigung nach der anderen erlebte, ihr Ansehen zurückgegeben. Bei einer Pestepidemie an der unteren Wolga hat er durch seinen Einfluß der allgemeinen Panik ein Ende gesetzt. Kurz darauf hat er, inzwischen Generalgouverneur von Charkow und mit der Aufgabe betraut, dem Nihilismus ein Ende zu bereiten, die Verschwörer bezwungen und die Sympathie der Journalisten, Professoren und Studenten gewonnen. Dieser letzte Erfolg hat ihm den Ruf eines energischen und zugleich diplomatischen Mannes eingebracht. Alle, die ihm begegnet sind, achten seine Intelligenz, seine orientalische Listigkeit und die Gewandtheit seines Charakters. Er ist sowohl in der Lage zu kämpfen als auch ausgleichend zu wirken.

Eine Woche nach Ernennung Loris-Melikows, am 19. Februar 1880, feiert Rußland zugleich das fünfundzwanzigjährige Regierungsjubiläum Alexanders und den Jahrestag der Aufhebung der Leibeigenschaft. Alexander und seine Umgebung rechnen mit neuen aufwieglerischen Aktionen der Terroristen. Der Tag beginnt mit einer großen Versammlung auf dem Schloßplatz, Artilleriesalven kündigen das Ereignis an. Glokken läuten. Der Zar steht auf dem Balkon und wird von der Menge mit Ovationen begrüßt. Doch wieweit kann man den Menschen dort, die alle Hurra schreien, trauen? Er hört den patriotischen Gesängen zu, die von verschiedenen unten auf dem Platz stehenden Chören der Garderegimenter vorgetragen werden. Anschließend nimmt er in dem riesigen weißen Saal des Schlosses die Glückwünsche der höchsten Würdenträger und der Vertreter ausländischer Mächte entgegen. Vergeblich sucht er seine Aufregung hinter einer Maske der Freundlichkeit zu verbergen. Den Anwesenden entgeht seine Besorgtheit nicht. Mit von Rührung erstickter Stimme antwortet er nur kurz auf die freundlichen Worte seiner Gäste. Wahrscheinlich fragt er sich, ob sich nicht vielleicht ein Terrorist in dieser Menge von Uniformen und Orden versteckt hält. Unweit von ihm steht

Loris-Melikow, dessen robuste Erscheinung die Blicke auf sich zieht. Mit seiner olivfarbenen Gesichtsfarbe, seiner fleischigen Nase, seinen dunklen, funkelnden Augen, seinem graumelierten Bart erweckt er den Eindruck eines Mannes, der zugleich eigenwillig und wohlwollend, energisch und listig ist. Die Höflinge, die in ihm einen erstklassigen Führer erkennen, scharen sich um ihn. »Man konnte seine Bedeutung an der Art der Begrüßungen ermessen«, schreibt Vicomte Melchior de Vogüé.[1] Entgegen den Befürchtungen des Zaren wird dieser große Tag durch keinerlei Zwischenfälle getrübt.

Am darauffolgenden Tag, dem 20. Februar, verläßt Loris-Melikow gegen zwei Uhr nachmittags das Ministerium. Da feuert ein junger Jude aus Minsk, Molodezki, zwei Revolverschüsse auf ihn ab. Die Kugeln bleiben jedoch in dem dicken Fell seines Mantels stecken. Loris-Melikow springt auf den Attentäter los, ergreift ihn und wirft ihn zu Boden. Er übergibt ihn zwei herbeigeeilten Gendarmen. Die Öffentlichkeit sieht in diesem Zeugnis persönlichen Muts ein Symbol neugewonnener Lebenskraft, die fortan die Regierung beleben wird. Loris-Melikow übernimmt persönlich das Verhör des Terroristen. Dieser wird durch ein Schnellgericht zum Tod verurteilt. Die Hinrichtung findet nicht später als vierundzwanzig Stunden nach dem Anschlag am hellichten Tag auf dem Semenowskij-Prospekt vor einer riesigen Zuschauermenge statt. Molodezki wird in einem Karren herangefahren und trägt ein Schild mit der Aufschrift »Staatsverbrecher« auf der Brust. Er wirft einen abschätzigen Blick auf die Leute, die herbeigeeilt sind, um ihn sterben zu sehen. Als er den Fuß des Schafotts erreicht, ruft er ihnen sarkastische Sprüche und Drohungen entgegen. Das Kreuz, das ihm der Priester reicht, stößt er mit einem höhnischen Lachen zurück. Bis zum letzten Augenblick läßt er sich nicht in seiner spöttischen Haltung erschüttern. Als das Volk ihn am Strick baumeln sieht, glaubt es, daß es jetzt endlich gelungen ist, die Revolution zu erhängen.

Alexander wünscht, daß ihn ganz Europa bei der »Reinigung« Rußlands unterstützt. Frankreich, wohin Leo Hartmann, der Attentäter auf den Zug des Zaren, geflohen ist, weigert sich, den Schuldigen auszuliefern. Trotz der dringenden Nachfrage des Zaren gibt die Regierung der Republik Frankreich lieber den Beschwörungen Victor Hugos nach, der schreibt: »Sie sind eine dem Gesetz verpflichtete Regierung. Sie können diesen Mann nicht ausliefern. Das Gesetz steht zwischen Ihnen und ihm. Über dem Gesetz aber steht das Recht. Despotismus und Nihilismus sind beide Ausdruck derselben furchtbaren Sache, die eine politische Gegebenheit ist. Diese Gesetze werden von allen Nationen beachtet. Frankreich wird ihnen gehorchen. Und so werden Sie diesen Mann nicht ausliefern.«[2] Die russische Presse ist empört. General Chanzy schreibt am 23. Februar 1880: »Man erwartet die Auslieferung Hartmanns als rechtmäßige Handlung der Regierung und ein Zeichen der Sympathie Frankreichs ... Ich bin mir der bedauerlichen Auswirkungen bewußt, die jede gegensätzliche Lösung nach sich ziehen würde, und ebenso der widrigen Folgen, die sie für unser Land mit sich brächte.« Man folgt seinem Rat nicht, und am 21. März erklärt ihm der Zar: »Ich bin von der Entscheidung Ihrer Regierung bezüglich dieses Elenden sehr betroffen. Das ist alles, was ich Ihnen zu sagen habe.«

Wieder einmal muß Alexander feststellen, daß die Franzosen vergessen haben, welchen Dienst er ihnen während der Krise im Jahr 1875 erwiesen hat, indem er bei den Deutschen zu ihren Gunsten intervenierte. Loris-Melikow ist von diesem »kleinen Zwischenfall« nicht weiter betroffen. Sein Blick reicht weiter als bis zur Affäre Hartmann. Seiner Meinung nach liegen die wahren Ursachen für das Übel, an dem Rußland leidet, in der Wahrung und Konzentration der absoluten Macht, genauer gesagt in dem Gefälle zwischen der absoluten Macht und dem aufgeklärten Bürgertum. In der Umgebung von Großfürst Konstantin gibt es zahlreiche Unabhängige, die westliche Ideen vertreten und die Alleinherrschaft durch moderne Grundsätze öffentlichen Rechts weiterentwickeln wollen. Diese Gruppe von Liberalen, die damals Alexander zu den ersten Reformen ermutigt hat, ist heute geschwächt und entmutigt. Der Zar hat sich selbst schon überzeugen können, daß trotz seiner Bemühungen, das Land neu zu organisieren, weiter Korruption und Amtsmißbrauch herrschen, daß die Verwaltungsmaschinerie immer unbeweglicher wird, daß ihm niemand seine Versuche dankt, das Leben seiner Untertanen zu erleichtern. Nach und nach verliert er das Vertrauen in sein Volk, und sein Volk das Vertrauen in ihn.

Im Anitschkow-Palais hat zu gleicher Zeit die Gruppe der Reaktionäre, die sich um den Thronerben schart, wieder Fuß gefaßt. Diese glühenden Verteidiger des orthodoxen Absolutismus behaupten, daß jegliche Lockerung der Zentralmacht ein Vergehen sei, denn der Zar dürfe ein Recht, das ihm von Gott übertragen sei, nicht aufgeben, auch nicht teilweise. Sie werden nicht müde, den Ausspruch von Nikolaus I. zu wiederholen, der lautet: »Ludwig XVI. hat dadurch, daß er den ersten Forderungen der Französischen Revolution nachgegeben hat, gegen seine heiligste Pflicht verstoßen. Gott hat ihn dafür gestraft.«

Alexander ist von diesen ungezügelten traditionellen Ansichten beeindruckt. Zwar nimmt er die liberalen Vorstellungen seiner Jugend nicht zurück, erkennt aber mit Wehmut an, daß man ihre Verwirklichung auf unbestimmte Zeit vertagen muß. Dieses Betragen spornt die Revolutionäre zu immer kühneren Taten an. Diesen Teufelskreis gilt es zu durchbrechen. Loris-Melikow hat sehr bald einen Plan gefaßt: Er glaubt, daß man dem russischen Volk so schnell wie möglich alle mit der absoluten Macht zu vereinbarenden Freiheiten einräumen sollte, um danach vorsichtig zur konstitutionellen Monarchie überzugehen. Als Diktator hat er zwar die notwendigen Mittel in der Hand, um den Nihilismus zu beseitigen, ist jedoch nicht berechtigt, an irgendwelche althergebrachten Vorrechte des Herrschers zu rühren. Eine noch so vorsichtige Erneuerung des Zarentums kann nur durch den Zaren selber in die Wege geleitet werden. Es ist aber offensichtlich, daß dieser noch nicht bereit ist, auch nur einen Schritt von seinen autokratischen Überzeugungen abzuweichen. Loris-Melikow ist sich darüber im klaren, daß es lange dauern wird, bis er den Widerwillen seines Herrn besiegen kann. Bis dahin versucht er die Öffentlichkeit zu beruhigen, indem er kleine Reformen durchführt, illusorische Pläne verkündet und Absichtserklärungen abgibt, welche die Kritiker der konservativen Presse aufrütteln.

Während dieser Zeit stirbt am 22. Mai 1880 Zarin Maria Alexandrowna in ihrer Wohnung im Winterpalais. Der Zar hält sich zu dieser Zeit gerade mit Katharina Dolgorukij in Zarskoje Selo auf. Eilig reist er in die Hauptstadt. Sechs Tage später wird der Leichnam in die Kathedrale der Peter-Paul-Festung überführt. Alexander und seine Söhne tragen selbst den Sarg vom Kirchenvorplatz bis zum Katafalk. Während des prachtvollen Totengottesdienstes mag Alexander gefühlvoll der Frau gedenken, die seine jungen Jahre erhellte, die Mutter seiner Kinder war und von der er sich im Lauf der Jahre immer mehr löste. Seine Trauer wird durch ein Gefühl der Erleichterung beeinträchtigt. Als er sich zum Abschied über das ausgemergelte Gesicht der Verstorbenen beugt, die nach russischem Ritual im offenen Sarg aufgebahrt ist, würde er ihr am liebsten dafür danken, daß sie fortgegangen ist. Aus Gründen des Taktes nimmt Katharina Dolgorukij nicht an der Beerdigung ihrer Herrscherin teil. Am darauffolgenden Tag begibt sich Alexander wieder zu ihr nach Zarskoje Selo.

Der Weg ist nun endlich frei. Nichts steht ihrer so lange ersehnten Vermählung mehr im Wege. Graf Adlerberg, Minister bei Hof, erfährt als erster von diesem Vorhaben. Obwohl der Zar mit ihm nie über Katharina Dolgorukij gesprochen hat, weiß er wie alle, die in der Nähe des Herrschers leben, von der Verbindung des Zaren. Aber er hätte nie gedacht, daß diese durch eine Eheschließung besiegelt würde. Er ist verblüfft und sogar entrüstet und bittet Seine Majestät, über die Folgen einer so überstürzten Entscheidung, die überdies den Gepflogenheiten ganz und gar widerspricht, nachzudenken. Läuft der Zar nicht Gefahr, die Sympathien seiner Familie und die Achtung der Öffentlichkeit zu verlieren, wenn er auf seinem Plan beharrt? Alexander antwortet ihm, daß seine Ehre, sein Gewissen und die Religion von ihm forderten, seine Verbindung mit einer wunderbaren Frau zu legitimieren. »Seit vierzehn Jahren warte ich nun schon, vor vierzehn Jahren habe ich ihr mein Wort gegeben!« ruft er aus. Adlerberg nimmt all seinen Mut zusammen und stammelt: »Haben Eure Majestät Seine Kaiserliche Hoheit, den Thronfolger, darüber informiert?« – »Nein«, antwortet Alexander. »Im übrigen ist er abwesend. Ich spreche mit ihm, wenn er zurückkommt, in vierzehn Tagen. Das ist noch früh genug.« – »Aber Sire«, sagt Adlerberg, »er wird zutiefst verletzt sein!« Der Zar schweigt. Als Adlerberg ihn verläßt, hat er den Eindruck, ihn erschüttert zu haben. Ein wenig später jedoch teilt Alexander ihm bei einem zweiten Vier-Augen-Gespräch mit, daß er seine Meinung nicht mehr ändern und im Lauf des Juni heiraten wolle, sobald eine Wartezeit von vierzig Tagen verstrichen sei. Adlerberg bittet ihn, wenigstens ein Jahr zu warten. Alexander hört ihm schweigend mit starrem Blick und zitternden Händen zu. Plötzlich beendet er das Gespräch, läßt Katharina Dolgorukij in sein Büro kommen und geht hinaus. Zum erstenmal begegnet Adlerberg der Mätresse des Zaren. Sie beschuldigt den Minister, den Zaren aus niederen politischen Motiven von seiner Verpflichtung abbringen zu wollen. Das Gespräch wird heftiger. Alexander öffnet die Tür und fragt, ob er wieder hereinkommen dürfe. »Nein«, antwortet Katharina, »laß uns zu Ende reden.« Ein paar Minuten später kommt er zurück und sagt seinem Vertrauten: »Vergiß nicht, daß ich mein eigener Herr bin und allein zu entscheiden habe, was ich tun muß.« Adlerberg zieht sich bestürzt zurück. Er ist überzeugt, sich den Haß einer »ungezogenen und dummen Frau« zugezogen zu haben.[3]

Am 18. Juli 1880 wird im Schloß von Zarskoje Selo um drei Uhr nachmittags die Trauung vollzogen. Alexander trägt die hellblaue Uniform der Gardeoffiziere und holt Katharina in dem im Erdgeschoß gelegenen Zimmer ab, in dem sie sich immer treffen. Sie trägt ein beigefarbenes Kleid und keine Blume im Haar. Diese bewußte Schlichtheit betont die Zartheit ihrer Züge und das Rot ihrer Wangen. Der Zar reicht ihr den Arm. Man hat Sorge getragen, daß kein Offizier, kein Beamter und kein Diener von dem Ereignis erfährt. Das Paar durchschreitet die langen Gänge und erreicht einen abgelegenen Salon, in dem keine Möbel stehen. Der Erzpriester des Winterpalais, Pater Nikolskij, ein Prodiakon und ein Psalmist sind schon dort. In der Mitte des Zimmers steht ein einfacher Tisch, der als Altar dienen soll. Darauf befinden sich ein Kruzifix, ein Neues Testament, zwei Leuchter, die Kronen und Eheringe. Der Adjutant des Zaren, General Baranow, und General Rylejew fungieren als Brautführer und halten die Kronen über die Köpfe der Verlobten. Hinter ihnen knien eine Freundin von Katharina und

Grad Adlerberg und beten. Sonst nimmt niemand an der Feier teil.

Nach der Trauung fahren Alexander, seine Frau und zwei der Kinder in der Kutsche spazieren. Das Wetter ist schön, und der Wagen fährt unter den Baumwipfeln des Parks hindurch. Alexander hat Tränen in den Augen und sagt mit leiser Stimme: »Auf diesen Tag habe ich zu lange warten müssen!... War das eine Qual! Ich hätte es nicht länger ertragen! Dauernd hatte ich das Gefühl, daß mir ein schweres Gewicht das Herz zerdrückt!« Plötzlich legt sich ein Ausdruck von Tragik auf sein Gesicht. Eine schlimme Vorahnung ergreift ihn. »Ich bin erschrocken von soviel Glück«, sagt er und seufzt. »Möge Gott es mir nicht zu schnell wieder nehmen!« Ein wenig später beugt er sich zu seinem Sohn Georg hinunter und sagt: »Gogo, mein Lieber, versprich mir, daß du mich nie vergißt!« Dann zeigt er auf das Kind und sagt: »Dieser Junge ist ein echter Russe! Er besitzt nur russisches Blut!«[4] Nachdem er so unmißverständlich zum Ausdruck gebracht hat, wer sein Lieblingssohn ist, befiehlt er dem Kutscher, auf kürzestem Weg zum Schloß zurückzufahren. Am selben Abend schreibt Katharina in ihr Tagebuch: »Das war der glücklichste Tag meines Lebens.« Der Zar unterzeichnet einen Geheimerlaß, der seiner zweiten Frau, seinem Sohn Georg und den Töchtern Olga und Katharina den Namen Fürst und Fürstinnen Jurjewskij überträgt sowie den Titel »Altesses Serenissimes«. Als habe eine Dolgorukij, deren Name in der russischen Geschichte bis ins 12. Jahrhundert zurückreicht, es nötig, geadelt zu werden!

Wenig später wird Loris-Melikow nach Zarskoje Selo gerufen. Hier erfährt er von der neuen Verbindung des Zaren. »Ich weiß, daß du mir ergeben bist«, sagt Alexander. »In Zukunft muß sich deine Hingabe auch auf meine Frau und meine Kinder erstrecken. Du weißt besser als jeder andere, daß mein Leben ständig in Gefahr ist: Schon morgen kann mich jemand umbringen. Wenn ich nicht mehr bin, laß diese Menschen, die mir so lieb sind, nicht im Stich. Ich zähle auf dich.« Drei Tage später macht Alexander dem Thronerben, der aus einer Kur in Hapsal/Estland zurückgekehrt ist, dieselbe Mitteilung und legt auch ihm Katharina und deren Kinder ans Herz. Sein Sohn, der die Erinnerung seiner Mutter in Ehren hält, verbirgt seinen Schmerz und seine Entrüstung nur mit Mühe. Ohne Murren beugt er sich schließlich der Autorität des Herrschers. Seine Brüder und seine Schwestern tun desgleichen. Sie sind jedoch alle tief verletzt, als sie von dem ungewöhnlichen Verhalten ihres Vaters erfahren.

Alexander nimmt auf ihre Meinung keine Rücksicht. Was für ihn zählt, ist Katharinas Glück. Nachdem sie so lange im Schatten leben und auf jeden Kontakt mit der Außenwelt verzichten mußte, hat sie, so meint er, ein Recht darauf, dafür entschädigt zu werden. Tatsächlich atmet Katharina nach all den Jahren der Zurückgezogenheit auf. Sie ist jetzt dreiunddreißig, und ihr Verlangen, sich in voller Pracht der Öffentlichkeit zu zeigen und die Ehrerbietung der Menschen zu empfangen, kennt keine Grenzen. Vielleicht wird der Zar sie eines Tages zur Zarin weihen lassen? Im Lauf der Jahrhunderte haben zwei Mädchen aus dem Haus Dolgorukij beinahe die Krone erhalten: Die eine war mit Zar Michail IV. verlobt und wurde 1625 von eifersüchtigen Höflingen vergiftet, die zweite verlor ihren Verlobten Peter II., den 1730 die Pocken dahinrafften. Vielleicht wird Katharina durch Alexander, der ihr durch Gefühl und Verstand zutiefst verbunden ist, die erste Dolgorukij, der diese höchste Ehre zuteil wird. Der Name Fürstin Jurjewskij, den er ihr übertragen hat, könnte ein Anzeichen dafür sein, denn er erinnert an Jurij Dolgorukij[5], ihren Vorfahren, der Großfürst von Souzdal und Kiew war und Moskau gründete. Vielleicht kann sie sogar, wenn sie Zarin wird, erreichen, daß er die Erbfolge zugunsten seines Sohnes Georg verändert. So würde die deutsche Dynastie Romanow-Holstein-Gottorp durch eine andere aus rein russischem Blut ersetzt. Zwar ist es schwer vorstellbar, daß der jetzige Thronerbe, der älteste legitime Sohn, und die vier jüngeren Söhne (Wladimir, Alexei, Sergej und Paul) ohne jede Rücksicht zugunsten des Sohnes der morganatischen Ehefrau auf den Thron verzichten sollen, aber einem Alleinherrscher ist alles möglich, sagt Katharina sich. Auch gelingt es ihr, ihren kaiserlichen Ehemann davon zu überzeugen.

Die Nachricht von der geheimen Eheschließung des Zaren wird vom Hof in alle Salons und Dienststellen in Stadt und

Land getragen. Geschäftstüchtige Fotografen verkaufen in ihren Läden Bilder der Fürstin. Der Adel ist verzweifelt. In liberalen Kreisen sind die Herzensgelegenheiten des Zaren weniger wichtig als das politische Geschehen. Und was dies betrifft, so sind die Menschen enttäuscht. Keine der erhofften Reformen wird durchgeführt, und so beginnen viele Leute, die Loris-Melikow gegenüber positiv gestimmt waren, an seiner Aufrichtigkeit zu zweifeln.

Daraufhin entscheidet sich der Diktator für zwei Schritte, die ihm seine Popularität zurückgeben sollen. Er löst die »Dritte Abteilung« der Zarenkanzlei auf, jene Spionageorganisation, deren Schatten seit der Herrschaft von Nikolaus I. über Rußland liegt. Die Nachricht von dieser Maßnahme wird von der gesamten Nation begeistert aufgenommen, denn es ist ihr entgangen, daß die Aufgaben dieser Institution längst dem Innenministerium zugeschlagen worden sind, dem Loris-Melikow vorsteht. Außerdem bittet Loris-Melikow den Zaren, ihm die diktatoriale Vollmacht zu entziehen und seine Aufgaben auf die eines einfachen Innenministers zu beschränken. Hierbei handelt es sich um reine Demagogie. Er löst auch die Oberkommission auf. Die Presse begrüßt die Rückkehr zu einer normalen Ordnung, den Patriotismus, das Maß und die Bescheidenheit, von denen der neue starke Mann Rußlands zeugt, werden hoch gepriesen. Darüber hinaus befürwortet er eine Reform des Schulsystems und die Ablösung von Bildungsminister Dimitri Tolstoj, der durch seine anmaßende Amtsführung Lehrer, Schüler und Familien gegen sich aufgebracht hat. Dabei ist Dimitri Tolstoj ein Vertrauter des Thronfolgers. Er gehört zu der Gruppe von Reaktionären, mit denen sich der Zarewitsch umgibt. Um sein Ziel zu erreichen, schlägt Loris-Melikow vor, als Stellvertreter auf dem bisher von Tolstoj besetzten Posten den Generalprokurator des Heiligen Synods zu ernennen, der ebenfalls dem Thronfolger nahesteht. Dieser fanatische orthodoxe Theologe namens Konstantin Pobjedonoszew war dessen Erzieher. Die Öffentlichkeit nimmt die Nachricht vom Ausscheiden Dimitri Tolstojs, dessen Spitzname »Bildungswürger« war, aus dem Amt und die Besetzung des Postens durch den Liberalen Sawurow erleichtert zur Kenntnis. Auch über die Entlassung von Admiral Greigh, dem unfähigen Finanzminister, zugunsten von Abasa, einem überaus weitblickenden Mann, der bereits ein Reformprogramm entwickelt hat, ist man erfreut. Die Salzsteuer, die unbeliebteste von allen, soll aufgehoben, das Finanzsystem erneuert und die Finanzierung des Eisenbahnbaus umorganisiert werden. Außerdem läßt Loris-Melikow die Gründung verschiedener Zeitungen zu, in denen sämtliche Meinungen Rußlands frei geäußert werden dürfen.

Mit diesen Maßnahmen ist die öffentliche Meinung zunächst zufriedengestellt. Sein eigentliches politisches Ziel hat Loris-Melikow noch nicht erreicht. Die Heirat Alexanders hat seiner Auffassung nach neue Weichen gestellt. Da der Zar seine morganatische Ehefrau krönen lassen will, muß man ihm klarmachen, daß das Volk diesen Akt freundlicher aufnimmt, wenn er mit der Einführung einer Verfassung verbunden wäre. Ein gewisser demokratischer Anstrich würde das Vorgehen des Zaren akzeptabler machen. Einen solchen Handel muß man allerdings von langer Hand und mit großer Umsicht vorbereiten. Loris-Melikow traut sich noch nicht, mit seinem Herrn über das Thema zu sprechen. Er wartet auf eine günstige Gelegenheit. Als er Mitte August aufgefordert wird, den Zaren und seine Frau nach Liwadija auf der Krim zu begleiten, bietet sie sich ihm.

Am 17. August 1880 reist der Zar mit seiner Gattin und den beiden älteren Kindern ab. Zum erstenmal darf die Fürstin den Zug des Zaren besteigen und die Ehrungen des Gefolges mit ihm teilen. In Liwadija braucht sie nun nicht mehr die Villa zu bewohnen, die ihr als Versteck vor der Öffentlichkeit diente, sondern nimmt Wohnung in dem Schloß, in dem noch die Möbel der verstorbenen Zarin stehen. Die Kammerherrn, Adjutanten und Sekretäre, aber auch die Diener sind verblüfft, mit welcher Leichtigkeit sie Besitz von den Örtlichkeiten ergreift. Sie ist ständig an der Seite des Zaren, teilt seine Mahlzeiten, fährt mit ihm in der Kutsche umher oder reitet mit ihm aus; sie läßt ihn mit den Kindern spielen und sonnt sich in seiner Gesellschaft, wenn sie abends auf der Terrasse sitzen und ein Glück genießen, auf das sie so lange gewartet haben.

Loris-Melikow nutzt die idyllische Atmosphäre, um mit dem

Zaren und seiner Gattin über seine Pläne zu sprechen. Manchmal spricht er sogar nur Katharina an. Er weiß, daß sie entscheidenden Einfluß auf ihren Mann hat. Sie ihrerseits ist sich darüber im klaren, daß sie auf den »klugen Armenier« zählen kann, damit er ihr dabei behilflich ist, ihre Stellung auszubauen. Beide verbindet ein stilles Einvernehmen. Um die Macht des Zaren zu festigen und die Sicherheit ihres Gatten zu vergrößern, ergreift die Fürstin Jurjewskij vor ihm Partei für die verfassungsfreundlichen Ideen Loris-Melikows. Im Gegenzug stellt dieser sich nicht der Krönung Katharinas zur Zarin entgegen, sobald die offizielle Trauerfrist verstrichen ist. Nun müssen sie noch den Zaren überzeugen, der bis heute größte Abneigung dagegen verspürt, einen Teil seiner Macht abzugeben. Wie kann man im Land eine Art Volksvertretung schaffen, ohne die Vorrechte des Herrschers zu sehr einzuschränken? Bislang existieren an der Spitze des Staatsgebäudes zwei Kammern: Der Senat, der nichts weiter ist als ein oberster Gerichtshof; und der Reichsrat, der aus Großfürsten, Offizieren und Beamten besteht und sich darauf beschränkt, Gesetzestexte zu verfassen und ohne jede Entscheidungsgewalt Meinungen kundzutun. Loris-Melikow hat drei Reformmöglichkeiten ins Auge gefaßt: Dem Reichsrat könnten einige der vom Zaren ernannten Mitglieder der Provinzversammlungen beitreten. Man könnte auch aus allen Kammern eine Duma bilden, deren Mitglieder von den Semstwos gewählt werden; man könnte vielleicht auch eine Art parlamentarisches Regime ins Leben rufen.

Alexander ist mit einer Erneuerung der Politik einverstanden, weiß aber nicht, für welchen der drei Vorschläge er sich entscheiden soll. Aber ihn drängt ja schließlich niemand. Als er in die Hauptstadt zurückkehrt, bildet er eine Kommission, welche unter Leitung des Thronerben konkrete Reformvorschläge machen soll. Er ist der Meinung, daß liberale Neuerungen dazu beitragen können, die Krönung seiner Frau zu rechtfertigen. Loris-Melikow überzeugt ihn mit Vernunftargumenten, Katharina mit dem Gefühl. Er ist dieser jungen und begehrenswerten Frau gegenüber wehrlos. Botkin, sein Arzt, äußert einem Freund gegenüber, daß die körperliche Schwächung des Zaren mit »seinen sexuellen Exzessen zu tun haben könnte«.

Eines Tages sagt Loris-Melikow während eines Gesprächs in Liwadija mit einem Seufzen zu Alexander: »Es wäre doch ein großes Glück für Rußland, wenn wie früher eine Russin auf dem Zarenthron säße!« Bei anderer Gelegenheit, als der kleine Georg in der Veranda herumspringt, blickt der Minister mit träumerischer Zärtlichkeit auf den Knaben und sagt zum Zaren: »Wenn die Russen diesen Sohn Eurer Majestät kennenlernen, werden sie alle sagen: ›Der da ist einer von uns‹!« Alexander antwortet nicht, aber sein gefaßter und froher Gesichtsausdruck beweist, daß die Worte seines Ministers einen empfindlichen Punkt getroffen haben. Wenig später empfängt Loris-Melikow die höchste Auszeichnung, auf die ein russischer Staatsmann hoffen kann, den Sankt-Andreas-Orden am Band.

Die Öffentlichkeit, die von den Beratungen in Liwadija nichts weiß, findet sich in dem undurchdringlichen Nebel des politischen Geschehens nicht zurecht und wird ungeduldig. Die Anführer liberaler Gruppen werfen Loris-Melikow vor, falsche Versprechungen gemacht und die Welt getäuscht zu haben, sie halten ihn für einen »listigen Fuchs«. Die Konservativen verurteilen die demokratischen Neigungen des »Armeniers«, die das Land in die Revolution führen würden. Nachdem ihn alle beweihräuchert haben, beschuldigen sie ihn jetzt, er verhalte sich, um es allen recht zu machen, »unerträglich doppeldeutig«. Als er von der Krim zurückkehrt, beschließt Loris-Melikow, offen auf diese Vorwürfe zu antworten. Am 10. September 1880 ruft er in seinem Amt die Herausgeber der großen Zeitungen zusammen und versichert ihnen in freundlichem Ton, daß er mehr denn je entschlossen sei, »Hand in Hand mit der freien Presse zu gehen«. Im Gegenzug bittet er sie, »die Geister nicht über die Maßen zu beunruhigen, und nicht darauf zu beharren, die Gesellschaft an der Gesetzgebung und der Verwaltung des Landes zu beteiligen«. Sein Programm für die fünf oder sechs kommenden Jahre sei es, so sagt er, den Einfluß der Semstwos in den Grenzen ihrer Zuständigkeiten zu verstärken, die Polizei zu reformieren, »um gesetzlose Handlungen, wie sie in der Vergangenheit vorgekommen sind, zu vermeiden«, sich mit Hilfe einer Untersuchungskommission des Senats über die Bedürfnisse und Wünsche der Bevölkerung zu informieren, und schließlich der Presse das Recht einzuräumen, die Handlungen der Regierung öffentlich zu diskutieren. Im Moment kann, so sagt er, »keine Rede davon sein, das Land zu beteiligen, und zwar weder in Form von repräsentativen Versammlungen, wie in Europa üblich, noch in Form der alten russischen Semski Sobor«.

Die Journalisten sind über diese Äußerungen höchst erstaunt. Sie schätzen es zwar durchaus, daß ein Minister des Zaren sich herabgelassen hat, sie einzuladen und ihnen seine Pläne anzuvertrauen. Andererseits müssen sie mit Bedauern feststellen, daß der Traum von einer Verfassung in immer weitere Fernen rückt. Dieser Mann muß ein hohes Selbstbewußtsein haben, daß er es wagt, so große Worte zu machen. Tatsächlich haben die Terroristen seit Beginn der »Diktatur des Herzens«, sieht man einmal von dem Attentat auf Loris-Melikow ab, darauf verzichtet, ihre Stärke zu zeigen. Diese Ruhe erklärt sich aus der Hoffnung, welche die Revolutionäre in den neuen Innenminister gesetzt haben. Auch haben die Verhaftungen in ihren Reihen sie in ihrer Kampfkraft geschwächt. Goldenberg, der Mörder Fürst Kropotkins, des Gouverneurs von Charkow, hat, bevor er sich in seiner Zelle erhängte, erklärt: »Ich möchte den Teufelskreis der Morde beenden. Ich gebe mich für alle hin in der Hoffnung, das letzte Opfer zu sein. Sonst wird jeder Blutstropfen meiner Brüder mit dem Blut ihrer Henker bezahlt.« Wenig später findet ein großer politischer Prozeß statt, auf dem mehrere Verschwörer zusammen vor Gericht stehen, die alle vor ihren Richtern dieselbe Meinung zum Ausdruck bringen. »Ihr und wir«, so sagen sie, »gehören zwei verschiedenen Denkwelten an, und die historischen Umstände sind so geartet, daß sie keine Einigung zwischen beiden zulassen. Sie haben die Möglichkeit, einen Kampf zu beenden, dessen alle müde sind. Es hängt von Ihrem Urteil ab, ob wir und unsere Brüder mit Freude zur legalen Arbeit zurückkehren, damit unsere Ideen siegen, oder ob die Wunde weiter vergiftet wird und unsere Nachfolger widerwillig, aber mit Entschlossenheit die furchtbaren Waffen ergreifen werden, die uns aus der Hand gefallen sind.«[6] Diese Drohung kann gegen die Härte des Richters nichts ausrichten. Die Revolutionäre begreifen, daß Loris-Melikow sich auf einige Verwaltungsreformen und ein paar Freundlichkeiten gegenüber den Studenten beschränken will. Ihr Hunger ist zu groß, um sich mit ein paar Krümeln zufriedenzugeben.

Dies ist auch Alexanders Meinung, der sich immer noch in Liwadija erholt. Er ist überzeugt, daß die Terroristen nach einer kurzen Ruhepause neue Anschläge auf sein Leben vorbereiten. Wie oft wird Gott ihn noch retten? Er blickt düster in die Zukunft und verfaßt deshalb ein Testament zugunsten seiner Frau: »Die Staatspapiere, deren Liste ich beifüge, die der Minister des kaiserlichen Hofs in meinem Namen am 5. September 1880 bei der Staatsbank hinterlegt hat und die sich auf drei Millionen dreihundertzweitausend neunhundertsiebzig Rubel belaufen (3302970), sind Eigentum meiner Frau, Ihrer Altesse Serenissime, Fürstin Katharina Michailowna Jurjewskij, geborene Fürstin Dolgorukij, und unserer Kinder. Sie allein darf über dieses Kapital verfügen, solange ich lebe, und nach meinem Tod. – Alexander.«

Einige Tage später beschlagnahmt die Polizei Flugblätter, die das zentrale Exekutivkomitee von »Wille des Volkes« unter Studenten und Arbeitern verteilt hat. Dort werden alle »Brüder« aufgezählt, die in den letzten Monaten zum Tod verurteilt worden sind; sie werden zu Märtyrern erklärt, und eine bald bevorstehende, schreckliche Rache wird angedroht. Alexander ist von diesem Schreiben zutiefst erschrocken. Die mündliche Bitte an den Thronfolger, sich um Katharina und die Kinder zu kümmern, falls ihm etwas zustößt, wiederholt er in einem testamentähnlichen Brief vom 9. November 1880: »Lieber Sascha, im Fall meines Todes vertraue ich Dir meine Frau und unsere Kinder an. Die Freundschaft, die Du ihnen seit dem Tag eurer ersten Begegnung bezeugt hast und die uns eine große Freude war, ist der sichere Beweis, daß Du sie nicht im Stich lassen wirst und sie immer schützen und beraten wirst ... Meine Frau hat nichts geerbt. Alles, was sie heute besitzt, bewegliche Güter und Immobilien, hat sie selbst erworben. Ihre Angehörigen haben darauf keinerlei Anspruch, und sie kann frei darüber verfügen. Sie hat mir vorsichtshalber ihr gesamtes Vermögen überlassen, und wir haben vereinbart, daß, wenn ich das Unglück habe, sie zu überleben, alle ihre Güter zu gleichen Teilen an unsere Kinder fallen, und daß ich sie ihnen übertrage, wenn sie großjährig sind oder wenn die Mädchen heiraten. Solange unsere Heirat noch nicht offiziell bekanntgegeben ist, gehört das Kapital, das ich bei der Staatsbank hinterlegt habe, meiner Frau. So steht es in einer Urkunde, die ich hinterlegt habe. Dies ist mein letzter Wille. Ich bin sicher, daß Du ihn gewissenhaft ausführen wirst. Gott möge Dich dafür segnen. Vergiß mich nicht und bete für die Seele dessen, der Dich so zärtlich liebte. – Pa.«

Nachdem er auf diese Weise für die Zukunft seiner Frau und seiner Kinder vorgesorgt hat, beschließt Alexander gegen Ende des Monats November, Liwadija mit seiner Familie zu verlassen. Wenige Tage vorher hat die Polizei eine Mine unter der Eisenbahnlinie entdeckt, die Terroristen in Losowaja, nahe bei Charkow, gelegt haben. Der Wille des Monarchen wird hierdurch nicht erschüttert. Sein Mut wird durch seinen Glauben an das Schicksal noch verstärkt. Je mehr die Terroristen Jagd auf ihn machen, desto unerschütterlicher ist sein Vertrauen, daß Gott ihm in allen schwierigen Lebenslagen beisteht. Wenn er kritisch über sich nachdenkt, muß er feststellen, daß sein Liebesleben ihm mehr bedeutet als seine politische Existenz. Trotz seines Ranges und seiner Macht ist er doch nur ein einfacher Mann voller Großzügigkeit und Angst. Er hat nicht das Format eines absoluten Herrschers, der bereit ist, seine Untertanen nach seinem Willen zu formen. Dieser schlichte, empfindsame, ausgeglichene Charakter, der zugleich von einer großen Liebe und großen Reformen träumt, hat etwas Befremdliches an sich. In beiden Fällen ist das Abenteuer größer als der Mensch. Sein Schicksal ist ihm zu groß. Er ist ein Zwerg, der eine Fackel trägt.

Die Reise geht ohne Zwischenfälle vonstatten. Bevor man Sankt Petersburg erreicht, hält der Zug in Kolpino. Dort sind alle Großfürsten und Großfürstinnen versammelt. Alle wissen über die Eheschließung ihres Vaters Bescheid, nur der Thronfolger und seine Frau sind jedoch bisher Katharina begegnet. Der Zar hat seine Familie zusammengerufen, um ihr außerhalb jeglichen Hofzeremoniells in der schlichten Umgebung eines Provinzbahnhofs seine Frau vorzustellen. Man grüßt einander höflich, aber ohne Wärme. Die Söhne und Töchter Alexanders fällen das Urteil über ihren Vater schweigend.

Am 28. November 1880 zieht Katharina in ein prachtvolles Appartement, das Alexander für sie im Winterpalais hat einrichten lassen. Das Schlafzimmer teilen sie und schlafen im selben Bett. Dieser Raum grenzt an das Arbeitszimmer des Zaren. Oft trifft Alexander seine Frau dort, wenn er lange und schwierige Auseinandersetzungen mit seinen Ministern geführt hat. Man hat als Vorsichtsmaßnahme das Schloß mit Gräben umgeben. Überall stehen Wachtposten. Es ist kalt, der Himmel grau, und Schnee bedeckt die Dächer. Die Gesichter sind trüb. Die Sonne, das blaue Meer und der herrliche Friede von Liwadija sind nur noch eine fast unwirkliche Erinnerung. Alexander ist tiefbesorgt.

Anmerkungen

1 Vgl. Melchior de Vogüé, Spectacles contemporains.
2 Victor Hugo, Actes et paroles, III (Aus dem Exil, Anmerkungen von 1880).
3 Miljutin, Tagebuch.
4 Maurice Paléologue, Le Roman tragique de l'Empereur Alexandre II.
5 Auch Georg genannt (1090–1157).
6 Bericht General Chanzys an Barthélémy Saint-Hilaire vom 11. November 1880.

Menschenjagd

Zu Beginn des Jahres 1881 hat Loris-Melikow guten Grund zu glauben, daß seine Bemühungen, Abgeordnete des ganzen Landes an der Regierung zu beteiligen, wenn auch nur sehr vorsichtig, endlich belohnt werden. Nach langem Zögern haben der Thronerbe und der Zar mit äußerstem Widerwillen ihre Zustimmung erteilt, nachdem sie den Plan hundertmal umgeändert und verbessert haben. Er sieht vor, daß zwei mit der Vorbereitung beauftragte Kommissionen gebildet werden, die eine soll sich um Wirtschaft und Verwaltung, die andere um die Finanzen kümmern. Die Arbeit dieser Kommissionen soll von einer »allgemeinen beratenden Kommission« beaufsichtigt werden, welche die Gesetzestexte mit den von den Semstwos und den Gemeinderäten gewählten Delegierten erörtern soll. Danach sollen die Gesetzestexte dem Reichsrat vorgelegt werden, der um zehn bis fünfzehn gewählte Vertreter aus den Provinzen erweitert worden ist. Es handelt sich also nicht darum, ein parlamentarisches Gremium zu schaffen, sondern einige wenige Vertreter des Landes zur Vorbereitung von Gesetzen hinzuzuziehen, deren Inhalt vorher weitgehend festgelegt ist. Die Meinung der allgemeinen beratenden Kommission beschränkt die Zuständigkeit des Reichsrats, jenes einzigen gesetzgebenden, durch und durch bürokratischen Gremiums, keineswegs, denn diesem gehören nur ganz wenige Abgeordnete aus den Provinzen an, die überdies vorher handverlesen worden sind.

So gering die Neuerungen zu sein scheinen, in Alexanders Augen sind sie von einschneidender Bedeutung. Durch sie wird die alte Ordnung aufgebrochen. Zum erstenmal in der Geschichte Rußlands greift das Volk über seine Vertreter in die gesetzgebende Arbeit ein. Zwar ist der neue Reichsrat kein Parlament. Aber einige Provinzdelegierte sitzen immerhin

Seite an Seite mit den üblichen Würdenträgern zusammen und bilden die Vorhut einer stärkeren Truppe, vor der man sich fürchten muß. Wird nicht, wenn man sich einmal auf diesen Weg begeben hat, eines Tages die Demokratie siegen? Die Umgebung des Thronfolgers fürchtet es. »Rußland ist verloren!« sagen seine Vertrauten. »Der Abgrund öffnet sich. Der Zarewitsch ist dem armenischen Scharlatan in die Falle gegangen!« Alexander hält an der Sache fest. Er bildet eine Geheimkommission, die unter Vorsitz des Thronfolgers tagt und sich um Einzelheiten der Reform kümmern soll. Die Überlegungen werden geheimgehalten. Das Publikum soll nicht vor der Zeit in Aufregung geraten. »Es brauchen nur wieder ein paar unheilvolle Schüsse loszugehen«, sagt Loris-Melikow, »dann bin ich verloren. Mit mir aber gehen alle meine Pläne unter.«

Unablässig beschäftigt sich der Zar mit einem anderen Problem, das in seinem Kopf untrennbar mit dem ersten verbunden ist: der Erhebung der Fürstin Jurjewskij in den Rang der Kaiserin. Es liegt ihm deshalb soviel daran, weil Katharina jetzt offiziell am Leben des Hofes teilnimmt. Als morganatische Ehefrau jedoch steht sie für die kaiserliche Familie in falschem Licht. Alle Großfürsten und Großfürstinnen haben Vorrang vor ihr. Bei den Essen darf sie nicht dem Zaren gegenübersitzen, sondern ganz unten am Tisch zwischen dem Fürsten Oldenburg und dem Herzog von Leuchtenberg. Diese Demütigung ist in Alexanders Augen unerträglich, sowohl für ihn als auch für die Frau, die er liebt. Er beauftragt den Fürsten Golizin, in den Moskauer Archiven nachzuforschen, wie die Zeremonie abgehalten werden könnte. Bislang sind die Zarinnen immer gemeinsam mit ihren Ehegatten gekrönt worden, die einzige Ausnahme bildete die aus Livland stammende Katharina, die Peter der Große heiratete, nachdem er Zarin Eudoxia verstoßen hatte. Dies aber ist lange Zeit her, es geschah im Jahr 1711! Seitdem haben sich die Gepflogenheiten geändert. Es gilt jetzt, genau zu studieren, was die Etikette, die Tradition und die Liturgie erfordern ...

Die langerwartete Feierlichkeit soll den letzten Schritt Alexanders in der Öffentlichkeit darstellen. Er hat darüber bereits mit Katharina gesprochen, und sie hat sich einverstanden erklärt. Er hat ihr und seinem Volk gegenüber Pflichten zu erfüllen. Wenn er aber die politische Reform vorangetrieben und seine Ehefrau gekrönt hat, will er sich aus dem öffentlichen Leben zurückziehen. In sechs Monaten oder einem Jahr will er abdanken, damit der Thronerbe regieren kann, und Rußland mit Frau und Kindern verlassen. Von seiner Macht befreit, wird er nur noch, so wie er es sich immer gewünscht hat, ein Mann wie jeder andere sein, der sein Glück nicht in der leeren Pracht der Repräsentation sucht, sondern im trauten Familienglück. Es ist sein Traum, in Frankreich zu leben, am liebsten in Nizza. Er hat sich bereits heimlich eine Liste mit zum Verkauf stehenden Immobilien an der Côte d'Azur kommen lassen. Die Aussicht auf diese strahlende Zukunft hilft ihm dabei, die Mühen der langen Diskussionen mit seinen Ministern zu ertragen.

Trotz aller Vorsichtsmaßnahmen spricht sich in den ersten Wochen des Jahres 1881 in Sankt Petersburg herum, daß eine Verfassung gebildet werden soll. Manche behaupten, Alexander wolle am 19. Februar, dem Jahrestag der Aufhebung der Leibeigenschaft, eine Charta erlassen, welche die Alleinherrschaft beenden und ein Parlament nach europäischem Muster bilden soll. Diese falschen Nachrichten erregen die Gemüter; bei den einen wecken sie Hoffnungen, bei den anderen Furcht und Zorn. Unter den Revolutionären gärt es. In ihren Augen ist eine Verfassung, die von oben oktroyiert wird, völlig wertlos. Ihr Ziel besteht nicht in der Erneuerung des Zarentums, sondern in seiner Abschaffung. Sie haben sich nicht gegen Alexander verschworen, weil er ein halbwahnsinniger Despot wie sein Großvater Paul I. ist, den Offiziere seiner Garde ermordeten. Sie räumen gerne ein, daß Rußland seit zwei Jahrhunderten kaum einen Herrscher besaß, der aufgeschlossener und wohlwollender war. Sie vergessen ihm nicht, daß er die Leibeigenschaft aufgehoben, die Geschworenengerichte eingeführt und die körperliche Züchtigung verboten hat ... Das einzige Unrecht, das er begeht, besteht darin, Zar zu sein. Egal, ob gut oder schlecht. Er ist die Verkörperung eines Prinzips. Und dieses Prinzip muß verschwinden. Allein die Idee, Rußland mit einer Art Verfassung zu versehen, ist gefährlich, da sie das kritische Bewußtsein des Volkes schwächt. Durch seine Zugeständnisse an die Liberalen gräbt der Zar den Regimegegnern das Wasser ab. Es gilt deshalb, den Vorsprung aufzuholen und zu handeln, bevor er seinen Untertanen dieses Geschenk gemacht hat.

Drei Männer und eine Frau, alle Mitglieder von »Wille des Volkes«, bereiten den Anschlag vor. Alexander Michailow, der aus adligem Hause stammt, hat zahlreiche subversive Bücher gelesen und sich als Theoretiker der Revolution betätigt, bis er zu der Einsicht gekommen ist, daß Diskussionen hinter verschlossenen Türen zu nichts führen. Nach und nach hat sich der nihilistische Poet in einen kühlen Organisator politischer Morde verwandelt. Seine Einstellung zum Zarentum ist mit der eines Sprengmeisters vergleichbar, der ein Haus sprengen soll, das vom Einsturz bedroht ist. Nikolaus Kibaltschisch unterstützt ihn. Er ist ein junger Chemiker, der aus der Ukraine stammt und zunächst in einer örtlichen Separatistenbewegung aktiv war. Wegen der Verteilung von Flugblättern hat er drei Jahre, von 1875 bis 1878, im Gefängnis gesessen. 1879 ist er nach Sankt Petersburg gekommen und hat ein Labor zur Herstellung von Dynamit eingerichtet. Er hält nichts von überflüssigem Reden und stellt lieber seine technischen Kenntnisse in den Dienst der Sache. Bomben und Minen sind seine Leidenschaft, und er schwelgt in Nitroglyzerin. Der dritte im Bunde der Verschwörer ist Andrej Jeljabow. Seine Eltern und Großeltern waren Leibeigene, und er ist sich bewußt, daß es seine Aufgabe ist, für das Wohl des Volkes zu arbeiten und dabei alle Methoden des Terrorismus anzuwenden. Er selbst hat nicht unter dem Zarenregime gelitten. Dank seines Vaters, der einen großen Besitz auf der Krim verwaltete, konnte er an der Universität von Odessa studieren. Er hat die Tochter eines Gutsbesitzers aus der Provinz Kiew geheiratet und die Vorzüge eines Landgutes genossen. Sein Wohlstand hat jedoch den Haß gegen das Zarentum nicht gemildert. Er nimmt an verschiedensten Aktionen der Terroristen teil. 1877 gehört er zu den Angeklagten des Prozesses gegen die Hundertdreiundneunzig. Er ist mangels Beweises freigesprochen worden und kocht vor Zorn, als er aus der Haft freikommt. Der Zarenmord ist eine fixe Idee bei ihm. Er hat in Alexandrowsk die Bombe unter die Eisenbahn gelegt, er hat Kalturin das Dynamit verschafft, um das Winterpalais zu sprengen. Diese beiden Fehlschläge entmutigen ihn keineswegs. Er ist sicher, daß es beim dritten Mal glükken wird. Die Revolutionärin Olga Lubatowitsch beschreibt ihn so: »Ein dunkelhaariger, ungestümer Junge mit bleichem Gesicht, einem wunderbar gewachsenen dunklen Bart und ausdrucksvollen Augen. Seine Worte waren voller Feuer und Leidenschaft, seine Stimme angenehm und kräftig. Er besaß alles, was ein Volkstribun braucht.«[1] Jeljabows Genossen achten ihn wegen seines aggressiven Fanatismus, seiner kalten Energie, die immer auf dasselbe Ziel gerichtet ist. Er ist von einer düsteren Atmosphäre umgeben, die seine Umgebung zugleich fasziniert und beunruhigt. Seine Anhänger nennen ihn unter sich »den schrecklichen Jeljabow«. Er ist 29 Jahre alt und hat sich seit langem von seiner Frau getrennt. Seine Lebensgefährtin, die wilde Sophia Perowskij, ist ebenfalls an der Verschwörung beteiligt. Sie ist die Tochter eines Generals (er war Militärgouverneur von Sankt Petersburg bis zu Karakosows Attentat) und hat eine behütete Kindheit erlebt, zuerst auf dem Land, dann in der Hauptstadt. Sie hat jedoch schnell begriffen, daß die Freuden des mondänen Lebens ihr nichts bedeuten. So hat sie alle Bindungen von früher abgebrochen und sich in ein Häuschen in der Vorstadt zurückgezogen, wo sie sich ganz der Sache der Revolution widmet. Ihr Genosse Kropotkin beschreibt sie folgendermaßen: »Niemand hätte, wenn er diese mit einem Wollkleid und schweren Stiefeln und einem Baumwollkopftuch bekleidete Arbeiterin sah, gedacht, daß sie noch vor kurzem als strahlendes junges Mädchen in den Salons der hauptstädtischen Hocharistokratie verkehrte ... Sie war unser aller Liebling ... Sie war hart wie Stahl und hatte keinerlei Angst vor dem Schafott. Einmal sagte sie zu mir: ›Wir haben eine große Sache begonnen. Zwei Generationen werden bei dieser Aufgabe scheitern, sie muß aber trotzdem erfüllt werden.‹« Als sie Jeljabow begegnet, ist dies für Sophia Perowskij mehr als eine Entdeckung: Sie ist geistig und körperlich verzaubert und geblendet. Ihre revolutionäre Begeisterung wird jetzt durch einen Mann verkörpert. Mit Freuden teilt sie das gehetzte Leben dessen, den sie sich zum Helden erwählt hat. Sie ist fordernd und stolz und bewundert ihn dermaßen, daß sie ihm keine Schwächen verzeiht. Manchmal weint er, von Müdigkeit und Sorgen ausgelaugt, zu ihren Füßen, und sie ermahnt ihn mit einer Art verliebter Strenge. Ihre Erregung hat etwas Selbstmörderisches. Ob sie sich der tragischen Parallele zwischen der Leidenschaft des Zaren für seine junge Frau und der ihren für Jeljabow bewußt ist, ob sie begreift, daß sie beide einer unversöhnlichen historischen Schicksalhaftigkeit unterliegen? Ob sie ahnt, daß sie beide, obwohl ihre politischen Überzeugungen einander unversöhnlich gegenüberstehen, auf einem Weg der Liebe wandeln, der sie der Bedrohung durch einen gewaltsamen Tod näherbringt? Nein, sie ist zu sehr mit ihrer Menschenjagd beschäftigt, um sich einen Vergleich ihres Schicksals als Mörderin mit dem des Zaren, des Opfers, zu gestatten. Sobald man in ihrer Gegenwart vom Zaren redet, schäumt sie vor Wut. Sie ignoriert alle seine angeblichen Qualitäten als Monarch, Patriot, Ehemann, Freund, Familienvater, um ihren Mut nicht zu verlieren. Für sie gibt es nur einen Menschen auf der Welt, der begeisterte und liebevolle Gedanken verdient, Jeljabow.

Um dieses teuflische Paar schart sich die »kämpfende Kohorte«; eine Gruppe von zehn Revolutionären, die sozialistische Reden mißachten und sich dem »praktischen Terrorismus« widmen, d. h. der Herstellung von Sprengmaterial und der Durchführung von Attentaten. In ihrer Vorstellung wird die Ermordung Alexanders eine solche Schockwirkung haben, daß das Zarenregime zu Bruch geht. Aus den Trümmern der Monarchie soll eine Volksherrschaft entstehen. Der Staat wird in autonome Regionen aufgelöst, welche die panrussische Föderation verlassen dürfen. Lokale Angelegenheiten werden den Stadt- und Landkommunen übertragen. Ländereien und Fabriken werden verstaatlicht, und das endlich vom Tyrannen befreite Rußland wird von den vormals Unterdrückten regiert.

Die Späher der Gruppe stellen bei ihren Beobachtungen fest, daß der Zar immer seltener das Schloß verläßt. Dennoch nimmt er jeden Sonntag an der Wachablösung vor der Michail-Reitschule teil. Auf dem Weg dorthin muß man ihn also erwischen. Es gibt zwei Möglichkeiten, vom Winterpalais zu dem Paradeplatz zu gelangen. Der eine führt durch die Ingenieur-Straße und am stets menschenleeren Kai des Katharina-Kanals entlang, die zweite, die der Zar gewöhnlich benutzt, führt über den Newskij-Prospekt und die Sadowaja-Straße. Anfang Dezember 1880 hat sich der Terrorist Kobosew in dieser Straße im Untergeschoß eines Wohnhauses eingemietet und dort zusammen mit der jungen Jüdin Jessja Helfmann ein Milchgeschäft eröffnet. Jeljabow und seine Mithelfer beginnen sogleich mit dem Bau eines Stollens. Diese Maulwurfarbeit wird mehrere Wochen lang fortgesetzt, trotz Einsturzgefahr und obwohl immer wieder Wasser eindringt. Während dieser Zeit beschäftigen sich die Sprengstoffspezialisten mit chemischen Experimenten, andere üben in gemeinsamen Vorstadtgegenden Bombenwerfen. Falls die Explosion durch ein Mißgeschick verhindert wird, sollen vier Bombenwerfer den vorbeifahrenden Zaren angreifen, und wenn auch diese scheitern, soll Jeljabow auf das Trittbrett der Kutsche springen und den Zaren mit eigener Hand erdolchen.

Die Polizei ist jedoch wachsam. Am 28. November 1880 hat sie Alexander Michailow verhaftet, der unvorsichtigerweise in einem Fotoatelier die Aufnahmen zweier nach ihrer Verurteilung hingerichteter Kameraden bestellt hat. Außerdem hat die Eröffnung eines Milchladens im Haus Nr. 4 der Sadowaja-Straße den Verdacht der Behörden erregt. Die Händler verhalten sich auffallend ungeschickt, ihre Käseauswahl ist so gering, daß nur wenige Leute den Laden überhaupt betreten. Bei einer Überprüfung der Hygiene stellt ein hoher Beamter im Generalsrang eine erhöhte Feuchtigkeit fest. Er zieht aber keine besonderen Schlüsse daraus. Dabei befindet sich im Laden ein großer Haufen ausgegrabener Erde, der nur mangelhaft mit Stroh und Kohle zugedeckt ist. Nach Durchsuchung der Räume zieht sich die Polizei zurück, ohne irgend etwas entdeckt zu haben. Die Verschwörer sind noch einmal davongekommen. Ihre Erleichterung ist nur von kurzer Dauer. Auch Jeljabow, der einzige verantwortliche Chef der Verschwörung, seit Michailow verhaftet worden ist, ist der Polizei in die Falle gegangen. Auf dem Weg zu seinem Genossen Trigonij wurde er zusammen mit allen anderen Besuchern vor der Tür der Familienpension, in welcher der Verdächtige lebt, festgenommen. Im ersten Moment ist den Polizisten gar nicht klar, welch bedeutenden Fang sie gemacht haben. Jeljabow hat auf ihre Fragen nichts geantwortet als: »Glauben Sie nicht, meine Herren, daß es zu spät ist, um mich zu verhaften? Vergessen Sie nicht, daß ich nicht der einzige bin.«

Als Sophia Perowskij von der Verhaftung ihres Liebhabers erfährt, wird sie von Schmerz und Zorn ergriffen. Ihre Genossen würden den gefährlichen Plan am liebsten aufgeben, sie aber treibt sie im Namen revolutionärer Ehre an, das Abenteuer bis zum Ende durchzustehen. Worauf hofft sie wirklich? Vielleicht glaubt sie, daß durch die Wirren, welche die Tötung des Zaren nach sich ziehen, die Terroristen Jeljabow befreien können. Vielleicht will sie selber nicht mehr leben, weil er so gut wie zum Tode verurteilt ist, möchte sein Schicksal teilen, ihn rächen und mit ihm sterben. Sie ist von blindem Wahn besessen. Wie eine Eumenide stachelt sie ihre furchtsamen Genossen an. Es sei keine Zeit zu verlieren. Morgen, am Sonntag, dem 1. März 1881, werde der Zar wie üblich zur Michail-Reitbahn fahren. Bis dahin sei, wenn sie die ganze Nacht durcharbeiteten, Zeit genug, die Bomben fertigzustellen. Niemand widerspricht. Der Vorschlag wird in einem Geist finsteren Eifers angenommen.

Inzwischen empfängt Alexander im Winterpalais Loris-Melikow, der ihm von der Festnahme Jeljabows berichtet. Nach seinen Informationen haben die Terroristen ein neues Attentat geplant. Die Klugheit verlange von Seiner Majestät, so meint er, am nächsten Tag nicht an der sonntäglichen Wachablösung teilzunehmen. Alexander weigert sich, auf ihn zu hören: Das gesamte diplomatische Korps nehme an dieser Parade teil. Es würde einen äußerst schlechten Eindruck machen, wenn er dabei nicht in Erscheinung träte. Dann wechselt er abrupt das Thema und fordert seinen Minister auf, ihm das Manifest zur Unterschrift vorzulegen, das die Einberufung der Kommissionen verkündet, zu denen – eine grundlegende Erneuerung – gewählte Vertreter der Semstwos und der Stadträte hinzugezogen werden. Loris-Melikow legt ihm den so bedeutungsvollen Text auf den Tisch. Alexander lächelt und taucht die Feder in das Tintenfaß. Er hat den Eindruck, daß er bei Unterzeichnung dieses Manifests, der Frucht umfangreicher Arbeit, es zum erstenmal billigt, daß die Macht des Zaren eingeschränkt wird. Für Rußland beginnt eine neue, freiheitlichere Zeit. Nach der Zustimmung durch den Ministerrat, der am 4. März 1881 zusammentreten soll, erhält das Dokument Gesetzeskraft. Nachdem Loris-Melikow sich mit dem unterzeichneten Dokument zurückgezogen hat, geht der Zar zu seiner Frau ins Nebenzimmer und sagt: »Es ist vollbracht. Ich habe das Papier unterzeichnet ... Ich glaube, das wird einen guten Eindruck machen. So werden die Russen sehen, daß ich ihnen alles zugestanden habe, was möglich war!«

Beim Abendessen, das sie gemeinsam einnehmen, kommt er wieder auf die Bedeutung des Dokuments zu sprechen. Sie beglückwünscht ihn zu seiner Entscheidung, bittet ihn aber ebenfalls, am nächsten Morgen nicht an der Parade teilzunehmen. »Ich habe keine Lust, wie ein Gefangener in meinem Schloß zu leben!« ruft er aus.

Am Sonntag, dem 1. März 1881,[2] begibt er sich erst in Begleitung seiner Familie in die Privatkapelle des Schlosses zur Messe. Danach führt er ein Arbeitsgespräch mit Loris-Melikow und ißt ein karges Mittagsmahl – es ist Fastenzeit. Dann verabschiedet er sich von seiner Frau, um zur Parade zu fahren. Sie bittet ihn, den üblichen Weg über die Sadowaja-Straße zu meiden und am Katharina-Kanal entlangzufahren. Er verspricht, ihren Anweisungen zu folgen. Auf dem Rückweg will er für einen Augenblick seine Cousine im Michail-Palais besuchen. Um Viertel vor drei will er wieder im Winterpalais sein. »Dann können wir, wenn du möchtest, zusammen im Sommergarten spazierengehen«, sagt er. Katharina erklärt sich einverstanden, sie hat jedoch Tränen in den Augen und verzieht den Mund zu einem kindlichen Schmollen. Sie erscheint ihm plötzlich so begehrenswert in all ihrer Besorgnis, daß er sie auf ein Canapé legt und sie an Ort und Stelle ungestüm liebt.[3] Dann steht er fröhlich auf, richtet seine Uniform, küßt seine immer noch überraschte Frau, steigt die Treppe herunter und setzt sich in die Kutsche, ein geschlossenes Coupé, das von sechs Terek-Kosaken umgeben ist. Ein siebter Kosake hält sich links neben dem Kutscher. Drei Polizeioffiziere folgen den beiden Wagen. Es ist Viertel vor eins.

Die Fahrt geht ohne Zwischenfälle vorüber. In der großen Michail-Reitbahn wird die übliche Parade abgehalten. Die Großfürsten, die Generaladjutanten und die Diplomaten mit Offiziersrang, darunter der deutsche, der österreichisch-ungarische und der französische Botschafter, nehmen teil. Nach der Truppenparade tauscht Alexander einige Worte mit den wichtigsten Anwesenden und begibt sich ins benachbarte Michails-Palais zu seiner Cousine, der Großfürstin Katharina, der Tochter seiner verstorbenen Tante Helena Pawlowna. Alle sind überrascht von seiner guten Laune. Ist er deshalb so ruhig und gelassen, weil er das Dokument unterzeichnet hat? Er trinkt ein Glas Tee und besteigt um Viertel vor drei erneut seinen Wagen und befiehlt dem Kutscher, schnell ins Winterpalais zurückzufahren.

Sophia Perowskij ist nicht entgangen, daß der Wagen des Zaren am Katharina-Kanal entlanggefahren ist. Die Mine unter der Sadowaja-Straße brauchen sie also gar nicht erst zu zünden. Jetzt müssen sie sich ganz auf die Bombenwerfer verlassen. Sie sollen zum Kanal gehen und ihre vorgesehenen Plätze einnehmen, sobald Sophia, die an der Ecke zur Ingenieurstraße steht, ihnen mit ihrem Taschentuch ein Zeichen gibt. Die vier Freiwilligen sind der neunzehnjährige Nikolaus Ryssakow aus der Arbeitermiliz, der vierundzwanzigjährige Ignaz Grinewitzskij, der aus niederem litauischem Adel stammt und an der Technischen Hochschule studiert, ein weiterer Student namens Iwan Emiljanow und ein Arbeiter, Timotheus Michailow. Alle sind sich ihrer Verantwortung bewußt und verbieten es sich, über die moralische Seite der Tat nachzudenken, die Sophia Perwoskij von ihnen verlangt. Sie wissen, daß sie, um nicht bourgeoiser Empfindsamkeit anheimzufallen, ihr Opfer nicht als menschliches Wesen betrachten dürfen, sondern als hinderlichen Gegenstand: als eine einzutretende Tür, eine einzureißende Mauer. Das gute Ergebnis rechtfertigt die Brutalität der Tat. Wahre politische Überzeugung schließt Skrupel und Gewissensbisse aus. Um wirklich zuschlagen zu können, muß man sein Mitleid auf die beschränken, für deren Sache man kämpft.

Im Lauf der Nacht von Samstag auf Sonntag hat der Chemiker Nikolaus Kibaltschisch die Bomben in der »konspirativen

Wohnung« der Terroristen Wera Finger und Jissajew fertiggestellt. Am Sonntagmorgen hat Sophia sie abgeholt und ihren Verbündeten in einer Kneipe übergeben. Jetzt ist alles bereit. Die Bombenwerfer stehen zehn Schritte weit voneinander entfernt, als Sophia ihnen das Zeichen gibt. Am Kai des Katharina-Kanals sind nur wenige Leute zu sehen: ein kleiner Bäcker, der auf dem Kopf einen Korb mit Kuchen trägt, einige freundliche Polizisten und zwei oder drei Spaziergänger. Eine Einheit von Marine-Kadetten, die von der Parade kommen, steht am Straßenrand, um den Herrscher zu ehren. Schon naht in schnellem Tempo das Gefährt des Zaren, umgeben von den Reiterkosaken. Danach folgen mehrere Wagen, darunter auch der des Polizeipräsidenten Dworjizkij.

Plötzlich hört man einen furchtbaren Knall: Ryssakow hat seine Bombe geworfen. Als sich die Wolke von Rauch und Schnee aufgelöst hat, sieht Alexander folgendes Bild: Zwei Kosaken und der kleine Bäcker liegen am Boden in ihrem Blut, daneben Pferde, deren Eingeweide heraushängen. Die Wagenfenster sind zersplittert, der hintere Teil der Kutsche abgerissen. Es ist ein Wunder, daß der Zar keine Schramme abbekommen hat. Wieder einmal wurde er gerettet. Er stürzt auf die Verwundeten zu. Von allen Seiten nähern sich Leute. Die Polizeioffiziere überwältigen Ryssakow, der beim Versuch zu fliehen gestürzt ist. Hauptmann Dworjizkij fleht Seine Majestät an, in einen der Wagen zu steigen und so schnell wie möglich davonzufahren. Alexander will jedoch dem Mann, der versucht hat, ihn zu töten, ins Auge blicken. Bleich, aber gefaßt nähert er sich Ryssakow und ist erstaunt, einen unscheinbaren jungen Mann von kleinem Wuchs zu sehen, der eine Jacke aus grobem Stoff und eine Otterfellmütze trägt. Der Mörder, den die Polizisten festhalten, blickt ihn von unten mit unverhohlenem Haß an. Als rede er mit einem unerzogenen Kind, fragt der Zar ihn streng: »Hast du die Bombe geworfen? Das ist ja wirklich unglaublich!« Irgend jemand fragt: »Sire, ist Eure Majestät nicht verletzt?« Er antwortet: »Nein, ich bin Gott sei Dank unversehrt.« Ryssakow hebt den Kopf und sagt grinsend: »Ist es nicht zu früh, um Gott zu danken?«

Im selben Augenblick wirft Grinewizkij, der am Kaigeländer

lehnt und nicht mehr als zwei Meter vom Zaren entfernt ist, die zweite Bombe. Ein ohrenbetäubender Knall, Schnee wirbelt auf, Rauch breitet sich aus. Alexander wird zu Boden geschleudert. Er versucht aufzustehen und stützt sich mit den Händen auf, aber es schmerzt ihn im ganzen Körper. Sein Gesicht ist verwundet, sein Mantel zerfetzt, seine Beine nackt und gebrochen, er verliert Unmengen Blut. Auch sein Mörder ist lebensgefährlich verletzt und sitzt da, den Rücken gegen das Geländer gelehnt. Alexander schaut mit aufgerissenen Augen um sich, aber alles verschwimmt vor seinem Blick. Plötzlich kann er nichts mehr sehen. Er stammelt undeutlich: »Bringt mich ins Schloß, und da ... sterben ...«

Die Marinekadetten heben ihn vorsichtig auf und legen ihn in Dworjizkijs Wagen. Er ist nur noch halb bei Sinnen. Seinen zitternden Körper bedecken sie mit einem Soldatenmantel und setzen ihm eine Mütze aufs Haupt. Der Wagen fährt auf das Winterpalais zu.

Katharina, die man sogleich von dem Ereignis benachrichtigt hat, nimmt allen Mut zusammen, holt in ihrem Medizinschrank Medikamente und stürzt in das Arbeitszimmer des Zaren. Im gleichen Moment kommen die Kosaken herein und legen den reglosen, blutüberströmten Alexander auf ein Bett, das man in die Mitte des Zimmers gerollt hat. Voller Schrecken sieht sie, daß sein linker Fuß abgerissen ist und Gesicht und Schädel durch die Explosion Schaden genommen haben. Das eine Auge ist geschlossen, das andere ohne jeden Ausdruck. Sie beugt sich über ihn und reibt ihm die Schläfen mit Äther ein, läßt ihn Sauerstoff atmen und hilft den Ärzten, die Beine zu verbinden, um die Blutungen zu stoppen. Dabei flüstert sie ihm zärtliche Worte ins Ohr, die er nicht mehr wahrnehmen kann.

In den angrenzenden Räumen herrschen Verwirrung und Wut, einer drängt den anderen zur Seite. Jemand hebt den zerfetzten, mit Blut und Schmutz bedeckten Militärmantel des Zaren in die Höhe. Diener eilen vorüber und tragen beschmutzte Tücher und Schüsseln mit rötlichem Wasser. Alle beschuldigen Loris-Melikow. Graf Walujew erklärt einer Schar von Zuhörern: »Da können Sie sehen, was uns die Diktatur des Herzens dieses unseligen Armeniers eingebracht hat!« Als Loris-Melikow endlich erscheint, versteinern die Gesichter der Anwesenden. Einer der Würdenträger ruft ihm zu: »Da haben Sie sie, Ihre Verfassung!«

Mittlerweile hat sich die kaiserliche Familie um das Bett des Zaren versammelt. Alle weinen. Ein zwölfeinhalbjähriger Junge steht dabei und reißt die Augen auf. Es ist der in einen marineblauen Anzug gekleidete Großfürst Nikolaus (der spätere Nikolaus II.). Er ist sehr bleich und kommt gerade vom Schlittschuhlaufen. Er hält die Schlittschuhe noch in der Hand. Immer wieder seufzt Katharina: »Sascha! Sascha!« Sie massiert ihrem Mann die kalten Hände. Man hört den Sterbenden nur noch unregelmäßig atmen. Die eine sichtbare Pupille reagiert auf Licht überhaupt nicht mehr. Als sein Bewußtsein für einen Augenblick zurückkehrt, reicht Erzpriester Rojdestwenskij ihm die Sterbesakramente. Dann fällt Alexander in tiefe Bewußtlosigkeit zurück. Der Thronerbe fragt Botkin, den Arzt, wie lange die Agonie noch dauern wird, und erhält zur Antwort: »Zehn bis fünfzehn Minuten.« Um drei Uhr fünfunddreißig nachmittags verkündet der Arzt: »Seine Majestät ist nicht mehr.«

Katharina stößt einen durchdringenden Schrei aus und wirft sich über die Leiche, die sie umarmt, als könne sie sie wieder zum Leben erwecken. Ihr rosaweißes Negligé ist voller Blut. Alle Anwesenden fallen auf die Knie. Unter ihnen befindet sich der älteste Sohn des Toten, der neue Zar Alexander III. Dieser sechsunddreißigjährige, hochgewachsene und kräftige Mann ist von dem Ereignis wie niedergeschmettert. Als er wieder aufsteht, wird sein schmerz- und angstverzerrtes Antlitz sichtbar. Die Aufgabe, die ihn erwartet, erfüllt ihn mit Schrecken. Er ist von mittelmäßiger Intelligenz, und die verspätetete Bildung, die man ihm vermittelte, hat seinen Horizont nicht sonderlich erweitert. Er ist erfüllt von monarchistischen Ideen, wie es in der Zarenfamilie üblich ist, und hat daher große Scheu vor jeglicher Neuerung in Politik, Moral und Religion.

Während sich die Ärzte um die letzten Formalitäten kümmern, bitte Loris-Melikow um Stellungnahme des neuen Zaren zu dem Manifest, das dem russischen Volk die Erneuerung des Reichsrats verkündet und so zum Ausdruck bringt, daß sich der Alleinherrscher einer repräsentativen Regierungsform öffnen will. Ohne Zögern antwortet der Zar: »Ich werde den Willen meines Vaters immer achten.« Im Lauf der Nacht jedoch redet er mit seinen Freunden aus dem absolutistischen Lager darüber und kommt zu dem Entschluß, die Veröffentlichung des Dokuments auszusetzen. Der Fanatiker Pobjedonoszew hat ihn davon überzeugt, im Augenblick noch mit der Reform, von der sein Vater sich Wunder versprach, zu warten. Vicomte Melchior de Vogüé schreibt voller Enttäuschung: »Ich denke an diesen armen, einfachen und guten Mann, der auf so tragische und blutige Weise durch dieses schändliche Verbrechen umgekommen ist. Fünfzig Millionen Menschen hat er durch sein Wort befreit, und er ist in seiner Hauptstadt umgekommen wie ein gehetztes wildes Tier. Ironie der Geschichte, unbegreiflicher göttlicher Ratschluß. Welche Nacht bedeutet dies für den, der im Blut die Krone Monomaks aufheben muß!«

Am nächsten Tag werden die sterblichen Überreste des Zaren im Winterpalais aufgebahrt. Er trägt die Uniform des Regiments Preobrajenskij. Morgens und abends beten Priester und Mönche am Sarg. »Heute«, so schreibt Pobjedonoszew, »habe ich Dienst bei dem Toten. Nach den öffentlichen Gebeten und als sich alle zurückgezogen hatten, habe ich im Nachbarraum die Witwe gesehen. Sie konnte sich kaum auf den Beinen halten, und Rylejew stützte sie. Vor dem Sarg brach sie zusammen. Das Gesicht des Verstorbenen ist mit einer Gaze abgedeckt, die man nicht aufheben darf. Sie beugte sich über ihn, hob das Tuch hoch, bedeckte Stirn und Gesicht mit Küssen und ging wankend hinaus. Ich hatte Mitleid mit der armen Frau.« Einige Stunden später kehrt Katharina in den Raum, in dem der Tote aufgebahrt ist, zurück. Sie hat ihr Haar abgeschnitten und legt die lange seidige Strähne liebevoll unter die Hände des Toten.

Am 7. März 1881 wird der Leichnam in die Peter-und-Paul-Kathedrale überführt. Das Wetter ist kalt, der Himmel wolkenlos. Ein Sonnenstrahl bescheint den goldenen Turm der Festung. Drei Kanonenschüsse werden von der Zitadelle aus abgegeben. In der Stadt läuten drei Glocken. Der Leichenzug setzt sich in Bewegung. An der Spitze reitet eine Schwadron von Gardekavalieren. Danach folgen alle Amtsinsignien des Zaren, getragen von einem Zeremonienmeister: Zepter, Reichsapfel, Standarten, Schwerter aus verschiedenen Städten. Ein Würdenträger geht allein, auf einem Samtkissen hält er die schwere, hohe russische Zarenkrone. Hinter ihm folgen die drei Stände des Reiches: der Adel, die Kaufleute, die Bauern. Sie scharen sich um Fahnen, die ihre Embleme tragen. In einem gewissen Abstand folgt der Klerus, eine lange Reihe majestätisch einherschreitender Männer in schwarzen silberverzierten Priestergewändern, die auf den Häuptern prachtvolle Mitren tragen, und Kerzen, Kreuze und heilige Banner in Händen halten. Die Priester und Chorsänger gehen dem Sarg voraus, der mit weißen Federbüschen verziert ist und auf einem von acht Rappen gezogenen Wagen steht. Dreißig Pagen gehen vorne, hinten und an der Seite und tragen brennende Fackeln. Ihnen folgt Zar Alexander III. mit entblößtem Haupt, dem blauen Band des Andreas-Ordens, begleitet von den Großfürsten. Die neue Zarin Maria Fjodorowna und ihre kleinen Söhne, die Großfürstinnen und die Hofdamen sitzen in Trauerkarossen. Am Ende des Zuges reiten die Truppen der Garde.

In der hellerleuchteten Kirche drängt sich die Menge der Höflinge, Beamten, Diplomaten, die schon seit mehreren Stunden dort ausharren, müde und des Wartens überdrüssig sind. Als der Leichenzug naht, erhebt sich ein Trauergesang, alle Köpfe wenden sich zum Kirchenportal. Jetzt wird der Sarg auf den Schultern Seiner Majestät und der Großfürsten in die Kirche getragen und auf dem Katafalk abgestellt. Wie es die Sitte erfordert, ist er offen. Man erkennt das bleiche Profil des Toten. Durch den Transport hat sein Schnurrbart die Form verloren. Melchior de Vogüé flüstert seinem Nachbarn, Maurice Paléologue, einem jugen Botschaftsattaché, der soeben in Petersburg eingetroffen ist, zu: »Schauen Sie sich diesen Märtyrer an! Er war ein großer Zar und hätte ein nachsichtigeres Schicksal verdient. Er war kein hervorragender Geist, aber er besaß eine großmütige, aufrichtige, erhabene Seele. Er liebte sein Volk, war mitleidig gegenüber den Armen und Unterdrückten ... Am Morgen seines Todes arbeitete er noch an einem Reformwerk, das Rußland für immer auf den Weg der Modernität gebracht hätte: Er wollte dem Land eine parlamentarische Verfassung geben. Und da töteten ihn die Nihilisten! ... Auch Lincoln, der die amerikanischen Neger befreit hat, wurde ermordet ... Was für ein gefährlicher Beruf ist doch der des Befreiers!«

Die Zarenfamilie hat rechts neben dem Katafalk Platz genommen. Nun beginnt die Sterbeliturgie, die feierlich mit Weihrauch, Kerzen und getragenem Chorgesang zelebriert wird. Als die Chorsänger den Hymnus von der »ewigen Erinnerung« anstimmen, brechen einige Frauen in Tränen aus. Nach Melchior de Vogüés Meinung jedoch herrscht in der Kirche während des Gottesdienstes »zuviel Zerstreuung, zuviel Umtriebigkeit, und die Leute schwätzen zuviel«. Schließlich erteilt der Priester die Absolution und legt dem Verstorbenen ein Pergamentband auf die Stirn, auf dem ein Gebet geschrieben steht und der Erlöser abgebildet ist. Jetzt heißt es für immer Abschied nehmen. Der Reihe nach steigen Alexander III., die Zarin, die Großfürsten und Großfürstinnen die Stufen des Katafalks hinauf und küssen die Hände des Toten. Die Botschafter folgen ihnen langsamen Schrittes. Plötzlich aber hält der Oberzeremonienmeister den Zug auf. Vom hinteren Teil der Kirche nähert sich eine in lange Trauer-Schleier gehüllte junge Frau, geleitet von Graf Adlerberg, dem Hofminister. Es ist die morganatische Ehefrau des Verstorbenen, Fürstin Katharina Jurjewskij, geborene Dolgorukij. Sie steigt mühsam die Stufen zum Katafalk empor, beugt sich über den Sarg und bricht zusammen. Einige Minuten später erhebt sie sich mühsam, bekreuzigt sich, nimmt den Arm des Grafen Adlerberg und entfernt sich. »Wir sind ergriffen von der unglaublichen Trauer dieser armen Verlassenen, die einen Augenblick die Stufen des Throns berührt hat und dann tief in den Abgrund gestürzt ist ...«, schreibt Melchior de Vogüé. Der Zug geht weiter. Maurice Paléologue verneigt sich vor dem Sarg und sieht, daß der von der Bombe zerrissene Unterleib des Toten unter einem Prunkmantel verborgen ist.

Einige Tage später verläßt Katharina Jurjewskij mit ihren Kindern für immer das Land. Zum drittenmal hat das Schicksal es einer Dolgorukij verweigert, Zarin zu werden. Alexander II. hatte davon geträumt, nach seiner Abdankung mit ihr an der Côte d'Azur zu leben. Dorthin zieht sie sich zurück, allein und als Witwe. 1891 erwirbt sie in Nizza die prachtvolle »Villa

Georges«. Am 15. Februar 1922 stirbt sie dort mit fünfundsiebzig Jahren, von aller Welt vergessen.[4]

Der Zarenmord beunruhigt das Land zutiefst. In allen Gesellschaftsschichten trifft man sich und erfährt alarmierende Neuigkeiten: Eine riesige Verhaftungswelle hat stattgefunden, Waffen und Sprengstoff sind gefunden, Geheimdruckereien entdeckt worden. Noch am Tag des Attentats hat das Exekutivkomitee in Form eines Briefes an Alexander III. einen Appell an das Volk gerichtet. Das Volk jedoch bleibt ruhig, entgegen den Erwartungen der Revolutionäre. Mit einem haben Jeljabow und seine Freunde nicht gerechnet: Für die Bauernschaft ist die Person des Monarchen von göttlichem Wesen, und es ist eine Sünde, ihn anzurühren. Trotz ihrer harten Lebensbedingungen sind die Muschiks keineswegs zum Aufstand bereit. In manchen Gegenden glauben sie sogar, daß der Mord am Zaren das Werk des Adels sei, ein Racheakt gegen den, der die Leibeigenen befreit hat. Die Intelligenzija ist durch die Kühnheit der Terroristen wie vom Schlag getroffen. Sie fürchtet, für einen Mittäter gehalten zu werden, wenn sie sich nicht von ihnen distanziert. Ihr einziger Wunsch besteht darin, daß Alexander III. das von Alexander II. begonnene Reformwerk fortsetzt. So war der Mord am Zaren völlig sinnlos. Die revolutionäre Organisation, welche die Abschaffung der Monarchie fordert, befindet sich nicht nur im Abseits und hat alles Ansehen verloren, sie zerbricht, und ihr Einfluß verringert sich mit jedem Tag mehr. In der Hoffnung, sein Leben zu retten, hat Ryssakow ein volles Geständnis abgelegt und seine Genossen verraten. Alle am Attentat Beteiligten werden nacheinander verhaftet. Sophia Perowskij kann sich am längsten verborgen halten. Schließlich erkennt ein Polizist sie auf der Straße, und so folgt sie ihren Komplicen ins Gefängnis.

Vom Obersten Gerichtshof werden fünf der Angeklagten zum Tod durch Erhängen verurteilt: Jeljabow, Timotheus Michailow, Kibaltschisch, Ryssakow und Sophia Perowskij. Die junge Frau ist die erste, die in Rußland wegen eines politischen Vergehens gehängt wird. Jessija Helfmann entgeht dem Galgen, weil sie schwanger ist. Die Verschwörer hören den Urteilsspruch mit hochmütiger Gelassenheit und erklären, sie seien

»für den sozialistischen Glauben« zum Sterben bereit. Sophia Perowskij küßt auf dem Schafott vor den Augen der Menge ihre Kameraden, Ryssakow jedoch, der sie alle verraten hat, dreht sie den Rücken zu. Ein Priester nähert sich ihnen und hält ihnen das Kruzifix zum Kuß hin. Außer dem Arbeiter Timotheus Michailow weigern sich alle, dies zu tun. Als man ihn erhängen will, reißt der Strick. Er stürzt und bricht sich die Knochen. Er wird erneut aufgehängt. Erst beim drittenmal gelingt es. Endlich hängt auch er reglos neben seinen Kameraden. Die Menge zerstreut sich.

Trotz der Hinrichtungen fürchtet man sich allenthalben vor neuen Attentaten. Deshalb beharrt Loris-Melikow darauf, den Reformplänen des verstorbenen Zaren so schnell wie möglich zuzustimmen und sie in die Tat umzusetzen. Alexander III. beruft ein Komitee ein, welches das Vorhaben erneut prüfen soll. Graf Stroganow erklärt auf einer der Sitzungen, daß, wenn das Dokument veröffentlicht würde, »der absolute Herrscher die Macht, die im Augenblick für Rußland unverzichtbar ist, in die Hände von Taugenichtsen läge, die nicht auf das Allgemeinwohl bedacht sind, sondern nur ihre eigenen Interessen im Auge« haben. Makow, der Postminister, glaubt, es handele sich um eine Idee, die »Rußland in den Ruin führt«. Pobjedonoszew ruft mit eingebungsvoller Miene und prophetischer Stimme aus: »Man will Rußland eine Verfassung geben oder zumindest einen Schritt in dieser Richtung gehen ... Was ist eine Verfassung? Westeuropa gibt uns die Antwort auf diese Frage. Die Verfassungen dort sind ein Mittel für alle Arten von Ungerechtigkeit, für alle denkbaren Intrigen ... Man will diesen ausländischen Trug bei uns einführen, der unser Unglück bedeutet und uns ins Verderben führt! Wir brauchen ihn nicht! Rußland war stark durch die absolute Monarchie, durch das gegenseitige und unendliche Vertrauen, durch die engen Bindungen zwischen dem Volk und dem Zaren!«

Großfürst Konstantin, Loris-Melikow, Walujew, Abaza, Miljutin und Saburow können so sehr betonen, daß das Reformprojekt nicht einmal »den Schatten einer Verfassung vorsieht«, aber Zar Alexander III. verschließt sein Ohr und hört sie nicht mehr an. In seinem tiefsten Innern ist er nicht weit davon entfernt, alle Leistungen seines Vorgängers zu verurteilen. Einige Wochen später schreibt er dem ihm ergebenen Pobjedonoszew: »Loris-Melikow, Miljutin und Abaza treiben dieselbe Politik weiter und wollen uns so oder so zu einer konstitutionellen Herrschaftsform führen, zu einer Regierung, in der Vertreter des Volkes mitwirken. Ich hege größte Zweifel, daß ich mich eines Tages vom Nutzen einer solchen Maßnahme überzeugen lasse. Ich bin mir zu sicher, daß sie ins Verderben führt ... Ich bin immer mehr davon überzeugt, daß von diesen Ministern nichts Gutes zu erwarten ist.«

Alexander III. hat sich in das finstere und trostlose Schloß von Gatschina, unweit von Petersburg vor den Augen seines Volkes zurückgezogen. Seine graue Eminenz, der energische Prokurator des Heiligen Synod Pobjedonoszew, bittet ihn, doppelt vorsichtig zu sein: »Sie könnten in diesem Augenblick gar nicht vorsichtig genug sein«, schreibt er ihm. »Um der Liebe Gottes willen, halten Sie sich an folgende Vorschläge: 1. Wenn Sie sich zur Ruhe begeben, schließen Sie die Türen hinter sich, nicht nur die Ihres Schlafzimmers, sondern die sämtlicher Zimmer, einschließlich der Eingangstür. Ein zuverlässiger Mann muß sorgfältig die Schlösser überprüfen und feststellen, ob auch der innere Riegel der zweiflügeligen Türen zugesperrt ist. 2. Versichern Sie sich vor dem Schlafengehen, ob Ihre Klingel funktioniert. Man kann die Schnüre unschwer durchschneiden. 3. Vergewissern Sie sich jeden Abend, ob auch alles seine Ordnung hat, und schauen Sie zu diesem Zweck unter sämtliche Möbel. 4. Einer Ihrer Adjutanten sollte in Ihrer Nähe schlafen, in einem der anliegenden Zimmer. Sind alle Menschen, die sich Eurer Majestät nähern, auch zuverlässig? Wenn einer darunter auch nur im geringsten verdächtig ist, läßt sich immer ein Vorwand finden, ihn zu entfernen.«

Derselbe Pobjedonoszew bewegt den Zaren dazu, ab sofort mit der liberalen Politik seines Vaters zu brechen. Am 28. April 1881 richtet Alexander III. einen Appell an sein Volk, dessen autoritärer Ton keinen Zweifel an seinen Absichten läßt: »Die Stimme Gottes befiehlt uns, daß wir uns mit Festigkeit an die Spitze der absoluten Macht stellen. Im Vertrauen auf die göttliche Vorsehung und seine höchste Weisheit, voller Hoffnung auf die Gerechtigkeit und Stärke der absoluten Herrschaft, die zu bekräftigen wir aufgerufen sind, werden wir ungetrübt die Geschicke unseres Reiches lenken, die fortan nur noch zwischen Gott und uns erörtert werden.«

In den darauffolgenden Tagen bitten Loris-Melikow und die anderen fortschrittlichen Minister den Zaren um ihre Entlassung. Der in Ungnade gefallene Schöpfer der »Diktatur des Herzens« kehrt heim in den Kaukasus. Von dort begibt er sich an die Côte d'Azur, wo er bis zum Alter von dreiundsechzig Jahren lebt. Großfürst Konstantin verliert alle seine Funktionen und wird vom Hof entfernt. Pobjedonoszew triumphiert. Er agiert im Schatten Alexanders III. und ist sicher, daß das Land, das kaum noch Verlangen nach liberalen Abenteuern hat, endlich wieder auf den rauhen und heiligen Weg der Tradition zurückkehren wird. Er glaubt, daß sich Größe und Blüte des Landes nur mit folgenden Mitteln verwirklichen lassen: Stärkung der Zentralmacht, Überwachung der Studenten, Pressezensur, Alarmbereitschaft der Polizei im ganzen Land. Unter dieser eisernen Herrschaft wird ganz Rußland zum Schweigen gebracht. Es ist, als wollten die Russen von den Reformen, die sie gestern noch mit lautem Gebrüll verlangt hatten, nichts mehr wissen, als könnte sie nur die Rückkehr zu einem despotischen Regime zufriedenstellen. Stammt dieses Bedürfnis, ein Joch zu tragen, aus der Zeit der Tatarenherrschaft? Es scheint, als bestehe ihr Schicksal Jahrhunderte hindurch in nichts anderem als darin, gefesselt und gelenkt zu werden. Dabei sind die Ruhe, die Resignation und die Ordnung reine Trugbilder. Unter der Asche glimmt das Feuer. Der neue Zar ahnt nicht, daß sich unter seiner Herrschaft, die scheinbar so beständig und fruchtbar ist, ein Graben auftut, der sich mit jedem Tag vertieft und das Volk zusehends von seinem Herrscher trennt. Sechsunddreißig Jahre später wird sein Sohn Nikolaus II. die blutigen Folgen dieser Politik tragen müssen.

Anmerkungen

1 Christine Fauré (Hg.), Quatre femmes terroristes contre le tsar.
2 Nach dem Gregorianischen Kalender am 13. März 1881.
3 Diese Szene hat Katharina selbst in einem Gespräch mit Doktor Botkin in Biarritz im Jahr 1887 wiedergegeben. Vgl. Constantin de Grunwald, Le Tsar Alexandre II.
4 Die Kinder Alexanders II. und Katharinas werden nicht zur Zarenfamilie gerechnet. Fürst Georg Alexandrowitsch Jurjewskij wird Fähnrich bei der Fünften Mannschaft der russischen Flotte und stirbt 1913. Olga heiratet 1895 den Grafen Georg von Merenberg (1871–1948), den Sohn Nathalija Puschkins, der Witwe des Dichters, und Nikolaus-Wilhelms von Nassau-Luxemburg. Katharina heiratet 1901 Fürst Alexander Barjatinskij (1870–1910), und 1916 Fürst Georg Obolenskij (gesch. 1922).

Inhalt